Baedek
Allianz ⑪ Reis

D1077232

Malta
Gozo · Comino

VERLAG KARL BAEDEKER

Hinweise zur Benutzung

Sternchen (Asterisken) als typographische Mittel zur Hervorhebung bedeutender Bau- und Kunstwerke, Naturschönheiten und Aussichten, aber auch guter Unterkunfts- und Gaststätten hat Karl Baedeker im Jahre 1846 eingeführt; sie werden auch in diesem Reiseführer verwendet: Besonders Beachtenswertes ist durch * einen vorangestellten "Baedeker-Stern", einzigartige Sehenswürdigkeiten sind durch ** zwei Sternchen gekennzeichnet.

Zur raschen Lokalisierung der Reiseziele von A bis Z auf der beigegebenen Reisekarte sind die entsprechenden Koordinaten der Kartennetzmaschen jeweils neben der Überschrift in Rotdruck hervorgehoben: Valletta **J 6.**

Farbige Streifen an den rechten Seitenrändern erleichtern das Auffinden der Großkapitel des vorliegenden Reiseführers: Die Farbe Blau steht für die Einleitung (Natur, Kultur, Geschichte), die Farbe Rot für die Reiseziele, und die Farbe Gelb markiert die praktischen Informationen.

Wenn aus der Fülle von Unterkunfts-, Gast- und Einkaufsstätten nur eine wohlüberlegte Auswahl getroffen ist, so sei damit gegen andere Häuser kein Vorurteil erweckt.

Da die Angaben eines solchen Reiseführers in der heute so schnellebigen Zeit fast ständig Veränderungen unterworfen sind, kann der Verlag weder Gewähr für die absolute Richtigkeit leisten noch die Haftung oder Verantwortung für eventuelle inhaltliche Fehler übernehmen. Auch lehrt die Erfahrung, daß sich Irrtümer kaum gänzlich vermeiden lassen.

Baedeker ist ständig bemüht, die Qualität seiner Reiseführer noch zu steigern und ihren Inhalt weiter zu vervollkommnen. Hierbei können ganz besonders die Erfahrungen und Urteile aus dem Benutzerkreis als wertvolle Hilfe gar nicht hoch genug eingeschätzt werden. Vor allem **Ihre Kritik, Berichtigungen und Verbesserungsvorschläge sind uns stets willkommen**. Sie helfen damit, die nächste Auflage noch aktueller zu gestalten. Bitte schreiben Sie in jedem Falle an die

Baedeker-Redaktion
Karl Baedeker GmbH
Marco-Polo-Zentrum
Postfach 31 62
D-73751 Ostfildern
Telefax: (07 11) 45 02-343, E-Mail: baedeker@mairs.de

Der Verlag dankt Ihnen im voraus bestens für Ihre Mitteilungen. Jede Einsenderin und jeder Einsender nimmt an einer jeweils zum Jahresende unter Ausschluß des Rechtsweges stattfindenden Verlosung von drei JRO-Leuchtgloben teil. Falls Sie gewonnen haben, werden Sie benachrichtigt. Ihre Zuschrift sollte also neben der Angabe des Buchtitels und der Auflage, auf welche Sie sich beziehen, auch Ihren Namen und Ihre Anschrift enthalten. Die Informationen werden selbstredend vertraulich behandelt und die persönlichen Daten nicht gespeichert.

◀ *S. 1: Die maltesischen Fischerboote, die Luzzi, bestimmen das Bild der Hafenorte. Am Bug ist fast immer ein Auge aufgemalt. Es soll die Fischer vor dem bösen Blick des Teufels beschützen.*

Vorwort

Dieser Reiseführer gehört zur neuen Baedeker-Generation. In Zusammenarbeit mit der Allianz Versicherungs-AG erscheinen bei Baedeker durchgehend farbig illustrierte Reiseführer in handlichem Format. Die Gestaltung entspricht den Gewohnheiten modernen Reisens: Nützliche Hinweise werden in der Randspalte neben den Beschreibungen herausgestellt. Diese Anordnung gestattet eine einfache und rasche Handhabung. Der vorliegende Band hat die Inselrepublik Malta zum Thema, bestehend aus der gleichnamigen Hauptinsel mit ihren zahlreichen Kulturschätzen, dem kleineren landschaftlich besonders reizvollen Gozo und dem winzigen Felseiland Comino. Der Reiseführer gliedert sich in drei Hauptteile: Im ersten Teil wird über Allgemeines, Klima, Pflanzen und Tiere, Bevölkerung, Staat und Gesellschaft, Wirtschaft, Geschichte, berühmte Persönlichkeiten, Kunst und Kultur berichtet. Eine kleine Sammlung von Literaturzitaten leitet über zum zweiten Teil, in dem zunächst drei Vorschläge für Inselrundfahrten gemacht werden, um dann die Reiseziele im einzelnen zu beschreiben. Daran schließt ein dritter Teil mit reichhaltigen praktischen Informationen, die dem Besucher das Zurechtfinden vor Ort wesentlich erleichtern. Sowohl die Reiseziele als auch die Informationen sind in sich alphabetisch geordnet.

Zu den landschaftlichen und kulturellen Highlights Maltas zählen die Blaue Grotte und die Tempelanlage von Hagar Qim.

Baedeker Allianz Reiseführer zeichnen sich durch Konzentration auf das Wesentliche sowie Benutzerfreundlichkeit aus. Sie enthalten eine Vielzahl eigens entwickelter Pläne und zahlreiche Abbildungen. Zu diesem Reiseführer gehört als integrierender Bestandteil eine ausführliche Reisekarte, auf der die im Text behandelten Reiseziele anhand der jeweils angegebenen Kartenkoordinaten leicht zu lokalisieren sind.

Wir wünschen Ihnen mit dem Baedeker Allianz Reiseführer viel Freude und einen erlebnisreichen Aufenthalt auf Malta!

Baedeker

Verlag Karl Baedeker

Inhalt

Baedeker Specials

Nabel des

Der aus vegetationsarmen felsigen Inseln bestehende maltesische Archipel, ein jahrtausendalter Brückenkopf mit ausgezeichneten Naturhäfen zwischen Europa und Afrika, hat im Laufe seiner wechselvollen Geschichte zwei kulturelle Höhepunkte erlebt. Zwischen 4000 und 2500 v. Chr. entwickelte sich hier die älteste freistehende Kultarchitektur der Welt. Bis heute konnte manches Rätsel um die frühen Bewohner Maltas nicht geklärt werden. Geheimnisumwittert wie vieles andere ist die Bedeutung der unterirdischen Kultanlage Hal Saflieni. War es die Grabstätte der die Inseln beherrschenden Priesterinnen?

In der frühen Neuzeit verlieh die fast 270 Jahre während Herrschaft des Johanniterordens dem strategisch günstig gelegenen Archipel Bedeutung. Von dieser Epoche legt Valletta, die Ende des 16. Jh.s planmäßig angelegte Festungsstadt und heutige Hauptstadt Maltas, ein eindrucksvolles Zeugnis ab. Als Gesamtkunstwerk kann daneben Mdina, die alte Stadt des maltesischen Adels, mit ihren Palästen und Kirchen gelten.

Tempel –

gebaut zu Ehren der Magna Mater

Doch hat Malta noch weit mehr als Kunst und Kultur zu bieten. Für viele mag allein schon das Klima ein ausreichender Grund sein, den Mittelmeerstaat zu besuchen. Auf Malta grünt und sprießt es bereits, wenn andernorts in Europa noch Winter herrscht, die ansonsten steinig und spröde wirkende Insel verwandelt sich dann in ein Blütenmeer. Im Herbst kann man noch lange baden, und selbst im Winter darf auf wärmende Sonnenstrahlen gehofft werden, die Tagestemperaturen liegen häufig bei 15 °C. Ohne Frage: Malta ist ein Reiseziel für jede Jahreszeit!

Grand Harbour:

der Hafen zwischen Valletta, Senglea und Vittoriosa hat von jeher große wirtschaftliche Bedeutung.

Bollwerk

im Zentrum von Gozo: die Zitadelle in Victoria

Meeres

Stolz sind die Malteser auf das ein oder andere Naturdenkmal – die Blaue Grotte steht dem berühmten Vorbild auf Capri kaum nach. Imposant sind die Dingli-Klippen, eine grandiose Steilküste. Hat man sich an kulturellen und landschaftlichen Sehenswürdigkeiten sattgesehen, locken einige schöne Strände zum Baden und Sonnen. Erfreulicherweise sind sie weitgehend unverbaut.

Die meisten Touristen fahren von Malta nur für einen Tagesausflug auf die Nachbarinsel Gozo. Schade! Denn Gozo ist nicht der kleine Ableger Maltas, sondern eine Insel mit eigenen Charakteristika. Viel grüner und ländlicher zeigt sich das Eiland, das man auf ausgedehnten Spaziergängen erkunden sollte. Die Dörfer liegen wie gesprenkelt zwischen den von Mauern eingegrenzten Feldern. Majestätisch erhebt sich über allem die Zitadelle von Victoria.

Wer dem Großstadtlärm und der Hektik vollends entfliehen möchte, der kann seinen Urlaub auf Comino verbringen. Auf dem winzigen Felsinselchen stehen zwei Hotels, deren Sportangebot jeden Aktivurlauber zufriedenstellt.

Wen wundert's daß diese geglückte Mischung aus Kultur und Natur, gepaart mit der natürlichen Liebenswürdigkeit der Malteser immer mehr Reisende nach Malta zieht. Innerhalb nur weniger Jahre verdoppelte sich die Zahl der deutschen Malta-Urlauber. Wer sich vom ersten Eindruck nicht täuschen läßt, wird feststellen, daß Malta viel zu bieten hat, vorausgesetzt, man mag Steine und Felsen!

Aussicht

kostenlos: Vedette in Senglea

Siesta

nach getaner Arbeit auf dem Great Siege Square in Valletta

Tourismus

beherrscht die Szenerie in St. Julian's rund um die Spinola Bay.

**Natur, Kultur
Geschichte**

Zahlen und Fakten

Allgemeines

Gebiets-
bestimmung

Die Inselrepublik Malta (amtlich: Repubblika ta'Malta, Republic of Malta) liegt im westlichen Mittelmeer und umfaßt die Hauptinseln Malta und Gozo sowie die Eilande Comino, Cominotto, Filfla und St. Paul's Islands.

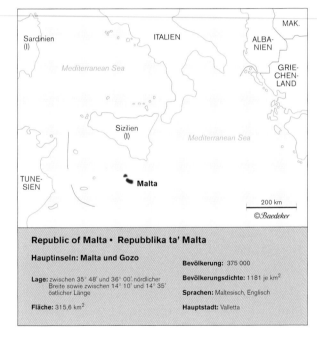

Republic of Malta • Repubblika ta' Malta

Hauptinseln: Malta und Gozo

Lage: zwischen 35° 48' und 36° 00'. nördlicher Breite sowie zwischen 14° 10' und 14° 35' östlicher Länge

Fläche: 315,6 km²

Bevölkerung: 375 000

Bevölkerungsdichte: 1181 je km²

Sprachen: Maltesisch, Englisch

Hauptstadt: Valletta

Lage

Der maltesische Archipel erstreckt sich an der schmalsten Stelle der Nord-Süd-Ausdehnung des Mittelmeers, 95 km von Sizilien und 290 km von der Küste Tunesiens entfernt. Eine zentrale Stellung nimmt die Inselwelt in der Ost-West-Ausdehnung des Mittelmeers ein mit annähernd gleichen Entfernungen von jeweils 1800 km bis nach Gibraltar und zum Libanon. Diese

◀ *Die Megalithtempelanlage von Mnajdra gehört zu den eindrucksvollsten Sehenswürdigkeiten auf Malta. Grandios ist allein schon ihre Lage nahe der Südküste.*

zentrale Lage gibt Malta eine enorme strategische Bedeutung als Brückenkopf zwischen Europa und Afrika und als Durchgangsstelle zwischen westlichem und östlichem Mittelmeer.

Die Gesamtfläche der maltesischen Inseln beträgt 315,6 km². Davon entfallen auf die Hauptinsel Malta 245,6 km², auf Gozo 67 km², auf Comino 2,5 km² und 0,5 km² auf die anderen kleinen Eilande. Auf Malta beträgt die größte Insellänge 27 km und die größte Breite 15 km, die Küstenlinie umfaßt 136 km.
Die Schwesterinsel Gozo ist durch einen 5,5 km breiten Meeresarm, den Comino Channel, von der Hauptinsel getrennt und hat eine Länge von 14 km, eine Breite von 7 km bei 43 km Küstenlinie.

Der Name Malta leitet sich aus der phönizischen Bezeichnung "mlt" (ausgesprochen wohl "malet") für Zufluchtsort oder Ankerplatz her. Als solcher wurde die Insel auf den ausgedehnten Handelsreisen der kleinasiatischen Phönizier seit dem 9. Jh. v. Chr. genutzt. Während der Römerherrschaft hieß die Insel Melita, vielfach mit "mel", dem lateinischen Wort für Honig, einem Hauptprodukt der Insel, assoziiert. Der Name Malta tauchte Ende des 4. Jh.s n. Chr. in schriftlichen Quellen auf als Besitz des oströmischen Reichs. Während der Araberherrschaft lautete der Inselname "Mâlitah" und seit der Eroberung durch die Normannen Ende des 11. Jh.s wieder Malta.

Naturraum

Die maltesische Inselgruppe ist geologisch ein Teil des europäischen Festlandsockels. Nach der Entstehung des Mittelmeeres und der Gebirgsauffaltungen im Tertiär blieb der maltesische Archipel als Landbrücke noch bis ins quartäre Eiszeitalter mit Sizilien und Afrika verbunden, was Tierknochenfunde in der Dalam-Höhle beweisen. Als die Eismassen zu schmelzen begannen und der Meeresspiegel stieg, versank die Landverbindung in den Fluten und Malta wurde zur Insel, auf der sich nun eine endogene Tier- und Pflanzenwelt entwickelte.

Die Inseln bestehen fast gänzlich aus marinem Sedimentgestein, das von Kalkablagerungen von Myriaden abgestorbener Meeresorganismen gebildet wurde. Es lassen sich heute fünf Gesteinsschichten auf Malta feststellen: zunterst der Korallenkalk, dann der Globigerinenkalkstein, gefolgt von den Blauen Tonen, anschließend treten Grünsande auf und schließlich der obere Korallenkalk. Seit Jahrtausenden wird der Kalkstein als Baumaterial genutzt, wobei die unteren und oberen Korallenkalke an Härte und Qualität das weichere und kunsthandwerklich gut zu bearbeitende Globigerinengestein erheblich übertreffen.

Die Hauptinsel Malta erscheint auf den ersten Blick als einförmiges Felsplateau, das aufgrund der leichten Schrägstellung der Schichtungen nach Südosten in Verbindung mit dem unterschiedlichen Härtegrad der Gesteine zu einer Stufenlandschaft ausgebildet worden ist. Dabei lassen sich vier Landschaftsräume unterscheiden. Im Westen liegt eine hochgelegene Plateaufläche aus oberem Korallenkalkstein, die nach allen Seiten hin stufenweise abfällt. Zum Meer hin besteht eine aus unterem Korallen- und Globigerinenkalk zusammengesetzte Kliffküste, die durch ihre Steilheit und durch das Farbenspiel der Gesteine von rot über gelb zu weiß beeindruckt. Nach Norden wird das Plateau von einer buchtenreichen Schichtstufe begrenzt entlang der Verwerfungslinie Grand Fault (Victoria Lines). Nach Osten wird der Stufenrand von kleineren Talbuchten durchbrochen. Diese tiefergelegenen Beckenräume mit guten Alluvialböden werden dank künstlicher Bewässerung landwirtschaftlich intensiv genutzt, während die verkarsteten Hochflächen allenfalls als karges Weidegebiet für Schafe und Ziegen dienen. An die Plateaufläche schließt sich im Norden der Haupt-

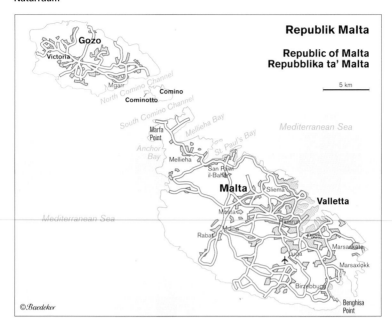

Landschaftliche Gliederung Maltas (Fortsetzung)

insel Malta eine aus dem harten korallinen Kalkstein geformte Rücken- und Senkenlandschaft an. Dieses Bruchsystem weist Schollenstruktur auf, die sich in Form stehengebliebener Hochschollen über Comino nach Gozo fortsetzt. Kahle verkarstete Rückenflächen wechseln ab mit fruchtbaren, agrarisch intensiv genutzten alluvialen Becken, wobei dem St.-Pauls-Tal dank des leicht zugänglichen Brunnenwassers besondere landwirtschaftliche Bedeutung zukommt. Zwischen dem Grand Fault im Südosten, dem Steilanstieg des Wardija-Rückens im Südwesten und dem Meer im Norden befindet sich die Il-Ghasel-Alluvial-Tieflandzone, ehemaliges Sumpf- und Schwemmland. Die südliche und südöstliche Region Maltas besteht aus leicht welligem Hügelland aus Globigerinenkalk, das das Hauptsiedlungsgebiet der Insel bildet.

Die Küstengestalt Maltas variiert von einer imposanten Steilküste im Südwesten über eine Folge flachbodiger Golfe im Nordwesten mit malerischer Badeplätzen (Ghajn Tuffieha Bay, Golden Bay) über die weiten nördlichen Buchten (Mellieha Bay, St. Paul's Bay) bis zu den reichgegliederten Flachlandküsten im Nordosten und Südosten. Als Teile eines überfluteten Talkomplexes, getrennt durch einen Höhenrücken (Mount Sciberras) stellen sich der heutige Marsamxett und Grand Harbour dar. Vor allem der Grand Harbour als natürlicher Tiefwasserhafen (Meerestiefe 25 m) hat seit jeher große wirtschaftspolitische Bedeutung.

Landschaftliche Gliederung Gozos

Die Landschaftsräume auf Gozo sind nicht so ausgeprägt gegliedert. Die Insel ist im wesentlichen eine leicht gekippte Scholle in Nordostrichtung mit der höchsten Erhebung von 176 m im Westen. Weniger buchtenreich als der der Hauptinsel, aber ebenfalls mit vielfach bis zu 100 m senkrecht zum Meer hin abfallenden Felsklippen, mit schönen Badebuchten im Norden (Ramla Bay, San Blas Bay) und einem weitgeöffneten Golf im Osten (Mgarr Harbour) stellt sich der Küstenverlauf von Gozo dar. Im Landesinneren bestimmen Tafelberge und weite Täler das Bild. Insgesamt herrschen weniger verkarstete Flächen und dafür eine mächtigere Bodenkrume vor, so daß Landwirtschaft intensiv betrieben werden kann.

Die maltesische Inselgruppe ist von Natur aus wasserarm; es gibt keine Flüsse und Seen. Lediglich in den Wintermonaten kommt es zu größeren Niederschlägen, die im porösen Kalkgestein schnell versickern oder in ausgetrockneten Tälern ins Meer abfließen. Dennoch besitzen die Inseln Süßwasservorkommen in geringerer und großer Tiefe, die bis in die neuere Zeit ausreichten, die Bevölkerung mit Trinkwasser zu versorgen. Zwei Grundwasserstockwerke sind natürlicherweise vorhanden. Die High Level Springs (oberes Grundwasserstockwerk) sind leicht zugängliche Wasservorräte, die sich unter der Hochebene von Mdina angesammelt haben als Schichtquellen durch versickerndes Regenwasser, das zwar durch den oberen Globigerinenkalk eindringt, aber von einer darunterliegenden Schicht Blauer Tone aufgestaut wird. Während die steinzeitlichen Urbewohner noch Wasser in Zisternen sammelten, nutzten die Ordensritter wegen des größeren Wasserbedarfs diese Schichtquellen u.a. mittels eines Aquädukts zur Wasserversorgung Vallettas. Seit 1856 wurde auch das Lower Water Table (unteres Grundwasserstockwerk) für die öffentliche Trinkwasserversorgung nutzbar gemacht. Im zentralen östlichen Teil der Insel sammelt sich in Hohlräumen des unteren Korallen- und Globigerinenkalks Regen- und Meerwasser, die aber dank unterschiedlicher Schwere übereinander lagern. Bei übermäßiger Entnahme von Süßwasser ohne genügende Wiederauffüllung durch Versickerung tritt jedoch eine zunehmende Versalzung des Trinkwassers ein. Der ständig steigende Wasserverbrauch der Privathaushalte, der Landwirtschaft, der Industrie und der Touristenscharen führt immer wieder zu Engpässen. Seit 1982 versucht Malta mit Hilfe von Meerwasserentsalzungsanlagen (Ghar Lapsi, Tigne Point, Cirkewwa) den Wasserbedarf zu befriedigen, allerdings mit enormen Energiekosten.

Landschaft im Westen Maltas: Auf kleinen Terrassenfeldern gedeihen Obst und Gemüse.

Klima

Mittelmeerklima

Das maltesische Klima ist im wesentlichen mediterran mit einem heißen, trockenen Sommer und einem milden, feuchten Winter, geprägt von Einflüssen der subtropischen Trockenzonen und von Passatwinden.

Die Sommermonate von Mai bis September sind sehr regenarm, die Sonne scheint täglich zwischen zehn und zwölf Stunden, und die Temperaturen erreichen durchschnittlich 23,5 °C (vgl. Klimatabelle S. 213). Im August beträgt das Minimum 22,9 °C, das Maximum 29,3 °C. Ende September setzen die ersten Regengüsse ein, die im Dezember und Januar, den regenreichsten Monaten, sehr heftig werden, meist aber nicht lange andauern. Immer wieder bricht die Sonne durch, so daß auch in der kühlen Jahreszeit von Dezember bis Februar die Temperaturen im Durchschnitt bei etwa 13 °C liegen. Im Februar beträgt das Minimum 10,3 °C und das Maximum 14,7 °C. Frost und Eis kommen nicht vor, kurze Schneeschauer nur äußerst selten. Allerdings ist aufgrund der ungeschützten Insellage das ganze Jahr über mit Wind in unterschiedlicher Stärke zu rechnen. Im Winter herrscht der vom europäischen Festland kommende stürmisch-kalte nordöstliche Grigal vor, im Frühjahr und Sommer bringt der kühle nordwestliche Majjistral angenehme Erfrischung während der Hitzemonate. Weniger erträglich ist die feucht-warme, schwüle Luft, die der Xlokk besonders im Spätsommer und Herbst von Nordafrika her nach Malta führt.

Die Meerestemperatur sinkt vom Höchststand von 25,6 °C im August auf den Niedrigstand von 14,5 °C im Februar.

Pflanzen und Tiere

Flora

Allgemeines

Die relativ gleichmäßige Oberflächenstruktur der maltesischen Inselwelt hat nicht zur Ausdifferenzierung besonderer Vegetationszonen geführt. Die Felseninseln sind nur spärlich bewachsen.

Einflußnahme des Menschen

Zur Zeit der Tempelbauer im Neolithikum war Malta noch teilweise bewaldet. Archäologen haben Kiefer, Esche, Judasbaum, Oliven- und Feigenbaum sowie Weißdorn in der Zeit zwischen 4000 und 2500 v. Chr. nachgewiesen. Aber bereits in der Bronzezeit und verstärkt während der Herrschaft der Karthager und Römer setzte eine starke Abholzung ein. Man benötigte das Holz in erster Linie für den Schiffsbau, zudem wurden die Waldgebiete wegen des intensiven Anbaus von Nutzpflanzen gerodet. Die Folge war eine Verkarstung vieler Landschaftsstriche.

Nach dem Untergang des Römischen Reichs im 5. Jh. verfiel die Kulturlandschaft, und auch die verbliebenen Maulbeerbäume und immergrünen Steineichen sowie die Wacholderbüsche verschwanden, so daß die ungeschützte Bodenkrume der Wind- und Regenerosion preisgegeben war.

Die Araber kultivierten mit großer Sorgfalt während ihrer 220jährigen Inselherrschaft das Land erneut. Sie legten künstlich bewässerte Terrassenfelder an und pflanzten Johannisbrotbäume gegen die Winderosion. Doch vom 13. Jh. an setzte wieder ein wirtschaftlicher Niedergang mit einhergehender Landschaftszerstörung ein, so daß selbst die Johanniterkommission, die 1524 Malta besuchte, noch entsetzt war über die Verwahrlosung des Landes und berichtete, daß auf der baumlosen Insel Holz als teure Ware pfundweise verkauft würde und die Bewohner trockenen Tierdung als Brennmaterial benützten. Die Ordensritter bemühten sich Ende des 16. Jh.s um die Rekultivierung, intensivierten den Weinanbau, ließen Olivenbäume pflanzen und Baumwollfelder anlegen. Außerdem führten sie die Aleppokiefer und den Oleander ein. Um Humuserde für ihre Gartenanlagen zu erhalten, tauschten sie sogar auf ihren Fahrten die Ballaststeine im Rumpf ihrer Schiffe gegen Ackerboden ein. Agaven und Opuntien (Fei-

genkakteen), deren Früchte eßbar sind, wurden zusammen mit den Steinmauern als Feldschutz genutzt. Im 18. Jh. hatte der Ölbaum fast wieder
seinen früheren Bestand erreicht. Ortsnamen wie Zebbug (Olivenhain), Birzebbuga (Olivenbrunnen) und Zejtun (Ölpreßstelle) verweisen seit alters her
auf die große Bedeutung des Ölbaums. Dessen ungeachtet fällten die Briten während ihrer Kolonialherrschaft im 19. Jh. fast 80 000 Olivenbäume,
um Anbauflächen für die lukrativere Baumwolle zu gewinnen. Da sich die
Produktion schon nach wenigen Jahrzehnten als unrentabel herausstellte,
wurden die Felder einfach brachliegen gelassen.
Erst nach dem Zweiten Weltkrieg begann man in den fünfziger Jahren mit
der Aufforstung von Olivenbäumen, Kiefern und Eukalyptusbäumen. Dies
ist ein mühsamer und teurer Prozeß, der erst in Jahrzehnten das Landschaftsbild verändern wird, wenn nicht der Bauboom der Gegenwart diese
Bemühungen wieder zunichte macht.

*Im Frühjahr verwandelt sich selbst das karge Malta mancherorts in ein
Blütenmeer. Hier der Blick zum Verdala Palace.*

Anstelle des Baumbewuchses hat sich über die Jahrhunderte hin eine
dünne, natürliche Vegetationsschicht auf der steinigen Insel herausgebil-
det mit Pflanzen und Sträuchern, die sich dem mediterranen Klima anpas-
sen, vor allem mit wenig Wasser auskommen oder Speicherkapazitäten
haben. Man findet Heidekraut, Hartgräser, Mastixsträucher, Wolfsmilchge-
wächse, verschiedene Distelsorten, Thymian, Rosmarin und die Malta-
zwiebel, die in der Hustenmedizin verwendet wird. In den wenigen feuchten Monaten blühen sogar wilde Orchideen, roter Mohn und Tamarisken,
Narzissen, Herbstzeitlose sowie Geranien und Anemonen.

Fauna

Zur Zeit der Ordensritter gab es auf dem Maltesischen Archipel noch Groß-
wild, heute kommen nur Kleinsäugetiere vor. Neben Wildkaninchen, Fenek

Pflanzen und Tiere

Fauna (Fortsetzung)

genannt und auf vielen Speisekarten der Inseln zu finden, gibt es noch Wiesel, Igel, Nagetiere und Fledermäuse als freilebende Säuger.

Reptilien

Bei den Reptilien herrscht dagegen eine größere Artenvielfalt vor. Fünf endemische Eidechsenarten hat man gezählt, eine davon, die dunkelgrüne Lacerta filfolensis, lebt lediglich auf der unbewohnten Felseninsel Filfla. Während Mauergeckos häufig zu sehen sind, treten Schlangen und Skorpione eher selten auf. Fast nur auf Gozo und Comino lassen sich heute noch drei ungiftige Schlangenarten finden.

Vögel

Ungünstig sind die Lebensbedingungen für Vögel auf dem Archipel. Zu den zwölf Brutvogelarten gehören u.a. Kurzzehenlerche, Grauammer, Blaumerle (Merill), der zur Familie der Drosseln zählende Nationalvogel Maltas, Gelb- und Schwarzschnabelsturmtaucher sowie Sturmschwalbe, die im Landschaftspark Buskett Gardens oder auf der geschützten Felseninsel Filfla ihre Nester bauen. Die maltesischen Inseln sind aber eine wichtige Zwischenstation für Zugvögel auf der Reise zwischen Europa und Afrika. Nach den Schätzungen der Maltese Ornithological Society (MOS) rasten periodisch über eine Million Finken, eine halbe Million Singvögel sowie Tausende von Greifvögeln und Reihern auf den Inseln.

Für viele Vögel ist der Malta-Aufenthalt jedoch todbringend, denn die maltesischen Hobbyschützen nehmen die erschöpften Vögel als willkommene und leichte Beute ins Visier (→ *Baedeker Special*, S. 17). Darüber hinaus dient auch der Vogelfang dem Zeitvertreib. Vor allem Singvögel gehen lebend in die Schlagnetze der Vogelfänger, angelockt von den Stimmen ihrer gefangenen Artgenossen. In vielen Gegenden Maltas sieht man sorgfältig gruppierte, kleine Steintürmchen, auf die die Lockvögel in Käfigen gesetzt werden. Dazwischen wird das Schlagnetz zum Fang ausgebreitet. Anschließend werden die Vögel auf dem Markt in Valletta verkauft und fristen ihr Dasein in winzigen Käfigen auf Balkons, an Kiosken, Imbißständen oder Gaststätten, wo sie zwitschernd die Menschen in ihrer Alltagswelt erfreuen sollen.

Insekten

Unter den Insekten verdienen neben verschiedenen Schmetterlingsarten, Grillen und Libellen die Bienen besondere Beachtung. Sie sammeln einen vorzüglichen Honig mit Thymian-Geschmack.

Meeresfauna und -flora

In den maltesischen Küstengewässern gibt es von jeher wegen des Planktonmangels nur wenig Fisch. Dennoch lassen sich hin und wieder verschiedene Mittelmeerfischarten finden, darunter Brassen, Barben, Goldmakrelen, Goldstriemen, Sardinen, Dorsche und Schwertfische. Thunfische tauchen lediglich zur Laichzeit im Juni vor Malta auf, Delphine dagegen häufiger.

Dem Taucher bietet die küstennahe Unterwasserwelt zwar wenig Spektakuläres wie tropische Üppigkeit und Farbenpracht, aber dennoch ein eindrucksvolles Meeresleben: Seegraswiesen mit Kleingetier, gestreifte Schriftbarsche, grünliche Lippfische, bunte Meerpfauen, verschiedenartige Schwammgebilde, Krustenanemonen und Korallenbecher. Und vielleicht taucht auch einmal aus großer Tiefe ein St. Petersfisch auf.

Leider ist auch die Meeresfauna bedroht, nicht nur durch die ungeklärt ins Meer geleiteten Abwässer, durch die Ölverschmutzung von Tankschiffen und Bohrinseln, sondern auch durch Geschäftemacher, die mit Schildkrötenpanzern handeln. Als Beifang geraten jährlich etwa 2000 der stark gefährdeten Karettschildkröten in die Netze maltesischer Fischer. Anstatt sie dem Meer zurückzugeben, lassen sie sie qualvoll an der Sonne trocknen und verkaufen ihre Panzer – auch an Touristen – auf den lokalen Märkten. Vor dem Erwerb wird an dieser Stelle ausdrücklich gewarnt, da der Import in mitteleuropäische Länder unter Verbot und Strafe steht.

Nutztiere

Zur Tierwelt Maltas zählen schließlich auch die Nutztiere, von denen traditionell Esel und Mulis als Lasttiere Verwendung finden. Ziegen und Schafe liefern seit Jahrhunderten Milch, Käse und Fleisch. Neuerdings decken

Grausamer Volkssport

Es ist still und friedlich an diesem frühen Morgen im Oktober am Strand von Pembroke. Wir genießen die milde Luft und schauen gebannt zu, wie die Sonne langsam aufgeht. Doch wir sind nicht die einzigen Frühaufsteher. Ein kleiner Vogel zwitschert bereits mit anderen Sangeskollegen um die Wette. Fröhlich schmetternd erhebt er sich in die Lüfte. Da zerreißt ein Schuß jäh die Stille. Angeschossen flattert das Vögelchen an uns vorbei. Ein Mann stürzt hinter einem Steinhaufen hervor, legt an und schießt erneut auf den Finken. Diesmal hat er es geschafft. Der Vogel ist tot. Der Mann holt das Vögelchen und trägt es stolz zu seiner übrigen Beute.

für unsere gefiederten Freunde! Innerhalb eines Jahres fallen denn auch Hunderttausende von Vögeln der Schießwut von Sportschützen zum Opfer. Bei den meisten im Schrothagel verendeten Tieren handelt es sich nicht um einheimische Arten, sondern um Zugvögel aus Nord- und Mitteleuropa, um Singdrosseln, Turteltauben, Lerchen, Wiedehopfe, Greifvögel, Reiher etc., die auf ihrer beschwerlichen Reise zwischen der angestammten Heimat und dem Winterdomizil Afrika Malta als idealen Rastplatz aufsuchen. Viele Arten darunter sind vom Aussterben bedroht. Das aber interessiert die maltesischen Amateurjäger nicht. Für sie zählt nur die Schönheit oder Größe eines Vogels, der vom Himmel geholt werden muß, um ausgestopft als Trophäe im Wohnzimmer des trauten Heims zu enden – und ist er des Ausstopfens nicht wert, so endet er in der Mülltüte, oder man läßt ihn einfach liegen.

Auch in der maltesischen Bevölkerung haben die Vogeljäger nicht nur Sympathisanten. Die 1962 gegründete Ornithologische Gesellschaft Maltas (MOS) versucht u.a. mit Demonstrationen unter den Maltesern mehr Verständnis für den Vogelschutz zu wecken. Seit 1980 gibt es sogar ein Vogelschutzgesetz, das immerhin Schonzeiten und Schutzareale vorschreibt. Doch die Vogeljäger, die starr auf "alte Gewohnheitsrechte" pochen, lassen sich davon kaum beeindrucken – und bleiben dabei (bisher) unbehelligt, schließlich stellen sie ein wichtiges Wählerpotential dar.

Nicht nur mit der Flinte wird den Vögeln auf Malta nachgestellt, viele geraten lebend in die Schlagnetze der Vogelfänger und werden dann auf dem Markt in Valletta verkauft.

Leider sind unsere Beobachtungen kein Einzelfall. Ca. 11 000 lizensierte durchweg männliche potentielle Vogelmörder gibt es auf Malta. Die Vogeljagd ist eine der beliebtesten Freizeittätigkeiten auf der Insel, mindestens so beliebt wie Fußball. Schätzungen zufolge werden jedes Jahr zwölf Millionen Patronen in die Luft geballert, umgerechnet 250 t Blei. Schlechte Karten

Pflanzen und Tiere
(Fortsetzung)

auch Rinder- und Schweinezucht in Stallungen einen kleinen Teil des maltesischen Fleischbedarfs.

Haustiere

Neben Singvögeln sind Katzen und Hunde beliebte Haustiere. Berühmt als Schoßhund ist der schon seit der Antike bekannte Malteser, ein munterer, etwa 25 cm hoher kompakter Zwerghund mit weißem seidigen Fell, der wohl einer ägyptischen Hunderasse entstammt und auf Malta nach wie vor gezüchtet wird.

Bevölkerung

Zusammensetzung

Wechselnde Fremdherrschaften während der vergangenen sechs Jahrtausende haben dazu geführt, daß die maltesische Bevölkerung ethnisch stark gemischt ist. Die heutigen Bewohner der Inseln sind im wesentlichen die Nachkommen der nordafrikanisch-arabischen und italo-sizilianischen Volksgruppen. Seit dem 19. Jh. kommt mit der Kolonialherrschaft noch eine britische Minderheit hinzu. Auch griechische, syrische und indische Kleingruppen bilden einen Teil der Einwohnerschaft Maltas.

Zuschauer beim Patronatsfest in Zabbar

Auswanderung

Andererseits sind viele Malteser (1940 – 1989: 153 260) infolge der Überbevölkerung und Arbeitslosigkeit jahrzehntelang in die mediterranen Nachbarstaaten, nach Großbritannien, Kanada, in die USA und besonders nach Australien ausgewandert. Seit Anfang der neunziger Jahre sind die Auswandererzahlen stark rückläufig, nur rund 100 Personen entschieden sich in den letzten Jahren dazu, ihren Wohnort ins Ausland zu verlegen. Zudem ist seit 1975 eine verstärkte Rückwanderung festzustellen.

Demographische
Struktur

Wie überall in den westlichen Ländern ist das Bevölkerungswachstum auch in Malta zurückgegangen. Das Bevölkerungswachstum betrug in den neunziger Jahren des 20. Jh.s durchschnittlich 0,9%. Der Anteil der unter 20jährigen verringerte sich in den beiden letzten Jahrzehnten von über 40% auf nunmehr etwa 30%. Der Prozentsatz der 65jährigen hat sich dagegen leicht erhöht. Die Lebenserwartung liegt zur Zeit bei durchschnittlich 77 Jahren. Die Zahl der Erwerbstätigen beträgt rund 140 000, etwa 38% der Gesamtbevölkerung. Im Bereich der schulischen und beruflichen Ausbildungsmöglichkeiten wurden erhebliche Anstrengungen unternommen; der Prozentsatz der Analphabeten beträgt heute noch 4%.

Bevölkerung (Fortsetzung)

Die Malteser gehören zum überwiegenden Teil (93%) der römisch-katholischen Konfession an. Daneben existieren kleine protestantische und jüdische Minderheiten. Die Religion hat jahrhundertelang das gesellschaftliche Leben auf den Inseln geprägt. Ihr Einfluß wird heute durch die Übernahme säkularisierter westlicher Lebensart immer mehr zurückgedrängt.

Religion

Von den ca. 375 000 Einwohnern leben 92,5% auf der Hauptinsel Malta, nur 7,5% auf Gozo und Comino. Etwa 90% der Bevölkerung wohnen in Städten. Die Bevölkerungsdichte, eine der höchsten Europas, beträgt 1181 Einwohner pro Quadratkilometer.
Das stärkste Bevölkerungsaufkommen liegt im urbanen Siedlungsgürtel entlang der mittleren Nordküste von den Touristenzentren St. Julian's und Sliema, über Birkirkara, zum Verwaltungs- und Regierungssitz Valletta und weiter über Marsa und Paola zu den historischen "Drei Städten" (Senglea, Cospicua und Vittoriosa), die heute Arbeiterwohnorte sind. In dieser Agglomeration leben zum Teil 8000 Menschen auf einem Quadratkilometer. Als größte Stadt des Inselstaates gilt Birkirkara mit knapp 20 000 Einwohnern, gefolgt von Sliema, das gemeinsam mit dem benachbarten St. Julian's ebenfalls ca. 20 000 Einwohner hat.
Im Landesinneren gibt es eine Reihe von kleineren Landstädten, der Nordwesten Maltas und die südliche Steilküste sind relativ dünn besiedelt. Auf Gozo herrscht noch überwiegend gestreute dörfliche Siedlungsstruktur vor.

Siedlungsstruktur

Die typischen maltesischen Wohnhäuser, die Wand an Wand die Straßen säumen, sind meist einstöckig und besitzen ein flaches Dach. Die der Straße zugewandte Fassade ist schmal, größer ist die Ausdehnung nach hinten. Charakteristisches Merkmal sind die von den Arabern übernommenen Holzerker, die dem ersten Stockwerk vorgesetzt sind. Aus klimatischen Gründen besitzen die Häuser Fensterläden, die im Sommer häufig den ganzen Tag über geschlossen sind. Vielfach führen zwei Türen in das Hausinnere: eine massive aus Holz und dahinter eine Glastür. Der Raum zwischen beiden reicht gerade als Sitzplatz für eine Person.
Seit dem Zweiten Weltkrieg wurden zahllose moderne Wohnsiedlungen mit staatlichen Fördermitteln gebaut, um die große Wohnungsnachfrage infolge des Bevölkerungswachstums zu befriedigen. Doch gibt es erfreulicherweise auch heute so gut wie keine Hochhäuser auf den Inseln.
In den letzten drei Jahrzehnten hat sich der Anteil des bebauten Gebiets an der Gesamtfläche von 6% auf 17% erhöht. Da Bebauungspläne und Bauaufsicht weitgehend fehlen, dehnen sich viele Siedlungen unkontrolliert und landschaftszerstörend aus. Obwohl nach offiziellen Angaben fast 20% aller Häuser Maltas leerstehen, schreitet die Zersiedelung der Inseln immer weiter voran.

Bauweise

Staat und Gesellschaft

Nach über anderthalb Jahrhunderten britischer Kolonialherrschaft wurde Malta am 21. September 1964 unabhängig, verblieb aber im Commonwealth mit der britischen Königin als Staatsoberhaupt. Am 13. Dezember 1974 erklärte sich Malta zur parlamentarischen Republik. Die Zugehörigkeit zum Commonwealth blieb auch weiterhin bestehen, das Amt des Staats-

Staats- und Regierungsform

Staat und Gesellschaft

Staats- und Regierungsform (Fortsetzung)

oberhauptes ging nun allerdings an einen auf fünf Jahre vom Parlament gewählten Präsidenten über, der in erster Linie repräsentative Aufgaben hat. Er ernennt den Premierminister und beauftragt ihn mit der Regierungsbildung. Die Regierung ist dem Parlament verantwortlich, das aus einer Kammer mit 65 bzw. maximal 69 Abgeordneten besteht, die alle fünf Jahre von der Bevölkerung (Wahlrecht ab 18 Jahren) in allgemeiner, demokratischer Wahl bestimmt werden. Landeshauptstadt und Regierungssitz ist Valletta.

Staatsflagge

Die Landesfarben der Republik Malta sind Weiß und Rot. Sie gehen zurück auf die heraldischen Farben des Normannenfürsten Roger I. von Sizilien, der sie 1091 der Insel verlieh. Die maltesische Staatsflagge weist zwei gleich große senkrechte Weiß- und Rotfelder auf mit dem Georgskreuz in der linken oberen Ekke des weißen Feldes, das die Malteser 1942 vom britischen König Georg VI. verliehen bekamen als Tapferkeitsauszeichnung für ihr mutiges Durchhalten während der Bombardierung und Blockade durch italienisches und deutsches Militär im Zweiten Weltkrieg.

Staatswappen

Das maltesische Staatswappen zeigt einen weiß-rot unterteilten Schild, der von zwei Zweigen umrahmt wird. Oberhalb des Schildes befindet sich eine fünftürmige Mauerkrone, unterhalb erscheint ein Schriftband mit dem offiziellen Staatsnamen.

Verwaltung

Bedingt durch die kleine Staatsfläche und die jahrhundertelange Zentralverwaltung gibt es keine ausgeprägte staatliche und kommunale Gliederung. Für alle Belange sind die Staatsregierung und ihre Organe zentral zuständig. Lediglich Gozo ist seit 1987 durch einen Sonderminister im Kabinett vertreten. Für Verwaltungszwecke ist Malta in sechs Regionen aufgegliedert: Inner Harbour, Outer Harbour, South Eastern, Western und Northern Region sowie Gozo mit Comino.

Außenpolitik

Unter den konservativen Regierungen Maltas von 1964 bis 1971 blieben die traditionelle Einbindung des Inselstaats in die westliche Allianz (NATO und EG) und das enge Verhältnis zu Großbritannien als Mitglied Maltas im British Commonwealth erhalten. Während der Regierungszeit der Sozialisten von 1971 bis 1987 betrieb Malta eine blockfreie, neutralistische Außenpolitik und öffnete sich der Wirtschaftshilfe und Kultur aus der arabischen Welt, den sozialistischen Ostblockländern und China. Zugleich wurden die Bindungen zu Westeuropa gelockert. Das Nato-Flottenkommando wurde 1971 von Malta nach Neapel verlagert, und der Truppenstationierungsvertrag mit Großbritannien wurde 1974 mit Ablauf des Jahres 1979 aufgekündigt. Die konservative Regierung bemühte sich zwischen 1987 und 1996 um die engere Anbindung an das übrige Europa und stellte den Antrag auf Vollmitgliedschaft in der Europäischen Union. Die zwischen 1996 und 1998 regierenden Sozialisten erwogen die Rücknahme des Aufnahmeantrags. Nach dem Wahlsieg der Konservativen im September 1998 erneuerte der neue maltesische Ministerpräsident Fenech Adami das Beitrittsgesuch.

Internationale Organisationen

Malta gehört den Vereinten Nationen an und ist assoziiertes Mitglied der Europäischen Union. Außerdem ist es Sitz des Regional Oil Combating Centre (ROCC), einer 1976 gegründeten UN-Organisation zur Ölschmutzbekämpfung mit den 17 Anrainerstaaten des Mittelmeers als Mitglieder.

Verteidigung

Malta zählt zur Gruppe der blockfreien Staaten und gehört keinem Militärbündnis an. Laut Verfassungsänderung von 1987 verpflichtet sich Malta zur Neutralität im Falle eines internationalen Konfliktes. Zur Landesverteidigung stehen eine etwa 1000 Mann starke Freiwilligenarmee, die Malta Land Force, sowie verschiedene paramilitärische Pionierkorps, eine Marinegruppe und eine kleine Fliegertruppe in Bereitschaft.

Verteidigung (Fortsetzung)

Aus dem früheren Vielparteiensystem ist seit der Unabhängigkeit ein Zweiparteiensystem entstanden mit der sozialistischen Malta Labour Party (malt. "Partit tal-Haddiema") und der bürgerlich-konservativen Nationalist Party (malt. "Partit Nazzjonalista"). Der Führer der Mehrheitspartei wird traditionell nach dem Wahlsieg zum Premierminister ernannt. Von 1964 bis 1971 stellten die Konservativen die Regierung, von 1971 bis 1987 die Sozialisten, von 1987 bis 1996 gab es eine bürgerlich-konservative Regierung. Nach kurzem sozialistischen Intermezzo regieren seit 1998 wieder die Konservativen. Sie errangen bei den Wahlen vom September 35 von 65 Sitzen. Beide Parteien reichen mit ihren Anfängen bis ins letzte Viertel des 19. Jh.s zurück und gewinnen seit 1921 mit Beginn der Selbstverwaltung Maltas zunehmend politisch Einfluß. Traditionell arbeitet die Labour Party eng mit den Gewerkschaften zusammen, hat eine größere Anhängerschaft unter den Arbeitern und den unteren Einkommensschichten sowie eine höhere Zahl eingeschriebener Parteimitglieder als die Nationalist Party, die seit der Parteireform von 1977 inzwischen rund 33 000 Parteibuchinhaber zählt und sich von einer Honoratiorenpartei zu einer Volkspartei gewandelt hat mit einem hohen Anteil von Frauen, von Angehörigen der Dienstleistungsschicht und der Facharbeiter. Die Konkurrenz zwischen beiden Parteien ist extrem und hat zeitweilig bei Wahlkämpfen zu gewalttätigen Auseinandersetzungen geführt.

Parteien

Die General Workers Union (GWU) ist die mächtige Einheitsgewerkschaft Maltas, die kampferprobt aus den ersten Streiks und Aufständen der Werft- und Dockarbeiter gegen die britische Kolonialregierung im Jahre 1919 hervorgegangen ist. Seitdem hat sie sich immer wieder für die Verbesserung der Arbeits- und Lebensbedingungen ihrer Mitglieder eingesetzt. Ihren starken Rückhalt hat die GWU in den Arbeitersiedlungen im östlichen Gebiet um den Grand Harbour. Im Jahre 1975 erreichten die organisierten Dockarbeiter sogar eine Arbeitermitbeteiligung bei den Werftbetrieben durch ihre Vertreter in der Geschäftsführung und im Verwaltungsrat. Weitgehende Arbeitsplatzgarantien in den Staatsbetrieben sind ein weiteres erkämpftes Privileg der Hafenarbeiterschaft.

Gewerkschaften

Würde man die Zahl der Kirchen und Kapellen auf den Inseln in Beziehung zur Staatsfläche setzen, so käme auf jeden Quadratkilometer eine Kirche. Auf diese Weise wird die Dominanz des römisch-katholischen Glaubens augenfällig. Valletta ist zusammen mit der alten Kathedralstadt Mdina Sitz eines Erzbischofs. Auf Gozo residiert ein Bischof in Victoria. In Ermangelung einer nationalen Identität waren die Malteser während jahrhundertelanger Fremdherrschaft zumindest im Glauben vereint und stark. Der Dorfpriester als einer der wenigen lese- und schreibkundigen Menschen nahm seit alters her neben seinen seelsorgerischen Pflichten eine Reihe von weltlichen Aufgaben wahr: Er sorgte für die Erziehung der Kinder, vermittelte bei Streitigkeiten zwischen der armen Landbevölkerung und den Grundbesitzern oder der Regierung, er vertrat die Gemeindemitglieder vor Gericht, er stärkte das Dorfgemeinschaftsgefühl durch Feste und Feiern während des Kirchenjahres und kümmerte sich um die Versorgung der Mittellosen.

Kirche

Mittlerweile haben sich die Zeiten geändert und der Klerus hat viel von seinem Einfluß eingebüßt. Zu einem regelrechten Kulturkampf zwischen der katholischen Kirche und der sozialistischen Regierung kam es nochmals zum Ende der siebziger Jahre bei der Frage der Erziehung in den konfessionellen Privatschulen. Die antiklerikale Malta Labour Party versuchte, zum Teil mit Erfolg, die Macht des Klerus ein für allemal aus dem gesellschaftlichen Leben zu verdrängen und ihm allein seelsorgerische Aufgaben zuzuweisen. Ohnehin kann der Klerus die Veränderungen der maltesischen Gesellschaft durch die Einführung lockerer westlicher Le-

Wirtschaft

bens- und Freizeitformen, sicherlich auch eine Folge des Tourismus, nicht verhindern. Und auch im sozialen Bereich ersetzen heute staatliche Sozialleistungen die Fürsorge der Kirche. Als sittliche Instanz wird sie zumal von jungen Leuten zunehmend in Frage gestellt, deren Vorstellungen von Ehe und Familie mit den kirchlichen Vorschriften oft nicht mehr in Einklang zu bringen sind.

Lebensstandard

Einkommensstruktur und Lebenshaltungskosten der Malteser stehen in angemessenem Verhältnis zueinander und ermöglichen dem Großteil der Bevölkerung einen befriedigenden Lebensstandard. Die Sozialleistungen des Staates wie Arbeitslosenversicherung, Krankenversicherung, Altersversorgung, Mutterschaftsurlaub, Erziehungs- und Kindergeld entsprechen europäischem Standard. Das Gesundheitswesen ist zum Teil in staatlicher Hand und dann für den Benutzer kostenlos. Zusammen mit den privaten Trägern erfüllt es weitgehend die Bedürfnisse der Bevölkerung. Die Rolle der Frau hat sich in den letzten Jahrzehnten gewandelt von Haushalts- und Kindererziehungsaufgaben zu vermehrter Berufstätigkeit. Eine fortschrittliche Sozialgesetzgebung unter der sozialistischen Regierung garantiert heute den Malteserinnen gleichen Lohn wie den Männern und ermöglicht ihnen die Rückkehr ins Berufsleben nach der Schwangerschaft oder vorübergehender Erziehungstätigkeit.

Bildungswesen

Schulpflicht besteht vom 6. bis zum 15. Lebensjahr. Der Besuch staatlicher Schulen ist kostenlos, und es herrscht Lehr- und Lernmittelfreiheit. Unterrichtssprachen sind Maltesisch und Englisch. Die Privatschulen (etwa 25% aller Sekundarschulen), viele von ihnen werden von der katholischen Kirche unterhalten, verzichten seit 1985 ebenfalls auf Schulgeld und unterrichten ausschließlich in Englisch. Sie gelten allgemein als bessere Ausbildungsstätten als die staatlichen Schulen.

An die sechsjährige Primarstufe, die von 89% eines Altersjahrgangs besucht wird, schließt sich die fünfjährige Sekundarstufe an, die von 72% besucht wird und nach drei Jahren einen Übergang zur Handelsschule (2 bis 4 Jahre) ermöglicht. Der weitere Besuch des zweijährigen New Lyceum führt im semesterweisen Wechsel zwischen Fachunterricht und Berufspraktika (Pupil-Worker-System) zur Hochschulreife.

Für die Hochschulausbildung sorgt die University of Malta, die auf ein Jesuitenkolleg von 1592 zurückgeht und in der alle Fakultäten vertreten sind. Derzeit sind rund 7000 Studenten an der Universität eingeschrieben. Daneben existiert noch eine Technische Universität.

Medien

Schon auf den ersten Blick erkennt man an den Antennenwäldern auf Maltas Hausdächern die Fernsehbegeisterung der Malteser. Die Sendungen sind in der Regel zweisprachig, maltesisch und englisch, etwa die Hälfte wird lokal produziert von staatlichen und privaten Fernsehkanälen. Bedeutsam für Malta sind auch das italienische Fernsehen und die englischsprachigen Satellitenprogramme, die mit Hilfe der Großantennen in die Wohnstuben geholt werden. Zwei Hörfunkprogramme werden überwiegend in maltesischer Sprache ausgestrahlt.

Für den kleinen Inselstaat gibt es eine beachtliche Fülle von Zeitungen und Zeitschriften. In maltesischer Sprache erscheinen die Tageszeitungen "In-Nazzjon Taghna" (Auflage 20 000), "L'Orizzont" (Auflage 25 000) und in englischer Sprache "The Times" (Auflage 22 000) mit einer Sonntagsausgabe "The Sunday Times" (Auflage 29 000) mit Berichten über Lokalereignisse und internationale Vorgänge.

Wirtschaft

Allgemeines

Nach über 150jähriger wirtschaftlicher Abhängigkeit als großer Militärstützpunkt von der Kolonialmacht Großbritannien hat sich Malta in den letzten 35 Jahren seit seiner Unabhängigkeit für den zügigen Ausbau der Industrie

und des Tourismus eingesetzt, um den Verlust der Einnahmen nach dem
völligen Abzug der britischen Marine zu kompensieren. Nach anfänglich
hoher Arbeitslosigkeit von fast 9% und einer Inflationsrate von etwa 6%
Mitte der siebziger Jahre hat sich inzwischen die wirtschaftliche Lage ge-
bessert. Die Inflationsrate betrug in den neunziger Jahren nur noch durchschnittlich 2,9%, die Arbeitslosenrate pendelte sich bei 5% ein. Malta öffnete sich in den letzten Jahren zunehmend westlichen Investitionen.

Allgemeines
(Fortsetzung)

Das Bruttosozialprodukt Maltas betrug 1996 9635 US-Dollar je Einwohner,
damit rangiert Malta im europäischen Vergleich am unteren Ende der
Volkswirtschaftsskala. Für den Zeitraum 1980 bis 1992 gab es einen realen
Zuwachs von durchschnittlich 4,1%.

Volkswirtschaft-
liche Leistung

*Abbau von Globigerinenkalkstein bei Mqabba – schon von jeher nutzten
die Bewohner Maltas das weiche Gestein, das an der Luft schnell erhärtet,
als Baumaterial.*

Malta besitzt außer Kalkstein und Meersalz (Jahresproduktion von 600 t)
und neuerdings auch ein paar Ölquellen keine natürlichen Bodenschätze,
so müssen Rohstoffe und Energieträger für die verarbeitende Industrie eingeführt werden. Seit der Ölkrise in den siebziger Jahren importiert man vor
allem Kohle, die in Kraftwerken in Energie umgewandelt wird. Ohne moderne Filtereinrichtungen ausgestattet, tragen die Kohlekraftwerke durch
den Schwefelausstoß erheblich zur Umweltverschmutzung bei, während
die reichlich vorhandenen sauberen Energieträger wie Sonne und Wind so
gut wie nicht genutzt werden. Rohstoffbedarf besteht vor allem für den
Stahlbau und das Textilgewerbe als wichtigste Wirtschaftszweige.

Energie und
Rohstoffe

Die Industrie hat einen Anteil von 27% am Bruttoinlandsprodukt, 27% der
Erwerbstätigen arbeiten im industriellen Sektor.
Neben der traditionellen Industriezone um den Großen Hafen mit den
Docks, Werften, Tankerreinigungsanlagen und Stahlbaubetrieben hat sich
zwischen Marsa und Valletta eine weitere Industrieansiedlung entwickelt

Industrie

Wirtschaft

Industrie
(Fortsetzung)

mit Betrieben der Leichtindustrie, Textil- und Lederverarbeitung als Zuliefe-
rer für den europäischen Markt. Durch die Inbetriebnahme eines neuen
Industriehafens 1991 in der Marsaxlokk-Bucht mit Containerterminal und
Tiefseekais wurde Malta um eine weitere Industriezone bereichert und ist
seitdem als Güterumschlagplatz noch attraktiver.

Größter industrieller Arbeitgeber der Inselrepublik sind die Staatsunterneh-
men Malta Drydocks mit 4300 und ihre Tochtergesellschaft Malta Shipbuil-
ding mit 2300 Beschäftigten. Die übrigen 1500 Betriebe des verarbeiten-
den Gewerbes, darunter auch über 40 deutsche mit 5000 Beschäftigten,
zählen zusammen etwa 26 000 Beschäftigte. Die Hälfte der Betriebe verfügt über nicht mehr als fünf Mitarbeiter.

Dank des allgemein niedrigen Lohnniveaus bei arbeitsintensiver Fertigung
ist Malta nach wie vor als Industriestandort auch für ausländische Unternehmen, meist für Zulieferfirmen, gefragt. Die Regierung bemüht sich außerdem, durch Investitionen in die Infrastruktur – Telefon- und Straßennetz
werden ausgebaut, ein neues Kraftwerk ging 1991 in Betrieb – die Attrakti-
vität des Wirtschaftsstandortes Malta, insbesondere auch für Unternehmen aus dem High-Tech-Bereich, zu erhöhen.

*Wassermangel setzt Maltas Landwirtschaft enge Grenzen. Windräder
fördern zunehmend brackiges Wasser an die Oberfläche.*

Landwirtschaft

Da die landwirtschaftlich zu nutzende Fläche der Inseln Malta und Gozo
ohnehin nur ein Drittel des Staatsgebiets mit circa 13 000 ha ausmacht und
nur mit Hilfe von Bewässerung gute Erträge bringt, spielt der Agrarsektor
volkswirtschaftlich nur eine Nebenrolle. Lediglich 2% der Erwerbstätigen
sind in der Landwirtschaft tätig, ihr Anteil am Bruttoinlandsprodukt macht
3% aus.

Etwa 80% der Nutzfläche wird im Trockenfeldbau bearbeitet, das heißt,
daß lediglich in der feuchten Winterzeit die Felder bepflanzt werden und
nur eine einmalige Ernte möglich ist. Während der trockenen Sommer-
periode bleiben die Äcker unbebaut, werden aber gepflügt und von Un-
kraut befreit. Lediglich 8% nutzbarer Fläche lassen sich bewässern und

bringen dann gute Erträge mit drei Ernten pro Jahr hervor. Die restliche Fläche ist Brachland. Die bewässerten Hauptanbaugebiete liegen in St. Paul's Valley und in der Senke bei Ghadira sowie auf Gozo, wo ohnehin fast 50% der Agrarprodukte herkommen. Geerntet werden dort Tomaten, Kohl, Zwiebeln, Erdbeeren und Schnittblumen. Die übrigen Felder tragen Weizen, Gerste und Kartoffeln. Vereinzelt wächst Wein und liefern Obstplantagen Zitrusfrüchte. Die Olivenölproduktion ist dagegen niedrig, durchschnittlich 20 t pro Jahr. Maltas Agrarerträge können den eigenen Bedarf nicht decken, dennoch werden Agrarprodukte exportiert, vor allem Kartoffeln, Gemüse sowie Schnittblumen für die EU-Märkte.

Fischeridylle – auf Malta findet man sie noch.

Die stark parzellierte und zersplitterte Landwirtschaftsfläche ist größtenteils langfristig vergebenes Pachtland von Großgrundbesitzern und der Kirche, der größten Landeigentümerin auf Malta. Bewirtschaftet wird es von Kleinbauern, deren Betriebe zu 80% unter der Größe von 5 ha liegen. Die meisten Bauern betreiben Landwirtschaft nur als Nebenerwerb und bedienen die lokalen Märkte. Da die Landflucht anhält und viele junge Leute in besser bezahlte Industrie- bzw. Dienstleistungsberufe wechseln, wird die Bedeutung der Landwirtschaft weiter zurückgehen.

Viehzucht wird in Weidewirtschaft nur bei Schaf- oder Ziegenherden betrieben, die das dürftige Steppengras der Hochflächen nutzen. Ansonsten kommt nur Stallhaltung in Frage. Vereinzelt gibt es Rinderzucht, auf Gozo liefert Kuhmilch die Grundlage für den dort produzierten Rikotta-Käse. Auf Comino werden Schweine gezüchtet. Insgesamt kann damit aber der Fleischbedarf der Inselbewohner nicht gedeckt werden.

Obwohl Malta vom Meer umgeben ist, spielt die Fischerei volkswirtschaftlich keine Rolle. Nur etwa 1100 Malteser leben von der Fischerei, davon zwei Drittel im Nebenerwerb. Da keine Flüsse in die Küstengewässer Maltas münden, sind diese sehr planktonarm und bieten keine gute Nahrungs-

Viehzucht

Fischerei

Fischerei
(Fortsetzung)

quelle für Fische. Zudem sind die Fangmethoden sehr veraltet. Mit ihren kleinen Motor- und Ruderbooten können sie nicht weit hinausfahren und fischen daher mit ihren Schwimmnetzen meistens in Küstennähe, wo sie hauptsächlich Goldmakrelen (Lampuki) und Schwertfisch (Pixxipad) fangen. Die Fangmenge beträgt nur ca. 1000 t. Da dies nicht für den Eigenbedarf ausreicht, muß über 50% des Fischbedarfs auf Malta durch Importe gedeckt werden.

Außenhandel

Was den Außenhandel betrifft, ist Maltas Zahlungsbilanz nach wie vor negativ. Die Einfuhren von 985 Mio. MTL übertreffen bei weitem die Ausfuhren in Höhe von 563 Mio. MTL. Unter den eingeführten Gütern sind 58% Industriewaren, 24% Konsumgüter, ein Zehntel machen Agrarprodukte aus, der Rest entfällt auf Brennstoffe und chemische Erzeugnisse. Die Importe kommen zu drei Vierteln aus EU-Ländern, Haupthandelspartner sind Italien, Frankreich, Großbritannien und Deutschland, außereuropäisch spielen Libyen und die USA nur eine untergeordnete Rolle. Der Export wird fast ausschließlich von industriellen Fertigprodukten bestimmt, darunter haben Schiffsreparaturen, Schiffbau, Autoteile, Textilien und elektronisches Zubehör die größten Anteile. Hauptabnehmerländer sind zu 75% die EU-Staaten, wobei Frankreich, die USA, Deutschland, Großbritannien und Italien die ersten Ränge einnehmen.

Tourismus

Investitionen in die touristische Infrastruktur und europaweite Werbekampagnen, die seit Anfang der siebziger Jahre vorgenommen wurden, zeitigten gute Erfolge, so daß die Besucherzahlen von 20 000 im Jahre 1960 auf 700 000 im Jahr 1987 anstiegen. Die Millionenmarke wurde 1992 erstmals überschritten. Die gut 1,1 Mio. ausländischen Gäste bescherten dem Land 1997 Einnahmen von 250 Mio. MTL. Damit bringt der Tourismus ca. 40% des maltesischen Volkseinkommens. Ca. 30 000 Menschen verdienen ihren Lebensunterhalt durch den Tourismus. In der Regel bleiben die Auslandsgäste zehn bis zwölf Tage auf der Insel. Von den Gästen kommt knapp die Hälfte aus Großbritannien und Irland. Die Zahl der deutschen Touristen betrug 1998 ca. 200 000 (1988 waren es erst 78 000!) mit leicht steigender Tendenz.
Durch die Verbesserung des Freizeitangebots, durch Tagungs- und Kongreßmöglichkeiten soll der Fremdenverkehr der gehobenen Kategorie in Zukunft noch ausgebaut werden. Versorgungsengpässe und Bauboom machen aber bereits die Negativfolgen des Tourismus sichtbar.

Verkehr

Schiffsverkehr

Der Schiffsverkehr spielt naturgemäß für die Insel Malta eine bedeutsame Rolle. In den Häfen der Inselrepublik werden fast die gesamten Im- und Exportgüter umgeschlagen. Die Sea Malta unterhält Schiffahrtsverbindungen zu allen wichtigen europäischen und nordafrikanischen Häfen. Außerdem verkehren regelmäßig Fährschiffe zwischen Neapel, Sizilien und Tunis. Im Inlandsschiffsverkehr ist die häufige Fährverbindung zwischen Malta und Gozo wichtig. Von Valletta oder Cirkewwa aus bringen die Fährschiffe Pendler und Touristen nach Mgarr, zum Haupthafen Gozos.

Eisenbahn

Malta besitzt keine Eisenbahnen. Die einzige Bahnlinie von Valletta nach Rabat ist längst stillgelegt. Zwischen 1883 und 1931 versahen Dampflokomotiven aus britischer Produktion ihren Dienst auf der 13 km langen Strecke. Um die Jahrhundertwende wurden jährlich rund 1 Mio. Passagiere befördert. An die kurze Geschichte der Eisenbahn auf Malta erinnern heute nur noch der um den alten Bahnhof herum angelegte Old Railway Station Garden in Birkirkara sowie das Restaurant "Stazzjon", das im alten Bahnhof von Mdina und Rabat eingerichtet wurde.

Busverkehr

Der öffentliche Personenverkehr wird ausschließlich mit Bussen abgewickelt. Zentrale Verteilerstelle des Busverkehrs ist der City Gate Bus Terminal der Insel in Floriana, vor den Toren Vallettas, von wo aus man innerhalb einer Stunde jeden Ort auf Malta erreichen kann.

Das Straßennetz auf Malta ist im großen und ganzen gut ausgebaut und beträgt 1500 km, wenngleich manche Straßen im Innern der Insel sehr schmal und holprig sind. Das Pkw-Aufkommen hat sich in den letzten 20 Jahren verdreifacht und führt zu allerlei Problemen durch Staus und Abgase in der "rush hour", wenn Tausende von Pendlern unterwegs sind.

Der Aus- und Umbau des internationalen Flughafens bei Luqa schuf seit Anfang der siebziger Jahre die Voraussetzung für den Charterflugverkehr und den Liniendienst der landeseigenen Air Malta. Der hauptstadtnahe Flughafen wurde in den letzten Jahren ständig weiter ausgebaut. Auf Gozo wurde 1996 der Heliport, ein Hubschrauberlandeplatz mit hochmodernem Abfertigungsgebäude, in Betrieb genommen.

Umweltprobleme

Leider hält das Umweltbewußtsein mit dem wirtschaftlichen Fortschritt auf Malta nicht Schritt. Der öffentliche Busverkehr und der zunehmende private Autoverkehr verpesten mit ihren Abgasen ebenso die Luft wie die Kohlekraftwerke mit ihrem Schwefelausstoß. Der Bleigehalt der Luft und des Bodens steigt ständig. Untersuchungen in letzter Zeit haben ergeben, daß die Bleikonzentration im Blut der Malteser dreimal höher ist als die im Blut der Schweden. Für die giftigen Abfälle der Batteriefabriken auf Malta gibt es beispielsweise keine Spezialentsorgung. Maltas Abfälle werden in abgelegene Täler gekippt oder auf insgesamt drei Müllhalden, zwei auf Malta, eine auf Gozo, unter freiem Himmel verbrannt. Sondermülldeponien sind unbekannt. Die Nitrat- und Pestizidbelastungen des ohnehin raren Grundwassers steigen durch die Überdüngungen der Felder. Die Abwässer können nur in einer Anlage auf Malta geklärt werden, Gozo besitzt keine, ein Großteil geht nach wie vor ungeklärt ins Meer. Der lange nicht beachtete Kostenfaktor Umweltschutz wird in Zukunft die Wirtschaft des Landes noch erheblich belasten. Immerhin wird seit 1995 im begrenzten Rahmen eine Abfalltrennung (Glas, Papier, Plastik) zu Recyclingzwecken durchgeführt.

Geschichte

5200 v. Chr.	Beginn der erstmaligen Besiedlung Maltas von Bewohnern aus Sizilien. Ausgrabungen von Skeletten und einfachen Gebrauchsgegenständen geben Hinweise auf menschliche Siedlungtätigkeit im Gebiet der Dalam-Höhle (Ghar Dalam). Die Menschen leben weitgehend nomadisch in den zahlreichen Höhlen der Inseln und ernähren sich vom Fischfang, von der Jagd in den damals noch vorhandenen Waldgebieten und vom primitiven Feldbau.
4000 – 2500 v. Chr.	Die isolierte Insellage führt zur Entwicklung der endogenen Megalithkultur, die ihren sichtbaren Ausdruck in großen Steintempeln findet, in denen Erdmuttergottheiten verehrt werden. Es gibt einfache soziale Organisationsformen. Der Tempelbau ist Gemeinschaftsarbeit und wird ausschließlich mit Steinwerkzeugen getätigt. Dabei zeigen die Baumeister hohe Kunstfertigkeit, die sie auch bei allerlei Steinverzierungen unter Beweis stellen. Ansonsten leben die Bewohner halbnomadisch, zum Teil in Höhlen oder in einfachen Hütten im Familienverband und betreiben Feldanbau und Nutztierhaltung. Der Tempeldienst wird von Priesterinnen versehen mit Tier-, Rauch- und Trankopfern, später kommen Heilschlaf und Orakelsprüche hinzu. Da weder Waffen noch Spuren von Gewalteinwirkung gefunden wurden, ist anzunehmen, daß diese Zivilisation friedfertig war.
2500 v. Chr.	Plötzlicher Untergang der Megalithkultur um 2500 aus unbekannten Gründen, vermutlich durch eine verheerende Epidemie oder Dürrekatastrophe. Die Inselwelt bleibt danach mehrere Jahrhunderte unbesiedelt.
2000 – 1000 v. Chr.	Von Sizilien und Süditalien aus gelangen bronzezeitliche Siedler nach Malta. Sie bringen Metallwerkzeuge mit, errichten Fliehburgen und Vorratsspeicher, treiben ein wenig Handel und hinterlassen rätselhafte Transportspuren im Felsgestein. Sie leben als Gemeinschaften in befestigten Dörfern, da sie offenbar Feinde fürchten.
1000 – 800 v. Chr.	Die kleinasiatischen Phönizier nutzen auf ihren ausgedehnten Handelsreisen im Mittelmeer die Inselgruppe als Stützpunkt und Überwinterungshafen. Sie geben ihr deshalb den Namen "Mlt" (ausgesprochen wohl "malet"), was soviel wie "Zufluchtsort" oder "Ankerplatz" bedeutet. Elemente der maltesischen Sprache, z.B. "Marsa" für "geschützter Hafen" in Ortsnamen wie "Marsaxlokk" und "Marsaskala", und die maltesische Fischerbootform der "Dghajsa" erinnern noch heute an die phönizisch-punische Herrschaft über Malta.
800 – 218 v. Chr.	Vom nordafrikanischen Karthago aus, einer phönizischen Kolonie, bemächtigen sich die Karthager, von den Römern Punier genannt, Maltas. Seit 650 bauen sie es erfolgreich zum Bollwerk gegen die griechische Kolonisierungsexpansion im westlichen Mittelmeer aus. Trotz der Nähe zum griechisch geprägten Sizilien finden sich deshalb auf Malta keine Spuren der griechischen Zivilisation. Statt dessen durchdringt die phönizisch-punische Kultur Malta, das mit der großen Astarte-Kultstätte (kleinasiatische Fruchtbarkeits- und Kriegsgöttin) in der Nähe des Haupthafens Marsaxlokk (punischer Name für in südöstlicher Windrichtung gelegener ge-

schützter Hafen) einen wichtigen Anziehungspunkt für Seeleute aus dem gesamten Mittelmeerraum besitzt. Malta steigt durch Handel und Landwirtschaft zur blühenden Kolonie auf.

800 – 218 v. Chr.
(Fortsetzung)

Im Verlauf des Zweiten Punischen Kriegs erobert der Konsul Titus Sempronius Longus der von der römischen Provinz Sizilien aus im Jahre 218 v.Chr. Malta, das im Frieden von Zama (201 v. Chr.) endgültig dem Römischen Imperium einverleibt und fortan Melita genannt wird. Die Verhältnisse auf Malta verändern sich jedoch kaum. Der Astarte-Tempel wird einfach der römischen Hauptgöttin Juno geweiht, der Hafen bleibt weiterhin ein bedeutender Handelsumschlagplatz zwischen Afrika und Italien, wo auch die meisten einheimischen Produkte wie Honig, Leinen, Olivenöl und Weizen regen Absatz finden. Die Hauptstadt Melita liegt auf einer Anhöhe im Zentrum der Insel, im Gebiet der heutigen Städte Mdina und Rabat. Die ursprünglich bewaldete Insel verändert ihr Gesicht durch erhebliche Holzeinschläge für den Schiffsbau.

218 – 201 v. Chr.

Nach dem Sieg bei Munda über die Söhne des Pompeius verteilt Cäsar im Zuge der sich anschließenden Um- und Neugestaltung des Römischen Imperiums an seine Soldaten, so daß in der Folgezeit auch römische Veteranen auf Malta siedeln.

45 v. Chr.

Die Malteser gehen davon aus, daß der Apostel Paulus während seiner Fahrt von Kreta nach Rom im Herbst 59 n. Chr. Schiffbruch erlitt und auf Malta, dem "Melite" der Antike, strandete. Nach seiner glücklichen Rettung weilte Paulus angeblich drei Monate auf der Insel und christianisierte während dieser Zeit die Bevölkerung (→ *Baedeker Special*, S. 144/145).

59 n. Chr.

In der prosperierenden römischen Kolonie Melita (vielleicht von lat. "mel" = "Honig" ableitbar wegen des Haupterzeugnisses der Insel) werden die Siedlungen und die Domänenwirtschaft sowie der Hafen weiter ausgebaut. Ein insulares Straßennetz wird angelegt, öffentliche Bäder werden errichtet, schöne Villen mit herrlichen Mosaiken gebaut und eine Reihe von Befestigungsanlagen zur Sicherheit der Bewohner erstellt. Punische und römische Kultur verwachsen zunehmend miteinander. Um die Mitte des 4. Jh.s tritt das Christentum verstärkt auf, worauf zahlreiche christliche Grabstätten (Katakomben) hindeuten.

1. – 4. Jh. n. Chr.

Infolge der Teilung des Römischen Reichs wird die Insel oströmisch-byzantinisches Gebiet. In schriftlichen Quellen taucht seit Ende des 4. Jh.s zunehmend die Bezeichnung Malta dafür auf.

395

Vermutlich besetzen Vandalen im Verlauf der Völkerwanderung vorübergehend Malta. Nach dem Untergang des weströmischen Reichs (476) kommt es auf Malta zu wechselnden Herrschaften.

um 440

Die Auseinandersetzungen zwischen dem Ostgotenreich unter Theoderich in Italien und dem oströmischen Kaiser in Byzanz führen zu Kriegen in Unteritalien und schließlich auch zur Eroberung Maltas (533), das zusammen mit Sizilien wieder der Oberherrschaft von Byzanz unterstellt wird. Eine Garnison mit kleiner Flotte unter Führung eines Dux wahrt die Interessen des oströmischen Kaisers. Traditionelle kirchliche Bindungen zur lateinischen Kirche in Rom bleiben allerdings bestehen.

6. Jh.

Der zunehmende Machtverlust des Byzantinischen Großreichs im Mittelmeerraum durch das Vordringen der Araber führt zum wirtschaftlichen Niedergang vieler Insel- und Küstenregionen und ihren Hafenstädten, wovon auch Malta betroffen ist.

7./8. Jh.

Von Tunesien aus gelingt es den arabischen Truppen der Aghlabiden-Dynastie Malta trotz byzantinischer Gegenwehr einzunehmen und über zweihundert Jahre gegen die wiederholten Rückeroberungsversuche von

870

Geschichte

870 (Fortsetzung)	Byzanz als wichtigen Umschlagstützpunkt für den See- und Sklavenhandel zwischen Tunis, Syrakus und Alexandria zu verteidigen. Die alte Insel-hauptstadt wird in Mdina (arab. Medina) umbenannt, die Insel selbst mit Mâlitah bezeichnet und einem muslimischen Statthalter unterstellt. Die einheimische Bevölkerung kann gegen Zahlung einer Kopfsteuer den christlichen Glauben weiterhin frei ausüben oder aber zum Islam übertreten. Neben einer gut funktionierenden Inselverwaltung wird eine ertragreiche Landwirtschaft mit Hilfe von Bewässerungssystemen und Terrassenfeldbau aufgebaut, so daß sogar Zitrusfrüchte und Baumwolle geerntet werden können.
1091	Der normannische Herrscher Siziliens, Roger I. (1031 – 1101), erobert Malta ohne nennenswerten Widerstand und macht die arabische Bevölkerung mit ihrem Statthalter tributpflichtig. Das Christentum wird restituiert. Roger verleiht seine heraldischen Farben Weiß-Rot der Insel als Symbol seiner Herrschaft, die fortan als die maltesischen Landesfarben gelten.
1122 – 1127	Da die muslimischen Malteser wiederholt die Tributzahlungen verweigern, kommt es unter Roger II. (1095 – 1154) zu einem erneuten normannischen Eroberungsfeldzug auf Malta.
1130	Zusammen mit Unteritalien und Sizilien wird Malta Teil des neuen Königreichs Sizilien, das Roger II. vom Papst zum Lehen erhält und von Sizilien aus regiert.
1140	In den Assisen von Ariano gibt König Roger II. seinem Reich eine neue Rechtsordnung und legt damit die Grundlage zu einem modernen Beamtenstaat, von dem auch Malta profitiert. Die Insel erhält als lokales Selbstverwaltungsorgan einen Adelsrat, den "consiglio popolare". Die Dörfer erhalten Gemeinderecht und die Adelsherrschaft wird an Gesetze gebunden. Malta erlebt eine Zeit des wirtschaftlichen und sozialen Aufschwungs.
1168	Erstmalige Erwähnung eines Bischofs von Mdina, der auf Sizilien residiert.
1175	Der Bischof von Straßburg besucht Malta und berichtet vom friedlichen Zusammenleben zwischen Christen und Moslems auf der Insel, wobei die arabische Bevölkerung nach wie vor in der Überzahl ist.
1194	Mit dem Tod Tankreds, des letzten männlichen Sprosses der Normannendynastie, fällt die Königskrone Siziliens aufgrund der Heirat (1186) Konstanzes, Tochter Rogers II. und Erbin des Normannenreiches, mit Heinrich VI., dem Sohn Kaiser Friedrichs I. (Barbarossa), an die Staufer.
1197 / 1198	Nach dem Tod Heinrichs VI. und Konstanzes wird ihr Sohn Friedrich (1194 bis 1250) unter Verzicht auf die deutsche Krone zum König von Sizilien gekrönt und unter die Vormundschaft von Papst Innozenz III. gestellt, so daß die Stauferherrschaft für Sizilien und Malta erhalten bleibt.
1220 – 1231	Nach vielen politischen Wirren ordnet der inzwischen auch zum deutschen König avancierte Friedrich II. das Königreich Sizilien neu, schaltet die feudalen Zwischengewalten aus und schafft einen straff zentralisierten, finanzkräftigen (direktes und indirektes Steuersystem) Beamtenstaat, der mit den Konstitutionen von Melfi (1231) seine Rechtsgrundlage erhält.
1224	Friedrich II. siedelt die aufständischen Bewohner der kalabrischen Stadt Celano zur Strafe nach Malta um. Außerdem wird die muslimische Bevölkerung zur Annahme des christlichen Glaubens gezwungen.
1265	Nach dem Tod Friedrichs II. (1250) zerfällt das Stauferreich unter seinen Nachfolgern Konrad IV. und Manfred. Papst Clemens IV. belehnt Karl von Anjou, Bruder König Ludwig IX. von Frankreich, mit Neapel, Sizilien und Malta.

Der letzte Staufer, Konradin, der fünfzehnjährige Sohn Konrads IV., wird besiegt und auf Befehl Karls von Anjou in Neapel hingerichtet. Auf Sizilien und Malta herrscht in der Folgezeit ein despotisches Regime, das mit hohen Steuerbelastungen den Unmut der Bevölkerung hervorruft.   1268

Der Aufstand der Sizilianer in der sogenannten Sizilianischen Vesper setzt der Franzosenherrschaft ein blutiges Ende. In Palermo wird jubelnd der "Staufererbe" Peter III. von Aragonien, ein Schwiegersohn Manfreds, als neuer Herrscher begrüßt. Kurze Zeit später gelingt es den Aragonesen unter Admiral da Loria die französische Flotte und Besatzung aus Malta zu vertreiben.   1282

Der ständige Wechsel meist nur steuereintreibender Lehnsherren auf Malta – die Könige von Aragonien geben die Insel sizilianischen Adligen zu Lehen mit dem Titel eines Grafen bzw. Herzogs von Malta – führt zur Unruhe in der lokalen Führungsschicht und in der Bevölkerung, so daß Ludwig von Aragonien ihrer Bitte nachkommt und Malta der direkten Königsherrschaft unterstellt.   1350

Nach schweren Zerstörungen auf der Insel durch genuesische Angriffe besucht König Friedrich III. von Aragonien persönlich Malta, um seine Anteilnahme auszudrücken.   1372

Unter König Martin von Aragonien wird die Insel wieder als Lehen mit dem Titel eines Herzogs von Malta vergeben. Kämpfe zwischen rivalisierenden sizilianischen Adelsfamilien um die Vorherrschaft auf Malta führen zu erheblichen Verwüstungen. In einer Urkunde von 1397 wird Malta als Krondomäne mit Lehensverbot endgültig anerkannt und von jährlich wechselnden Königsbeamten beaufsichtigt. Außerdem wird die Selbstverwaltung der Insel, die sogenannte Università, gestärkt.   1393 – 1397

Aus Geldnot bricht König Alfons V. von Aragonien die einst vertraglich zugesicherten Rechte Maltas und verpfändet die Inseln für eine hohe Summe an den Vizekönig von Sizilien, der fortan die unumschränkte Herrschergewalt besitzt.   1419

Die Malteser können weitgehend aus eigenen Mitteln unter großen Anstrengungen die verpfändeten Insellehen zurückkaufen und sich erneut, gestützt auf ihre alten Rechte, auf "ewig" an den König binden, was urkundlich in einer Art Freiheitsbrief von 1428 bestätigt wird. Auch die nach dem Zensuswahlrecht beschickten Selbstverwaltungsorgane Maltas, die Università, werden offiziell anerkannt. Sie bestehen nunmehr aus dem Oberhaupt, Capitano della Verga genannt, den vier Giurati als Beisitzern, einigen Richtern, einem Schatzmeister und Notar sowie einem Festungsmaurer. Der consiglio popolare dient weiterhin als gemeinsames Beschlußgremium.   1427 / 1428

Piratenüberfälle richten schwere Verwüstungen an.   1429

Besuch König Alfons V. auf Malta, der bereits 1428 die Insel als "kostbares Juwel" (jocale notabile) seiner Kronländer rühmt, so daß die Hauptstadt Mdina den Namen "Città Notabile" erhält.   1432

Nach der Heirat (1469) von Isabella von Kastilien mit Ferdinand von Aragonien entsteht mit der gemeinsamen Übernahme der Königswürde für beide Teilreiche der spanische Nationalstaat. Von nun an ist Malta ein eher peripherer Stützpunkt im expandierenden spanischen Weltreich, der gegebenenfalls zur Abwehr der Türkengefahr im Mittelmeer nützlich sein kann.   1479

Die spanische Königswürde geht an Karl I. aus dem Hause Habsburg, der seit 1519 als Karl V. deutscher König und später Kaiser des Hl. Römischen Reichs wird. Das Osmanische Reich beherrscht zur gleichen Zeit nahezu   1516

Geschichte

1516
(Fortsetzung)

das gesamte östliche Mittelmeer und bedroht seit der Eroberung von Konstantinopel (1453) immer stärker Südwest- und Mitteleuropa.

1524

Auf der Suche nach einer neuen Niederlassung besucht eine Kommission des 1522 von den Türken aus Rhodos vertriebenen Johanniter-Ritterordens Malta, zeigt sich aber mit Ausnahme der vorzüglichen Naturhäfen von der Insel wenig beeindruckt. Dürreperioden und Piratenüberfälle sowie hohe Steuerlasten haben zur Verarmung der Bewohner und zur Verwahrlosung der Dörfer und Städte geführt.

1530

Der Johanniterorden erhält die Inseln Malta, Gozo und die Festung Tripolis als "ewiges Lehen" von Kaiser Karl V. mit allen Herrschaftsgewalten gegen die jährliche symbolische Abgabe eines Falken (1529). Unter Führung ihres Großmeisters Philippe Villiers de L'Isle Adam lassen sich die Ritter, nunmehr auch Malteserritter genannt, mit ihrer Ordensflotte in der Gegend des Großen Hafens bei dem Fischerort Birgu (heute Vittoriosa) nieder.

Stadtansicht von Valletta aus dem 17. Jahrhundert

seit 1540

Wiederholte Überfälle von Piraten, vor allem unter dem Korsaren Dragut, können mit geringen Verlusten zurückgeschlagen werden.

1551

Piraten verwüsten die Insel Gozo und verschleppen über tausend Bewohner in die Sklaverei. Daraufhin werden die verfallenen Forts im großen Hafen von Malta, vor allem Fort St. Elmo, erneuert und ausgebaut.

1565

Von Mai bis September belagert die osmanische Flotte mit ca. 200 Schiffen unter Großadmiral Piali Pascha und General Mustafa Pascha sowie der mit ihnen verbündete Korsar Dragut Malta und blockiert den großen Hafen. Nach viermonatigen verlustreichen Kämpfen auf beiden Seiten ziehen die Osmanen wieder ab. Großmeister Jean de la Valette erwägt, mit seinen überlebenden Rittern nach Sizilien überzusiedeln.

Aus Dank für die erfolgreiche Türkenabwehr wird Malta mit reichlich flie-ßenden Geldern der europäischen Großmächte zu einem militärischen Bollwerk gegen die Westexpansion des Osmanischen Reichs ausgebaut. Der Großmeister des Ordens, Jean de la Valette gründet das nach ihm benannte Valletta als massiv befestigte Residenzstadt nach den Plänen des italienischen Architekten Francesco Laparelli, des besten Festungs-baumeisters jener Zeit. — 1566

An der siegreichen Schlacht von Lepanto am Golf von Korinth gegen die Flotte des Osmanischen Reichs haben die Schiffe des Ordens erheblichen Anteil. Danach ist die Türkengefahr zunächst einmal gebannt. Die Außen-befestigung Vallettas ist im selben Jahr abgeschlossen, und Valletta ist nun offiziell Ordenssitz der Malteserritter. — 1571

Stiftung und Bau der Konventskirche des Ordens, die Johannes dem Täu-fer geweiht ist, unter Großmeister Jean L'Eveque de la Cassière. Außerdem werden unter Leitung des maltesischen Baumeisters Cassar der Großmei-sterpalast, die Gebäude für die einzelnen Ordens-Zungen, Auberges ge-nannt, das Ordenshospital und weitere Privathäuser und Pfarrkirchen er-richtet. — 1572 – 1577

Vom Papst ernannte Inquisitoren kommen erstmals nach Malta und resi-dieren fortan bis 1798 in Vittoriosa. Sie überwachen streng die Glaubens-lehre und bestrafen Ketzer. Dies führt wiederholt zu Streitigkeiten mit dem Großmeister und dem maltesischen Bischof. — 1574

Unter Großmeister Alof de Wignacourt erleben Kunst (Caravaggio-Gemäl-de) und Wissenschaft (Bau der Wasserleitung von Rabat nach Valletta) eine erste Blüte. — 1601 – 1622

Den wirtschaftlichen Aufschwung durch die Einnahmen aus den Ordens-besitzungen und die großzügigen persönlichen Schenkungen vieler Ritter nutzen Großmeister Jean de Lascaris Castellar und sein spanischer Nach-folger Martin de Redin (1657 – 1660) zum Bau von Lagerhäusern, Spei-chern, Werkstätten und Werften. Die Malteser finden als Milizsoldaten, Handwerker, Arbeiter und Bedienstete des Ordens Beschäftigung, aber nur wenige gelangen zu bescheidenem Wohlstand. — 1636 – 1657

Die Landung von türkischen Truppen wird ohne große Mühen abgewehrt. — 1641

Einrichtung einer Isolierstation auf der Manoel-Insel im Marsamxett-Hafen, um die Einschleppung von Seuchen zu verhindern. Die zurückkehrenden Schiffsbesatzungen hatten dort in der Regel 40 Tage in Quarantäne zu ver-bringen. — 1643

Unter dem aragonischen Großmeister Nicola Cotoner werden zwischen 1670 und 1680 die "Drei Städte" (Cospicua, Senglea und Vittoriosa) mit einem mächtigen Befestigungsring von ca. 4,5 km Länge verbunden, den sogenannten Cottonera Lines, hinter denen im Falle eines feindlichen An-griffs etwa 40 000 Menschen Schutz finden können. — 1663 – 1680

An einer Pestepidemie sterben fast 10 000 Malteser. — 1676

Ein schweres Erdbeben richtet nicht nur großen Schaden auf Sizilien an, sondern auch auf Malta, wo die normannische Bischofskirche aus dem 12. Jh. in Mdina völlig zerstört wird. — 1693

Unter Großmeister Manuel Pinto de Fonseca aus Portugal schreitet die Verweltlichung des Ordens fort. Angesichts fehlender militärischer Aufga-ben kommt es zu einer Prunkentfaltung, die mit jedem Fürstenhof in Euro-pa konkurrieren kann, aber auch Prostitution, Glücksspiel und Trinkgelage breiten sich unter den Rittern aus. Die absolutistische Herrschaftsauffas- — 1741 – 1773

Geschichte

1741 – 1773 (Fortsetzung)	sung Pinto de Fonsecas führt zum völligen Verschwinden der verbliebenen Reste maltesischer Selbstverwaltung. Harte Steuerlasten drücken die Bevölkerung, die sich dennoch von ca. 15 000 im Jahre 1530 auf fast 100 000 erhöht hat.
1749	Gefangene muslimische Galeerensklaven verschwören sich gegen den Orden in der Absicht, den Großmeister und die Ritter zu töten und Malta an ihre Glaubensbrüder auszuliefern. Das Komplott wird jedoch rechtzeitig aufgedeckt und blutig niedergeschlagen.
1769	Mit Zustimmung des Papstes verbannt Großmeister Pinto die Jesuiten von der Insel, konfisziert ihren Besitz und wandelt ihr 1592 gegründetes Kolleg in eine öffentliche Universität um, der auch die medizinischen Institute des Ordenshospitals angegliedert werden.
1775	Langandauernde Spannungen zwischen dem Orden und der maltesischen Bevölkerung entladen sich in dem sogenannten Priesteraufstand gegen den unpopulären Großmeister Francesco Ximenes de Texada. Die maltesischen Priester rebellieren gegen die Besteuerung des Brotes, des Grundnahrungsmittels der Malteser, und gegen das Verbot der Teilnahme des Klerus an weltlichen Aktivitäten, zum Beispiel Sport und Jagd. Da sich zu wenig Malteser anschließen, bricht der Aufstand zusammen; die Anführer werden hingerichtet.
1782	Großmeister Emanuel de Rohan-Polduc ordnet mit der Herausgabe eines Gesetzbuches, dem Code Rohan, die politischen und sozialen Verhältnisse des Ordensstaates neu.
1798	Die Johanniter kapitulieren unter dem einzigen deutschen Großmeister Ferdinand von Hompesch kampflos vor den Truppen Napoleons, unter anderem, weil viele französische Ritter mit den Ideen der Französischen Revolution sympathisieren und sich daher illoyal verhalten. Die Ritter müssen daraufhin Malta verlassen und kehren trotz des Restitutionsvertrages von Amiens (1802) nicht mehr zurück. Nach Plünderungen durch Napoleons Soldaten wird Malta unter französische Besatzung gestellt.
1800	Im Zuge der britisch-französischen Auseinandersetzungen im Mittelmeer kommt es zur englischen Blockade Maltas. Die französischen Truppen räumen schließlich Malta, und die Briten besetzen die Insel.
1814	Im Frieden von Paris wird Malta als Kolonialbesitz Großbritanniens von den europäischen Großmächten anerkannt. Fortan wird der Archipel von einem britischen Gouverneur regiert; Englisch wird Amtssprache.
1835	Der Gouverneur Frederic Cavendish Ponsonby beruft eine maltesische Ratsversammlung ein, die ihn bei seinen Aufgaben beratend unterstützen soll. Die in den folgenden Jahren erlaubte Pressefreiheit führt zur Verbreitung liberaler politischer Ideen auf Malta.
1844	Die "Karnevals-Aufstände" gegen die britische Besatzung werden von englischen Truppen niedergeschlagen.
1849	Die erste "Verfassung" Maltas wird verkündet, sie erlaubt den Maltesern allerdings nur wenig politische Mitsprache.
um 1850	Malta ist nach Errichtung eines Trockendocks und des weiteren Ausbaus vom Grand Harbour Hauptflottenstützpunkt der britischen Marine und erlangt während des Krimkriegs (1853 – 1856) große militärische Bedeutung.
1858	Malta wird Erzbistum mit einem gemeinsamen Erzbischofssitz in Mdina und Valletta, der seit 1889 nur noch mit einem Malteser besetzt werden darf.

34

Die Eröffnung des Suezkanals führt zu regem Handel in den maltesischen Häfen. Im Hafen und auf den Werften der britischen Marine finden viele Malteser Arbeit. 1869

Malta erhält eine neue Verfassung als weiterer Schritt in Richtung Selbstverwaltung. In der Legislative und Exekutive gewinnen die gewählten maltesischen Vertreter an Einfluß. 1887

König Eduard VII. besucht als erster britischer Monarch Malta. Binnen 60 Jahren hat sich die Bevölkerungszahl von 70 000 auf 185 000 erhöht, nicht zuletzt dank des Wirtschaftsaufschwungs durch die britischen Investitionen und der damit einhergehenden Verbesserung des Lebensstandards. 1903

Als Folge gestiegener Preise und höherer Belastungen für die Bürger Maltas nach dem Ersten Weltkrieg kommt es zu den blutigen "Brotaufständen" gegen die britische Kolonialverwaltung. 1919

Im Zusammenhang mit den Wahlen zum ersten Parlament von Malta werden politische Parteien gegründet. Die neue Verfassung legt das Dyarchie-Prinzip (Doppelherrschaft) fest, wonach die Malteser eine eigene Regierung mit beschränkten Entscheidungsbefugnissen erhalten. Die Außen-, Verteidigungs- und Währungspolitik sowie die Sprachenregelung unterliegen als "Reserved Matters" nach wie vor britischer Hoheit. 1921

Bei der Schlacht um Malta zwischen den Alliierten und den Achsenmächten kommt es zu schweren Zerstörungen durch italienische und deutsche Luftangriffe. 1500 Menschen sterben. Für längere Zeit ist die Insel von Versorgungstransporten abgeschnitten. Diese Ereignisse gehen als "Zweite Große Belagerung" in die Geschichte Maltas ein (▸ *Baedeker Special*, S. 36/37). Nach dem Krieg wird Valletta im historischen Stil wieder aufgebaut. 1940 – 1942

Malta, das zwischen 1933 und 1947 erneut als britische Kolonie von einem Gouverneur regiert wurde, erhält nun wieder innere Selbstverwaltung auf der Grundlage der alten Verfassung. 1947

Vor dem Hintergrund von Überbevölkerung und Arbeitslosigkeit wandern binnen eines Jahres fast 11 000 Malteser aus. 1954

Unter der sozialistischen Regierung Mintoff votiert die Mehrheit der maltesischen Bevölkerung (74 Prozent) bei einer Volksabstimmung 1955 für die Eingliederung der Insel in den britischen Staatsverband. Da Großbritannien dies ablehnt, wird der Ruf nach der Souveränität Maltas laut. Verhandlungen darüber enden ergebnislos. 1955 – 1958

Regierungswechsel: die Sozialisten werden von den Konservativen abgelöst. 1959

Nach der neuen Verfassung erhält die Insel als "State of Malta" endlich Autonomie und eine vollverantwortliche Regierung. Der konservative George Borg Olivier von der Nationalist Party (Partit Nazzjonalista) wird Ministerpräsident. 1962

Großbritanniens gewandelte Kolonialpolitik ermöglicht, daß Malta am 21. September seine staatliche Unabhängigkeit erklärt. Es bleibt jedoch Mitglied des Commonwealth mit Königin Elisabeth II. als Staatsoberhaupt, die Malta 1967 einen Staatsbesuch abstattet. 1964

Die Schließung des Suez-Kanals führt zu Wirtschaftsproblemen auf Malta, da der Schiffsverkehr im Mittelmeer rapide zurückgeht. 1967

Die sozialistische Malta Labour Party löst nach einem sehr knappen Wahlsieg mit ihrem Vorsitzenden Dominic Mintoff die konservative Regierung 1971

Die Zweite Große Belagerung

"**D**ie Zerstörungen in den Städten und Dörfern waren immens. Wo einst Häuser standen, türmten sich nun Berge von Steinen und Schutt. Viele Straßen waren unpassierbar, von Trümmern verschüttet, einzelne Zonen einfach ausradiert" (G. Hogan, Malta: The Triumphant Years, 1978). Auch J. Attard beschreibt das verheerende Ausmaß der Kriegszerstörungen: "Der einst so hübsche Hafen ähnelte nun einem Tümpel, in dem sich ein Schiffswrack an das andere reihte ... Von den Kaianlagen und Lagerschuppen blieben nur noch Trümmerhaufen übrig, überzogen vom Pulver der explodierten Geschosse; das Mauerwerk der einst weißen Häuser war übersät von Einschüssen, und wo die Bomben gewütet hatten, klafften riesige Löcher" (The Battle of Malta, 1980).

Am 10. Juni 1940 war das faschistische Italien an der Seite Deutschlands in den Zweiten Weltkrieg eingetreten. Die erste Kriegshandlung des italienischen Duce Mussolini richtete sich am nächsten Morgen, dem 11. Juni, gegen Malta. Italiens strategische Lage war hervorragend, es beherrschte die Meerenge zwischen Sizilien und Nordafrika; nur die britische Präsenz auf der kleinen Inselgruppe vor der Küste Siziliens war dem faschistischen Diktator ein Dorn im Auge. Das durch die italienische Kriegserklärung im Mittelmeer völlig isolierte und in langen Friedensjahren militärisch vernachlässigte Malta schien vom nur eine halbe Flugstunde entfernten Sizilien leicht erobert werden zu können, hatte es feindlichen Luftstreitkräften doch nur ein paar Luftabwehrgeschütze und drei alte Gloucester-Doppeldecker vom Typ "Gladiator" entgegenzusetzenr. Von den Maltesern wurden die drei alten Maschinen ironisch "Faith" (Glaube), "Hope" (Hoffnung) und "Charity" (Nächstenliebe) getauft. Dennoch gelang es den Luftverbänden der

Achsenmacht Italien trotz wiederholter Angriffe nicht, Malta zur Kapitulation zu zwingen. Die Insel mit ihrer Garnison von 30 000 Soldaten setzte sich standhaft zur Wehr, bis sie von der Royal Air Force durch weitere Flugzeuge verstärkt wurde.

Im Dezember 1940 erhörte Deutschland die Hilferufe des italienischen Bundesgenossen nach militärischer Unterstützung und entsandte das X. Fliegerkorps der Luftwaffe nach Sizilien. Bei diesem Fliegerkorps galt Malta bald als gefährlicher "Sturmblock" Englands, der so bald wie möglich zerstört werden sollte. Pausenlose Luftangriffe gegen die Inseln und die britischen Versorgungskonvois waren die Folge. Den erfolgreichsten Angriff flogen deutsche Stukas und Ju 88 im Januar 1941, als es ihnen gelang, den Flugzeugträger "Illustrious", der einem Konvoi nach Malta Geleitschutz gab, schwer zu beschädigen. Doch auch eine zweite Angriffswelle konnte den Flugzeugträger nicht versenken – das Schiff erreichte noch rechtzeitig den Schutz der Hafenbatterien von Valletta. Sechs Tage später griffen deutsche Bomber wieder an. Die "Illustrious" wurde nur von einer Bombe ohne nennenswerten Schaden getroffen, dafür erlitt Valletta die bis dahin größten Zerstörungen. Ein paar Tage später konnte der Flugzeugträger Malta in Richtung Alexandria verlassen – die deutsche Luftwaffe hatte im Kampf um dieses Schiff 30 Flugzeuge verloren.

Im März 1941 griff das deutsche Afrika-Korps unter Generalfeldmarschall Rommel in das Kriegsgeschehen in Nordafrika ein. Das schwierigste Problem für die Truppenführung in Afrika war die Nachschubfrage. Verpflegung, Waffen, Munition, Fahrzeuge, Ersatzteile usw. – alles mußte über See herangeführt werden. Die aus Italien kommenden Schiffkonvois waren ständigen Angriffen von feindlichen schweren Einheiten, U-Booten und Torpedofliegern ausgesetzt. Standort dieser gefürchteten Konvoijäger war die britische Insel Malta. Tag und Nacht flogen nun deutsche Bomberverbände Angriffe auf die Insel, auch sonntags, was auf Malta als besonders gotteslästerlich angesehen wurde, wie Nicholas Monsarrat in seinem Weltkrieg-II-Roman "Der Kaplan von Malta" (S. 151) hervorhebt.

Dann wurde die Luftwaffe für den Rußland-Feldzug gebraucht, Malta konnte erst einmal aufatmen. Auf der Insel stationierte britische Flotten- und Fliegereinheiten versenkten daraufhin allein im November 1941 fast die Hälfte der Nachschubschiffe für Rommels Truppen. Nach deutscher Lagebeurteilung mußte Malta unbedingt fallen, sonst würde das Afrika-Korps untergehen. Die Luftangriffe auf die Insel nahmen wieder zu. Allein im März

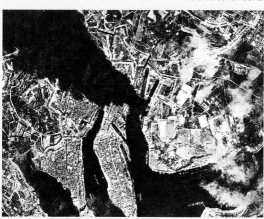

Bombardierung einer Raffinerie im Grand Harbour 1942 durch die deutsche Luftwaffe

und April 1942 fielen auf Malta doppelt so viele Bomben wie innerhalb eines Jahres in der Luftschlacht um England auf London. 154 Tage lang wurde die Insel pausenlos bombardiert. Die Inselbewohner kamen aus ihren unterirdischen Schutzräumen kaum mehr heraus. 40 000 Wohnungen wurden in dieser Zeit zerstört. Vom Frühjahr bis August 1942 war Malta von jeglichem Nachschub völlig abge-

schlossen. Die Versorgung der Bevölkerung mit Lebensmitteln wurde zunehmend prekär. In Straßenküchen wurden die hungernden Menschen mit streng rationierten Mahlzeiten versorgt. Für das heldenhafte Durchhalten in dieser schweren Zeit verlieh König Georg VI. den Maltesern das George Cross (Georgskreuz), das heute noch im weißen Feld der rot-weißen Landesfahne zu sehen ist – seither lautet die offizielle Bezeichnung der Insel "Malta G. C." (George Cross).

Am 15. August 1942 gelang trotz heftiger Kämpfe mit deutschen und italienischen Verbänden einem britischen Geleitzug der Durchbruch nach Valletta. Malta war gerettet; ohne den Konvoi hätte sich die Insel nur noch etwa zwei Wochen halten können. Nach dem britischen Sieg über die Deutschen bei El Alamein in Nordafrika endete die Insel-Blockade. Im Juni 1943 begannen die Alliierten von den maltesischen Inseln aus die Invasion in Italien. Maltas Rolle in den Kämpfen war mit der Landung auf Sizilien beendet.

Während der "Zweiten Belagerung" (in Anspielung an die erste von 1565 durch die Türken) fielen auf Malta bei etwa 3000 Angriffen rund 35 000 Häuser den 14 000 Tonnen Bomben zum Opfer; Valletta, die Hafengegend und alle Dörfer auf der zentralen Hochebene, wo die Militärflugplätze lagen, waren zerstört. Ca. 1500 Malteser und Briten verloren bei den Fliegerangriffen ihr Leben. Rund 1250 deutsche und italienische Flugzeuge wurden abgeschossen, während die Royal Air Force, die die Insel immer wieder mit Kampfflugzeugen versorgte, nur 500 Maschinen verlor.

Geschichte

1971
(Fortsetzung)

unter George Borg Olivier ab. Unter Premierminister Mintoff (geb. 1916) kommt es zu einer Reihe von Reformen im Sozial- und Wirtschaftsbereich (Verstaatlichungen, Planwirtschaft), was zu Konflikten mit der traditionellen Führungselite einschließlich der katholischen Kirche führt, die sich gegen die Auflösung der konfessionellen Schulen zur Wehr setzt.

1974

Proklamation der parlamentarischen Republik mit einem Präsidenten als Staatsoberhaupt.
Aufkündigung des Truppenstationierungsabkommens mit Großbritannien im Rahmen der blockfreien außenpolitischen Orientierung Maltas.

1979

Nachdem bereits 1971 der NATO-Stab Europa-Süd nach Neapel verlegt worden ist, verlassen nun aufgrund des Abkommens von 1974 über die Aufhebung der verbliebenen britischen Militärstützpunkte am 31. März die letzten britischen Truppen Malta.

1981

Die Labour Party gewinnt die Parlamentswahlen nur aufgrund einer Manipulation der Wahlkreiseinteilung und kann für sich 34 Sitze verbuchen, während die Nationalist Party trotz fast 51 Prozent der Stimmen nur 31 Sitze erhält. Es kommt zu innenpolitischen Spannungen.

1982

Agatha Barbara wird als erste Frau zur Staatspräsidentin von Malta gewählt.
Inbetriebnahme der Meerwasserentsalzungsanlage bei Ghar Lapsi, die täglich etwa 20 Mio. Liter Trinkwasser produziert, um den chronischen Wassermangel auf der Felseninsel zu beheben.

1984

Ein 1983 von der Regierung Mintoff verhängter Lohn- und Preisstopp, die Enteignung des kirchlichen Grundbesitzes und verschiedene soziale Mißstände verschärfen die innenpolitische Krise und führen im Dezember 1984 zum Rücktritt von Premierminister Dom Mintoff. Sein Nachfolger ist der Sozialist Carmelo Mifsud Bonnici (geb. 1933).

1987

Nach der teilweise gewalttätig verlaufenden Parlamentswahl kommt es zum Regierungswechsel und die bürgerlich-konservative Nationalist Party bestimmt fortan die Politik Maltas unter Premierminister Edward Fenech Adami (geb. 1934), der seit 1977 ihr Vorsitzender ist.
Die Neutralität der Inselrepublik wird in der Verfassung Maltas festgeschrieben.

1991

Im Juli beantragt Malta den Beitritt zur Europäischen Gemeinschaft.

1992

Die Parlamentswahlen im Februar bringen der regierenden Nationalist Party einen deutlichen Wahlsieg; Premierminister bleibt Edward Fenech Adami.

1993

Im Juni befürwortet die Europäische Union den Beitritt Maltas, macht die Aufnahme des Mittelmeerstaates jedoch von verschiedenen wirtschaftlichen Reformen (vor allem im Hinblick auf das Steuerrecht) abhängig.

1994

Seit dem 4. April ist Ugo Mifsud Bonnici (NP) neues Staatsoberhaupt.

1996

Bei den Parlamentswahlen im Oktober erreicht die sozialistische Labour Party 50,7% der abgegebenen Stimmen. Premierminister wird Alfred Sant.

1998

Die Wahlen vom September gewinnt die Nationalist Party. Die neue Regierung unter Edward Fenech Adami bekundet erneut ihr Interesse auf Mitgliedschaft in der Europäischen Union.

Johanniter-/ Malteserorden

Der Orden im Heiligen Land

Der "Souveräne Ritterorden vom Hospital des hl. Johannes von Jerusalem, von Rhodos und von Malta" ist der älteste geistliche Ritterorden, der seit seiner Gründung im 11. Jh. mit einigen Unterbrechungen im 19. Jh. bis heute existiert. Seine Ursprünge gehen zurück auf ein von Kaufleuten aus Amalfi, einer Hafenstadt südlich von Neapel, gegründetes Hospiz für Berufsgenossen und Pilger in Jerusalem, das urkundlich 1048 erstmals erwähnt wird, als der muslimische Kalif die Erlaubnis für den Bau eines Hospitals gewährt, das von einer Bruderschaft in Verbindung mit den Benediktinermönchen von Santa Maria Latina geleitet wird. Als Jerusalem im Verlauf des ersten Kreuzzuges 1099 von Gottfried von Bouillon erobert wird, erweist sich das Hospital als segensreiche Einrichtung für viele verwundete Kreuzritter, die aus Dankbarkeit für ihre Genesung dem Hospiz ein Teil ihres Vermögens, vor allem Landschenkungen aus ihren Gütern in Europa, zukommen lassen. Diese wirtschaftliche Grundlage ermöglicht den weiteren Ausbau der Krankenpflege und eine bessere Organisation der Bruderschaft. Ihr Vorsteher, Gérard de Martigues, ein Provenzale, organisiert sie nach dem Vorbild der Mönchsorden und erwirkt im Jahre 1113 von Papst Paschalis II. den geistlichen Ordensstatus als "Hospitaliter des hl. Johannes von Jerusalem". Der Orden ist autonom, nur dem Papst unterstellt, von Abgaben an die Kirche befreit und kann sein Oberhaupt selbst wählen. Im Hospital arbeiten geistliche und Laienbrüder, die sich den Gelübden der Armut, Keuschheit und des göttlichen Gehorsams unterwerfen und sich der Fürsorge für die Kranken und Armen annehmen. Als Gewand tragen sie ein schwarzes Habit mit weißem Kreuz.

Die Anfänge

Nach dem Tode von Bruder Gérard übernimmt 1120 der französische Adlige Raimond de Puy die Oberleitung des Ordens. Er läßt in den Verschiffungshäfen der Pilger wie Marseille, Bari oder Messina Tochter-Hospize errichten und gibt dem Orden die neue Aufgabe, den Pilgern auf ihrem Weg nach Jerusalem militärischen Schutz zu gewähren. Im Jahre 1137 wird in der geänderten Ordensregel die religiöse mit der ritterlichen Zielsetzung verbunden, so daß aus den Brüdern Soldatenmönche, "milites Christi", werden, die sich als "Ritter vom Hospital des hl. Johannes von Jerusalem" in den Kampf gegen die "Ungläubigen" stürzen. Die Ordensritter bauen Burgen im Heiligen Land und bekämpfen von dort aus die muslimischen Herrscher, die vor allem auf das Massaker der Christen an den Moslems in Jerusalem mit fanatischem Christenhaß reagieren.

Soldatenmönche

In dieser Zeit bildet sich auch die Gliederung des Ordens heraus in Rechtsritter von adeliger Herkunft, die zuvorderst kämpfen, aber auch pflegen, in Geistliche, die für die religiösen Pflichten des Ordens zuständig sind, und in dienende Brüder, die sich der Krankenpflege widmen und auf Kriegszügen als Knappen dienen. Die weit verstreuten Besitzungen des Ordens, Kommenden genannt, werden jeweils von einem Komtur verwaltet, der die Bewirtschaftung der Einzelgüter überwacht und den Reinerlös dem Ordensschatz zuträgt. Mehrere Kommenden oder Komtureien bilden ein

Organisation

Priorat, mehrere Priorate sind als Großpriorat zusammenge-faßt. Analog zu den Ordensprovinzen werden die Ritter landsmannschaftlich in "langues", den Zungen, orga-nisiert, von denen es acht gibt: Provence, Auvergne, Frankreich (Paris mit Nordostfrankreich), Italien, Ara-gonien (mit Katalonien und Navarra), Kastilien und Portugal, Deutschland (mit Böhmen und Österreich) und England. Die acht Spitzen des Johanniter-Mal-teserkreuzes, das vermutlich aus dem Andreas-kreuz der Seerepublik Amalfi abgeleitet ist, sind Sinn-bilder dieser acht "nationes", während die vier Grund-balken des Kreuzes die Tugenden der Tapferkeit, der Ge-rechtigkeit, der Weisheit und der Mäßigung symbolisieren.

Innerer Zerfall

Während der Kreuzzüge kämpfen die Ordensritter in vorderster Front und verteidigen bis 1187 erfolgreich die Heilige Stadt. Doch dann müssen sie der Übermacht des Sultans Saladin von Ägypten und Syrien weichen und sich nach Akko an die Küste Palästinas zurückziehen. Dort richten die Jo-hanniter ihr Hauptquartier für die nächsten hundert Jahre ein. Das Leben der Soldatenmönche entspricht jedoch nicht immer christlichen Idealen. Vor allem im 13. Jh. werden Klagen über den Lebenswandel der Ritter laut, wie einem päpstlichen Schreiben von 1238 zu entnehmen ist, das den Ordensleuten Kontakte zu den Moslems verbietet, Verletzungen ihrer Keuschheits- und Armutsgelübde anprangert und ihre sittenlose und ver-schwenderische Lebensführung rügt.

Der Orden auf Rhodos

Intermezzo auf Zypern

Nach dem Fall Akkos 1291 müssen die Ordensritter das Heilige Land räu-men. Sie begeben sich nach Zypern, wo der Orden Güter, Ländereien und eine Burg besitzt, um von dort den Kampf gegen die "Ungläubigen" fortzu-führen. Gleichzeitig erfolgt eine Rückbesinnung auf die Bedeutung der Krankenpflege für den Orden, so daß ein neuer Hospitalbau entsteht, in dem viele Ritter zwischenzeitlich Beschäftigung finden. Auf diese Weise entgeht der Johanniterorden den Verfolgungen christlicher Herrscher nach dem Ende der Kreuzzüge, die vom ungeheuren Reichtum der Ritterorden angelockt werden, was zum Beispiel dem konkurrierenden Templerorden in Frankreich zum Verhängnis wird.

Eroberung von Rhodos

Die Johanniter sind auf Zypern zwar relativ sicher, aber auf Dauer gefällt ihnen der Aufenthalt dort nicht und so nutzen sie 1306 die Gelegenheit mit päpstlicher Zustimmung und genuesischer Piratenhilfe, den byzantini-schen Statthalter von Rhodos zu vertreiben. In einem dreijährigen Krieg erobern die Johanniter gegen erbitterten Widerstand die Insel Rhodos und errichten dort 1310 ihr Hauptquartier, das vom Papst als rechtmäßiger Be-sitz bestätigt wird. Die Ordensmitglieder nennen sich fortan Rhodiserritter.

Seestreitmacht

In der Folgezeit wird Rhodos als christliches Eiland inmitten der islami-schen Welt zu einer gewaltigen Festung ausgebaut, einschließlich eines Großmeisterpalastes, der Auberges (Herbergen) für die Landsmannschaf-ten und natürlich eines Krankenhauses, das noch bis ins 19. Jh. hinein benutzt wird. Zugleich vollzieht sich ein bedeutsamer Wandel des Ordens von einem Ritterheer zu einer Seestreitmacht. Diese "Marine der Religion" durchstreift mit wendigen, kampftüchtigen Galeeren das Mittelmeer, um Kriegs- und Handelsschiffe der Muslime zu kapern, Beute zu machen, die christlichen Galeerensklaven zu befreien und muslimische Gefangene an die Ruderbänke der eigenen Schiffe zu ketten. Diese "Karawanen" ge-nannten Beutezüge dienen der Finanzierung des Ordens, der Kampferpro-bung der Ritter und der Aufrechterhaltung des christlichen Anspruchs auf die heiligen Stätten in Palästina.

Auf Rhodos verfestigen sich auch die für Jahrhunderte gültigen Strukturen des Ordensstaates. An der Spitze steht ein auf Lebenszeit gewählter Großmeister aus den Reihen der adeligen Rechtsritter. Er ist umgeben von den acht Großwürdenträgern (Piliers) der Landsmannschaften, dem Prior der Konventskirche im Rang eines Bischofs, den obersten Verwaltungsbeamten (Bailiffs) der verschiedenen Zungen sowie den Großkreuzträgern (für besondere Leistungen Ausgezeichnete), die zusammen als Konvent über die Geschicke des Ordens beraten und entscheiden. Die einzelnen Aufgaben sind auf die Zungen wie folgt verteilt: Die Provence stellt den Oberbefehlshaber und Schatzmeister, die Auvergne den Marschall der Armee, France den Großhospitalier, den Leiter des Krankendienstes, Italien den Admiral der Flotte, Aragonien den Großkonservator (Quartiermeister), Deutschland den Inspekteur der Verteidigungsanlagen und Beamtenaufseher, Kastilien den Großkanzler und England den Kommandeur der Kavallerie. Die Konventskirche, der Großmeisterpalast und die acht Herbergen (Auberges), die Gemeinschaftsgebäude der einzelnen Zungen, machen auch architektonisch die korporative Organisation des Ordens in Rhodos und später in Valletta sichtbar.

Ordensstaat

Die Ordensritter betrachten sich als exklusive, elitäre Gemeinschaft, in die nur wenige durch Beschluß des Ordenskapitels aufgenommen werden. Junge Männer, die Rechtsritter werden wollen, müssen ihre adelige Abstammung über vier Generationen beider Eltern nachweisen, dürfen nicht verheiratet sein, keinem anderen Herrn oder Orden dienen und keine Schulden haben. Sie verpflichten sich nach Zahlung einer Aufnahmegebühr, dem sogenannten Passagegeld (in Erinnerung an die Pilgerfahrt ins Heilige Land), im Dienst des Ordens keusch und ohne Habe zu leben, Arme und Kranke als "Herren und Meister" zu respektieren. Die Novizen absolvieren zunächst mehrere Probejahre teils auf den Ordensschiffen teils auf den europäischen Gütern des Ordens, um militärisch und verwaltungsmäßig geschult zu werden. Danach werden sie meistens im Alter von etwa 20 bis 23 Jahren als Rechtsritter aufgenommen und können in der Hierarchie des Ordens aufsteigen. Um Großmeister zu werden, sind drei Jahre Kommandoerfahrung auf See, drei Jahre Tätigkeit im Konvent und weitere dreizehn Jahre Dienstzeit in einem hohen Amt (Pilier oder Bailiff) nachzuweisen.

Aufnahme in den Orden

Insgesamt bleibt die Zahl der Ritter stets klein und beläuft sich in der Regel auf 500 bis 600. Trotz unterschiedlicher Nationalitäten verständigen sie sich auf Französisch und Italienisch untereinander recht gut. Auch in schwierigen Zeiten, zum Beispiel während des Großen Schismas von 1378, halten sie als verschworene übernationale Gemeinschaft zusammen mit dem Ziel, den christlichen Glauben gegen den Islam zu verteidigen.

Verschworene Gemeinschaft

Die Strenge des Ordens und die daraus resultierende Triebunterdrückung führt schließlich noch zur Steigerung der Kriegslust und Gewalttätigkeit der Ritter. Anstatt auf Rhodos friedlich zu herrschen, unternehmen sie immer wieder kommandoartige Überfälle auf muslimisches Gebiet und provozieren Gegenmaßnahmen der Türken, die sie bis Anfang des 16. Jhs erfolgreich von Rhodos abwehren können. Einer ihrer großen Erfolge ist der Sieg über die türkische Flotte, die Rhodos 1480 belagert, aber unter der klugen Führung des Großmeisters Pierre d'Aubusson von den Rittern zum Abzug gezwungen wird. Er erreicht sogar mit diplomatischem Geschick eine Aussöhnung mit dem türkischen Sultan auf vertraglicher Basis, die dem Orden eine etwa vierzigjährige Ruhepause ermöglicht.

Militärische Erfolge

Im Jahre 1521 besteigt Sultan Soliman (Suleiman der Prächtige) den Thron und fordert von den Ordensrittern die Anerkennung seiner Oberhoheit über Rhodos. Als im folgenden Jahr der neugewählte Großmeister Philippe Villiers de L'Isle Adam, aus einer der vornehmsten Familien Frankreichs stammend, diese Forderung ablehnt, kommt es zum Krieg. Im Juli 1522 erreicht die türkische Flotte mit vermutlich 50 000 Mann Besatzung Rhodos und

Belagerung und Kapitulation vor den Türken

Der Orden
auf Rhodos
(Fortsetzung)
belagert die Ordensfestung. Die etwa 500 bis 600 Ritter, einige hundert dienende Brüder und mehrere tausend Söldner leisten über fünf Monate heldenhaften Widerstand bis Großmeister L'Isle Adam am 26. Dezember 1522 kapituliert. Die Türken gewähren ihm und seinen verbliebenen Rittern einen ehrenvollen Abzug einschließlich ihres Besitzes an Schätzen, Reliquien und Waffen.

Der Orden auf Malta

Suche nach einem
neuen Ordenssitz

Der Orden ist nun heimatlos geworden, residiert zwischenzeitlich in Messina, Viterbo, Marseille, Nizza, während sich L'Isle Adam an den europäischen Höfen um Unterstützung für einen neuen Ordenssitz bemüht, erwogen werden Sizilien, Korsika oder Sardinien. Da sich die europäischen Großmächte untereinander im Krieg befinden, haben sie für die Anliegen der Johanniter kaum Gehör. Schließlich wird 1524 eine Ordensritter-Kommission nach Malta geschickt, einer kargen Felseninsel zwischen Sizilien und Nordafrika, die außer ein paar guten Naturhäfen kaum etwas zu bieten hat. Die Hauptstadt Mdina, und die wenigen Fischerdörfer machen einen verwahrlosten Eindruck, die Menschen leben in Armut, es gibt kaum Grünflächen und wenig Wasser auf der Insel, so daß die von Rhodos verwöhnten Ritter nicht gerade begeistert sind.

Doch 1530, im Jahr seiner Kaiserkrönung, zeigt sich Karl V. großzügig und gibt dem Orden aus seinen Besitzungen die Insel Malta und den Stützpunkt Tripolis in Nordafrika als ewiges Lehen mit der einzigen Verpflichtung, dem spanischen Hof jährlich als symbolische Lehensleistung einen Malteser-Falken zu übersenden. Aber Karl V. trifft diese Entscheidung durchaus nicht uneigennützig: Malta bildet ein vorgeschobenes Bollwerk zur Sicherung seiner Besitzungen auf Sizilien, das er zur Verteidigung den kriegserprobten Rittern gern überläßt.

Ankunft auf Malta

Im Sommer 1530 treffen die Ordensritter, die sich nun nach der Insel Malta Malteserritter nennen (im weiteren Text werden sie, um sie von der maltesischen Bevölkerung abzugrenzen, dennoch vielfach als "Johanniter" bezeichnet), unter Führung von Großmeister L'Isle Adam mit ihren Galeeren im Großen Hafen ein. Sie residieren kurze Zeit in der Inselhauptstadt und nehmen dann auf einer vorstoßenden Landzunge bei dem armseligen Fischerdorf Birgu (heute Vittoriosa) Quartier. Dort entstehen, mißtrauisch beobachtet von der einheimischen Bevölkerung, in wenigen Jahren alle wichtigen Ordensbauten. Zur Sicherung des Hafens werden einige verfallene Forts wiederaufgebaut, zuallererst Fort St. Angelo an der Spitze der Landzunge. Unter Großmeister Juan de Homedes entsteht auf der Landzunge gegenüber das Fort St. Michael und als wichtigste militärstrategische Anlage das Fort St. Elmo, dem Schutzheiligen der Seeleute geweiht, an der Spitze der Halbinsel Sciberras. Wiederholte Angriffe kleinerer türkischer Verbände und Korsaren machen deutlich, wie notwendig diese kostspieligen Festungsbauten sind. Ihre Bewährungsprobe erfahren sie während der großen Türkenbelagerung von 1565.

Türkenbelagerung

Am 18. Mai 1565 kreuzt eine gewaltige Flotte des Osmanischen Reichs mit schätzungsweise 200 Schiffen und 35 000 Mann Besatzung vor Malta auf und verwickelt die Malteserritter in fast vier Monate dauernde Kämpfe. Sie sind den Osmanen an Zahl und Waffen hoffnungslos unterlegen, denn sie können nur etwa 550 ihrer eigenen Leute, etwa 2000 spanische Fußsoldaten und circa 6000 Mann maltesische Miliz aufbieten. Das angeforderte Entsatzheer von Sizilien trifft nicht rechtzeitig genug ein. Die Türken ankern zunächst in der Marsaxlokk-Bucht und nehmen dann Fort St. Elmo unter Beschuß, um die Einfahrt in den Großen Hafen zu erzwingen. Nach 31 Tagen Kampf fällt das Fort in ihre Hände, keiner der Verteidiger überlebt. Die osmanische Flotte kann nun im Marsamxett-Hafen ankern und die Forts St. Angelo und St. Michael vom Sciberras-Hügel aus beschießen.

Aber alle Versuche, in den großen Hafen zu gelangen, schlagen fehl. Die Ordensritter unter ihrem kenntnisreichen, mutigen und geschickt taktierenden Großmeister Jean Parisot de la Valette halten heldenmütig unter schweren Verlusten der Belagerung stand. Vom 6. September an zieht sich die osmanische Flotte zurück, gleichzeitig landen in der Mellieha-Bucht im Norden Maltas die sizilianischen Hilfstruppen. Am 8. September 1565 schließlich verkünden die Glocken von St. Angelo den Sieg des Kreuzes über den Halbmond.

Der Orden auf Malta (Fortsetzung)

Er ist jedoch nicht allein das Verdienst der Ordensritter. Die eifersüchtige Zwietracht zwischen dem 70jährigen Heerführer Mustafa Pascha und dem jungen Piali Pascha sowie die Eigenwilligkeit des über 80jährigen durchtriebenen Korsaren Dragut mit seinen Leuten tragen ebenso zum türkischen Mißerfolg bei wie ihre taktischen Fehler, zum Beispiel das Versäumnis, die Inselhauptstadt Mdina zu erobern, um dadurch die Nachschubbasis für die Ritter abzuschneiden, wie auch ihre Überschätzung der Stärke des von Sizilien anrückenden Entsatzheeres als auch Versorgungsprobleme und die Angst um ihre Schiffe, die durch die früh einsetzenden Herbststürme beschädigt werden könnten.

Mit 200 Schiffen belagern die Osmanen 1565 Malta. Nach viermonatigen verlustreichen Kämpfen ziehen sie sich wieder zurück. Als "Erste Große Belagerung" gehen diese Ereignisse in die Geschichte ein.

Nach diesem verlustreichen Sieg erwägt Großmeister Valette mit den überlebenden Rittern nach Sizilien zu ziehen, da mit einer Rückkehr der Osmanen im nächsten Frühjahr zu rechnen ist. Doch unerwartet kommt nun Hilfe für den Orden aus ganz Europa. Waffen werden geliefert, Geldspenden treffen ein, und immer wieder wird die Bedeutung der Malteserritter für die Verteidigung des christlichen Abendlandes gegen das osmanische Reich gerühmt.

Durch diesen Zuspruch ermutigt, entschließt sich Großmeister Valette auf Malta zu bleiben, nicht zuletzt wegen der Überzeugungskraft von Frances-

Gründung Vallettas

co Laparelli, vom Papst gesandter hervorragendster Festungsbaumeister Europas, der dem Großmeister im Dezember 1565 einen detaillierten Plan einer imposanten Festungsstadt auf dem Sciberras-Hügel vorlegt. Am 28. März 1566 legt Jean de la Valette den Grundstein für die nach ihm benannte heutige Hauptstadt Maltas. In aller Eile werden die Befestigungsanlagen mit Hilfe sizilianischer und maltesischer Bauarbeiter sowie türkischer Sklaven errichtet. Doch die Furcht vor einem neuen osmanischen Angriff schwindet, als Sultan Soliman im September 1566 stirbt und außerdem bei der Explosion des türkischen Waffenarsenals in Istanbul ein Großteil der Flotte vernichtet wird. Die Ordensritter und die europäischen Großmächte gewinnen ein paar Jahre Zeit, um ihre Kräfte zu sammeln, bis es 1571 zu ihrem entscheidenden Seesieg bei Lepanto am Golf von Korinth kommt, durch den die osmanische Seeherrschaft im Mittelmeer gebrochen wird. Im selben Jahr verlegen die Malteserritter ihr Hauptquartier von Birgu in die Festungsstadt Valletta, wo bis zur Invasion Napoleons 1798 der militärische, politische und kulturelle Mittelpunkt des Ordens liegt.

Die Großmeister des Ordens auf Malta

Philippe Villiers de L'Isle Adam, Franzose	1521 – 1534
Pierino del Ponte, Italiener	1534 – 1535
Didier de Saint Jaille, Franzose	1535 – 1536
Juan de Homedes, Spanier	1536 – 1553
Claude de la Sengle, Franzose	1553 – 1557
Jean Parisot de la Valette, Franzose	1557 – 1568
Pietro del Monte, Italiener	1568 – 1572
Jean l'Evêque de la Cassière, Franzose	1572 – 1581
Hugues Loubenx de Verdala, Franzose	1581 – 1595
Martin Garzes, Spanier	1595 – 1601
Alof de Wignacourt, Franzose	1601 – 1622
Luiz Mendez de Vasconcellos, Portugiese	1622 – 1623
Antoine de Paule, Franzose	1623 – 1636
Jean de Lascaris Castellar, Franzose	1636 – 1657
Martin de Redin, Spanier	1657 – 1660
Annet de Clermont-Gessant, Franzose	1660
Raphael Cotoner, Spanier	1660 – 1663
Nicola Cotoner, Spanier	1663 – 1680
Gregorio Caraffa, Italiener	1680 – 1690
Adrien de Wignacourt, Franzose	1690 – 1697
Ramon Perellos y Roccaful, Spanier	1697 – 1720
Marc' Antonio Zondadari, Italiener	1720 – 1722
Antonio Manuel de Vilhena, Portugiese	1722 – 1736
Raymond Despuig, Spanier	1736 – 1741
Manuel Pinto de Fonseca, Portugiese	1741 – 1773
Francesco Ximenes de Texada, Spanier	1773 – 1775
Emanuel de Rohan-Polduc, Franzose	1775 – 1797
Ferdinand von Hompesch, Deutscher	1797 – 1798

Seine Aufgaben und Strukturen bleiben auch auf Malta weitgehend unverändert. Die Ordensritter ziehen auf Kaperfahrt gegen türkische Schiffe aus, befreien christliche Galeerensklaven, widmen sich der Krankenpflege und helfen in Erdbebengebieten. Da sie dem Armutsgelübde verpflichtet sind, statten sie ihre Ordensfestung mit privaten Schenkungen großzügig aus. Paläste werden gebaut, Kirchen ausgeschmückt, Gärten angelegt und Feste gefeiert. Im 17. und 18. Jh. lassen mangelnde militärische Aufgaben – das osmanische Reich verliert seine Bedrohlichkeit für Westeuropa – und ein barockes Lebensgefühl, das die Ritter von den europäischen Fürstenhöfen mitbringen, den Orden immer mehr verweltlichen. Prostitution, Glücksspiel und Trinkgelage breiten sich aus angesichts fehlender militärischer Aufgaben. Die Ideen der Aufklärung und schließlich der französischen Revolution, Nationalstaatsgedanken, Freiheitsgefühl und persönliche Selbstverwirklichung stellen den Sinn eines gemeinschaftlichen geistlichen Ritterlebens zunehmend in Frage.

Der Orden auf Malta (Fortsetzung)

Da der Großmeister König Ludwig XVI. unterstützt, werden die gesamten französischen Besitzungen des Ordens 1792 von der Revolutionsregierung beschlagnahmt. Immer mehr französische Ritter, die die Mehrheit des Ordens stellen, sympathisieren mit den Zielen einer gesellschaftlichen Reform, wie sie Napoleon Bonaparte vertritt. Daß sie nicht bereit sind, als Christen gegen Christen und als Franzosen gegen ihre Landsleute zu kämpfen, ist nur zu verständlich, und so bleibt dem einzigen deutschen und zugleich letzten Großmeister des Johanniterordens auf Malta, Ferdinand von Hompesch, nur die Wahl der kampflosen Übergabe, als Napoleons Truppen auf dem Feldzug nach Ägypten im Juni 1798 Malta kurzerhand besetzen, nachdem der Großmeister ihrer Bitte um Trinkwasseraufnahme nicht nachkommt. Von Hompesch zieht sich ins französische Exil zurück, wo er offiziell abdankt und 1805 in Montpellier stirbt. Napoleon bemächtigt sich der Ordensschätze, und seine Truppen plündern die Insel Malta.

Ende der Ordensherrschaft

Ein Teil der Ritter geht nach Rußland, wo Zar Paul I. bis zu seinem Tod 1801 vorübergehend den Großmeistertitel führt, allerdings ohne Anerkennung des Papstes. Die Restitution des Ordens auf Malta gemäß den Bestimmungen des Vertrages von Amiens (1802) scheitert an den französisch-britischen Gegensätzen. Nach dem Tod des seit 1803 auf Sizilien residierenden Großmeisters Giovanni Battista Tommasi im Jahre 1805 bleibt das Großmeisteramt vakant. Der Ordenssitz wird 1834 nach Rom verlegt. Papst Leo XIII. belebt den Malteserorden neu, als er 1879 das Großmeisteramt wieder besetzen läßt. Seitdem widmet sich der Orden, der mittlerweile ein souveräner Staat ohne Territorium ist, der Krankenpflege und sozialen Arbeit in aller Welt.

Der Orden nach der Vertreibung von Malta

Der evangelische Zweig des Ordens, der sich seit der Reformation in Abgrenzung zum katholischen Malteserorden weiterhin als Johanniterorden bezeichnet, wird 1852 in Berlin wiederbegründet. Auch er versteht sich als nationale und internationale Hilfsorganisation.

Berühmte Persönlichkeiten

Agatha Barbara
Ministerin und
Staatspräsidentin
(geb. 1924)

Agatha Barbara stammt aus einer Arbeiterfamilie in Zabbar und schließt sich früh der Malta Labour Party an. Sie wird aufgrund des erstmaligen Frauenwahlrechts 1947 in das maltesische Parlament gewählt und erhält als erste Frau einen Kabinettsitz als Erziehungsministerin (1955 – 1958). Unter Premier Mintoff ist sie von 1971 an erneut verantwortlich für dieses Ressort, das eine Reihe wichtiger gesellschaftlicher Reformen verwirklicht. Das Parlament Maltas wählt Agatha Barbara 1982 zur Staatspräsidentin. Bis 1986 bekleidet sie dieses Amt und repräsentiert Malta bei vielen nationalen und internationalen Anlässen.

Giuseppe Cali
Maler
(1846 – 1930)

Über 600 Werke hat der Künstler für die Kirchen und Paläste Maltas geschaffen. Er ist ein typischer Vertreter der Romantik, beeinflußt von Delacroix und in späterer Zeit auch vom Impressionismus. Neben Altarbildern und Deckengemälden, z.B. in der Franziskanerkirche von Valletta, malt er Landschaften, Genreszenen und Porträts von Malteser Persönlichkeiten. Im Museum of Fine Arts befinden sich u.a. das Gemälde "Tod des Dragut", eine eindrucksvolle Sterbeszene des gefürchteten Korsaren, der bei der Großen Belagerung 1565 ums Leben kam, sowie die Gemälde "Sonnenuntergang" und "Mädchen am Bach" als stimmungsvolle Naturbilder.

Gerolamo Cassar
Architekt
(1520 – 1586)

In Birgu (heute Vittoriosa) auf Malta geboren, arbeitet er zwischen 1566 und 1568 als Assistent für den italienischen Festungsbaumeister Francesco Laparelli. Durch ihn angeregt, gelangt er mit Hilfe der italienischen Ordenszunge zum Studium der Baukunst nach Italien. In Rom lernt er die Werke Michelangelos und die Architektur Vignolas kennen und begeistert sich für den Stil des Manierismus. Nach dem Weggang Laparellis wird Cassar 1569 sein Nachfolger und errichtet in den folgenden Jahren alle wichtigen öffentlichen Bauten für den Orden: den Großmeisterpalast, die St.-Johannes-Ordenskirche und die Herbergen (Auberges) der einzelnen Landsmannschaften des Ordens. Besondere Kennzeichen seines Baustils sind die festungsartigen Rustika-Eckquaderungen an den Fassaden, die asymmetrisch schlicht gestaltet sind mit einem dekorativen Mittelportal. Insgesamt spiegeln seine Bauten den nüchternen soldatischen Geschmack seiner Auftraggeber wider. In der von ihm erbauten Augustinerkirche in Rabat liegt Cassar begraben.

Manuel Pinto de Fonseca
Großmeister des
Johanniterordens
(Großmeister:
1741 – 1773)

Unter dem Portugiesen Manuel Pinto de Fonseca erreicht der Orden seinen Höhepunkt an Prachtentfaltung und politischer Bedeutung. Von allen Großmeistern regiert er am längsten und führt die geschlossene Krone der Monarchen in seinem Wappen, dessen Halbmond-Embleme ironischerweise auch auf die Wankelmütigkeit des Glücks hindeuten. Ein englischer Besucher beschreibt Pinto folgendermaßen: "Gut dreißig Jahre lang steht er nun an der Spitze seines einzigartigen kleinen Staates. Er empfing uns mit großer Höflichkeit ... Obwohl über 90 Jahre alt, sind alle seine geistigen Fähigkeiten vollkommen erhalten geblieben. Er hat keine Minister, sondern leitet alles selbst und ist selbst über die geringsten Vorgänge bestens unterrichtet ... Sein Haus und seine Hofhaltung haben fürstlichen Zuschnitt; und als Großmeister von Malta ist er absoluter und mit mehr Macht begabt als manch anderer Souverän."

Pinto unterhält vielfältige diplomatische Beziehungen zu europäischen Herrscherhäusern, verstärkt die Ordensflotte und vergrößert die Armee, macht sich durch großzügige Schenkungen den maltesischen Adel gefügig und läßt ihn statt an der Selbstverwaltung an seiner Hofhaltung teilhaben. Auch die Kunst fördert er, vor allem den französischen Ritter und Maler Antoine de Favray (1706 – ca. 1798), der ihn porträtiert und neben religiösen Bildern auch maltesische Genreszenen liefert. Mit der Auberge de Castille, Léon e Portugal (1744) von Domenico Cachia hinterläßt Pinto als Auftraggeber ein würdiges Baudenkmal, das heute Sitz des Premierministers von Malta ist. Auch für die Bildung setzt sich Pinto ein, indem er das traditionelle Jesuitenkolleg auflöst und 1768 eine öffentliche Universität gründet.

Manuel Pinto de Fonseca (Fortsetzung)

Der bedeutende Baumeister ist 1630 in Mdina geboren und hat ein halbes Jahrhundert lang die Architektur der Inselstädte und -dörfer geprägt. In der römischen Barockbaukunst ausgebildet, überträgt er ihren komplizierten Formenkanon in einfacherer Weise auf die maltesischen Kirchenbauten. Die St.-Lawrenz-Kirche in Vittoriosa zeigt eine feine Pilasterordnung und Volutenschmuck an der Fassade. In Zejtun entsteht mit St. Katharina ein ausgewogener, eleganter Barockbau, der im eindrucksvollen Kuppel gleichsam seine Krönung erfährt. Bei dem schweren Erdbeben von 1693 wird der Normannendom in Mdina zerstört, und Gafà erhält den Auftrag, ihn wiederaufzubauen. Nach Studien in Rom, vor allem an den Kirchenbauten von Francesco Borromini, errichtet Gafà zwischen 1697 und 1702 sein reifes Alterswerk, die Kathedrale von Mdina, mit einer imposanten Doppelturmfassade und mächtiger Kuppel. Auch die heutige Kathedrale von Victoria auf Gozo ist nach Plänen von Gafà gebaut mit zweigeschossiger Schaufront über einer sockelartigen Treppenanlage.

Lorenzo Gafà Architekt (1630 – 1704)

Baron Guttenberg entstammt einer alten fränkischen Adelsfamilie. Mit 23 Jahren legt er das Ordensgelübde ab und dient dem Johanniterorden nach seiner vorübergehenden Tätigkeit als Komtur in Bruchsal und Weißenburg/Bayern sowie als Bailiff von Brandenburg in seiner Funktion als Schatzmeister und Großbailiff der deutschen Zunge auf Malta. Er erweist sich der maltesischen Bevölkerung gegenüber als großer Wohltäter durch zahlreiche Stiftungen, soziale Werke und karitative Einrichtungen. Seine Grabplatte in der deutschen Kapelle der Ordenskirche in Valletta weist in strenger Gläubigkeit auf die Vergänglichkeit aller irdischen Güter hin: "Er ist gewesen, auch Du wirst nicht sein. Wir sind Rauch und Erde, und Asche ist unsere letzte Bestimmung."

Wolfgang Philipp von Guttenberg Ordensritter (1647 – 1733)

Unter dem Namen Carmelo Psaila als Kind einfacher Leute in Zebbug geboren, beginnt er bereits mit 18 Jahren Gedichte in italienischer Sprache zu schreiben, die damals von der Bildungsschicht auf Malta gesprochen wird. Dun Karm erhält seine Ausbildung am Priesterseminar von Mdina und wird mit 23 Jahren zum Priester geweiht. Neben seiner seelsorgerischen Arbeit verfaßt er weiterhin Gedichte, die zunehmend auch in Malti, seiner Muttersprache, geschrieben werden. Sein erster Roman "Il-Habib" (Der Freund) erscheint 1912 in maltesischer Sprache und wird von den Kritikern allgemein gelobt. Dun Karm entscheidet sich daraufhin, nur noch in Malti zu dichten.
Seine Gedichte und Prosastücke werden schnell populär wegen ihrer rhythmischen

Dun Karm Schriftsteller (1871 – 1961)

Musikalität und visionären Ausdruckskraft, die dem Verlangen des maltesischen Volkes nach kultureller Eigenständigkeit und nationaler Identität sehr entgegenkommt. Karms Gedanken kreisen um Liebe, Religion und Heimat

Berühmte Persönlichkeiten

Dun Karm
(Fortsetzung)

mit existentialphilosophischen Einflüssen. Heute gilt er als "il poeta Malti", als maltesischer Nationaldichter – ein Gedicht von ihm ist Text der Nationalhymne.

Dominic Mintoff
Premierminister
(geb. 6. 8. 1916)

Dominic (Dom) Mintoff ist als Sohn eines Kochs in einer Großfamilie der Arbeiterstadt Cospicua aufgewachsen. Obwohl katholisch geprägt, öffnet er sich früh sozialistischen Ideen und hat mit 20 Jahren das Amt des Generalsekretärs der maltesischen Arbeiterpartei, Malta Labour Party (MLP), inne. Während seines Architekturstudiums in Oxford gerät er unter den reformsozialistischen Einfluß der Fabian Society, die die Ideen von Marx und Lasalle zu verknüpfen sucht.

Nach kurzer Tätigkeit als Ingenieur kehrt Mintoff nach Kriegsende in seine Heimat zurück und ist zwischen 1947 und 1958 mehrfach an der Regierung Maltas beteiligt. Außerdem übernimmt er den Parteivorsitz der MLP. Im Jahre 1955 scheitern seine politischen Ambitionen, Malta in den britischen Staatsverband einzugliedern, an der ablehnenden Haltung Großbritanniens ebenso wie seine anschließenden Bemühungen um die Unabhängigkeit Maltas. Daraufhin verläßt Mintoff 1958 die Regierung und geht in die Opposition. Erst 1971 gelingt ihm der politische Durchbruch erneut, als seine Partei knapp die Parlamentswahlen gewinnt und er Premierminister wird. Während seiner 13jährigen Regierungszeit verändert Malta sein politisches und soziales Gesicht durch eine Reihe von Reformen im Sozial- und Wirtschaftsbereich. Der Kulturkampf mit der katholischen Kirche um die Privatschulen und die Unterdrückung der Oppositionellen schmälern allerdings sein Ansehen. Außenpolitisch isoliert er Malta immer mehr durch eine wenig vertrauenswürdige Schaukelpolitik zwischen Forderungen nach westlicher Industriehilfe, politischer Anbiederung zu den Ostblockländern und der Unterstützung der arabischen Welt. Aufgrund des zunehmenden innenpolitischen Drucks tritt er im Dezember 1984 als Premierminister zurück.

Ramon Perellos
y Roccaful
Großmeister des
Johanniterordens
(Großmeister:
1697 – 1720)

Aus der Zunge Aragon, Kastilien und Navarra wird 1697 Perellos y Roccaful vom Generalkapitel zum Ordensgroßmeister gewählt. Er ist ein Zeitgenosse Ludwig XIV. und ein Mann von barockem Lebensgefühl. Von Haus aus sehr vermögend, zeigt er seine Freigebigkeit, als er anläßlich seiner Wahl der Ordenskirche 28 kostbare flämische Wandteppiche mit Glaubensallegorien zum Geschenk macht, die zum Teil nach Vorlagen von Rubens und Poussin gewirkt worden sind. Ähnlich großzügig ist seine Ausschmückung des Großmeisterpalastes mit zehn prächtigen Gobelins aus der Königlichen Manufaktur in Paris nach Kartons von Le Brun mit exotischen Landschaften. Außerdem läßt er die Pfarrkirche seiner Zunge, Ta Pilar (Our Lady of Victories), auf eigene Kosten innen neu gestalten und stiftet der St.-Grigor-Kirche, einem Wallfahrtsort bei Zejtun, ein Bild der Gottesmutter vom Berge Karmel. Als Wohltäter erweist er sich auch beim Ausbau des Ordenshospitals, das er um eine Station für Augenheilkunde und Gynäkologie erweitert. Ein anderer Teil seines Vermögens fließt in die Verstärkung der Ordensflotte und der Verteidigungsanlagen auf Malta. Fort Ricasoli erhält stärkere Mauern, die St. Gregory Bastion weitere Kasematten und die Ostküste Cominos eine kanonenbestückte Batterie.

Mattia Preti
Maler
(1613 – 1699)

Der aus Taverna in Kalabrien stammende Maler erfährt während seiner Wanderjahre in Europa Eindrücke von der Malerei Caravaggios in Neapel und Rom, besucht die Schule von "Guercino" (Giovanni Francesco Barbieri, 1591 – 1666) in Bologna, ist beeinflußt von Correggio in Parma, von Veronese und Tintoretto in Venedig sowie von Rubens in Antwerpen. Im Jahre 1642 ernennt ihn Papst Urban VIII. zum "Cavaliere dell'Ordine Gerusa-lemmitano di Malta". Seit 1656 ist Preti als Kunstmaler in Neapel beschäf-tigt und seit 1661 an der Ausschmückung der Konventskirche des Johanni-terordens in Valletta beteiligt. In fünfjähriger Arbeit malt er in Ölfarben auf den grundierten Steingewölben der Johanneskirche eindrucksvolle Szenen aus dem Leben des Täufers. In der Folgezeit gibt es eine Fülle von Aufträ-gen seitens der Ordensritter für Porträts, für Altartafeln und Heiligenbilder in den vielen Kirchen auf der Insel, die ihn bis an sein Lebensende an Malta binden.

Mattia Preti
(Fortsetzung)

Nach der Eroberung Siziliens von 1060 bis 1090 landet Roger de Hauteville aus der Normandie 1091 auf Malta und nimmt die Insel ohne großen Wider-stand ein. Nach 220 Jahren arabischer Herrschaft restituiert Roger das Christentum auf Malta und macht den muslimischen Statthalter zusammen mit seinen Untertanen tributpflichtig. Auf seine Initiative hin werden in Mdina wieder ein Bischofssitz eingerichtet und der verfallene Dom im nor-mannischen Stil wiederaufgebaut. Zur Selbstverwaltung der Insel ruft er einen Adelsrat ins Leben und verleiht Malta seine heraldischen Farben Weiß-Rot, die bis heute die Landesfarben sind. In vielen Legenden der Insel lebt die Gestalt Rogers als gerechter und weiser Herrscher Maltas fort.

Roger I.
Graf von Sizilien
(1031 – 1101)

Unter dem Einfluß von Rodin schafft Sciortino eine Reihe von Skulpturen, die ausgeprägte Züge des Naturalismus und teilweise auch des Expressio-nismus tragen. Die Bronzegruppe "Les Gavroches" (Die Gassenjungen) in den Upper Barracca Gardens sind eine meisterhafte Milieustudie einfacher Menschen. Am Great Siege Square befindet sich sein Monument in Erinne-rung an die Große Belagerung von 1565 mit den allegorischen Figuren der Tapferkeit, der Freiheit und des Glaubens, den Tugenden der Ordensritter und im übertragenen Sinn auch des maltesischen Volkes. Bemerkenswert sind auch das Standbild von Lord Strickland in den Upper Barracca Gar-dens und die Christ-König-Statue vor den Toren Vallettas. Im Museum of Fine Arts befindet sich ein interessantes Gipsmodell einer dyna-misch gestalteten Pferdegruppe mit dem Titel "Arab Horses" (1937).

Antonio Sciortino
Bildhauer
(1879 – 1947)

Von anglomaltesischer Herkunft genießt er die Vorzüge des Jurastudiums an der Universität von Malta und in Cambridge. Nach seiner Wahl in den "Council of Government" 1887 als neugeschaffenes Verfassungsorgan zur Selbstverwaltung der Insel steigt Strickland recht schnell zum ersten Se-kretär des englischen Inselgouverneurs auf und setzt sich für die Interes-sen Maltas ein bei gleichzeitiger Respektierung britischer Vorstellungen. Als er sich im Sprach- und Bildungsbereich mit dem pro-italienischen ka-tholischen Klerus aufgrund seiner pro-britischen Einstellung streitet, muß er 1903 Malta vorübergehend verlassen und macht als Gouverneur auf verschiedenen Karibikinseln und in Australien in englischen Diensten Kar-riere. In der neuen Verfassung Maltas von 1921 sieht Strickland eine Chan-ce zur Demokratisierung und Autonomie auf Malta. Er gründet daher eine maltesisch-sprachige Zeitung und eine Partei: die Constitutionalist Party. Nach engagiertem Einsatz für ein maltesisch-britisches Bündnis wird er von 1927 bis 1930 Regierungschef Maltas unter englischer Oberhoheit. Er scheitert jedoch abermals an der starren Haltung der katholischen Kirche, die seine Politik nicht billigt und ihn mit dem Interdikt belegt, wodurch sei-ne politische Karriere im streng katholischen Malta abrupt beendet ist. Als bedeutender Liberalist und Vorkämpfer für die Demokratie auf Malta geht Lord Strickland in die Inselgeschichte ein.

Gerald Strickland
Conte della
Catena und Baron
of Sizergh
Politiker
(1861 – 1940)

Jean de la Valette stammt aus der Provence, schließt sich mit 20 Jahren dem Johanniterorden an und macht als Ritter Karriere. Er kämpft für den Orden auf Rhodos bis zum Abzug 1522 und steigt schließlich wegen seiner außerordentlichen militärischen Fähigkeiten zum Admiral der Ordensflotte auf, in ein Amt, das traditionell einem Mitglied der italienischen Zunge vor-behalten war. Von osmanischen Truppen gefangengenommen, muß er ein

Jean Parisot
de la Valette
Großmeister des
Johanniterordens
(1494 – 1568)

Berühmte Persönlichkeiten

Jean Parisot de la Valette (Fortsetzung)

Jahr lang als Galeerensklave dienen, bevor er gegen Lösegeld freikommt. Als er 1557 mit 63 Jahren zum Großmeister gewählt wird, hat er unter schwierigen Bedingungen, angesichts der Türkenbedrohung, die Geschicke des Ordens zu lenken. Im Jahre 1565 belagert eine gewaltige türkische Flotte vier Monate lang Malta. Nur der Entschlußkraft, Besonnenheit und militärischen Erfahrung de la Valettes ist es zu danken, daß der Orden aus dieser katastrophalen Lage gerettet werden kann. Erschöpft von der Großen Belagerung, erwägen der Großmeister und die wenigen überlebenden Ritter, Malta für immer zu verlassen. Doch großzügige Hilfe aus ganz Europa ermuntert sie zum Bleiben. Innerhalb weniger Monate entsteht ein neues Verteidigungskonzept unter Federführung des Festungsbaumeisters Francesco Laparelli aus Cortona. Am 28. März 1566 legt Jean de la Valette den Grundstein für die nach ihm benannte neue Ordensfestung Valletta, um "durch ausreichende Wälle, Mauern und Türme ... jedem Angriff zu widerstehen oder den türkischen Feind zurückzuschlagen oder zumindest ihm standzuhalten". Zwei Jahre später stirbt de la Valette und wird in der Ordenskirche von Birgu (heute St. Lawrenz in Vittoriosa) beigesetzt, wo immer noch sein Schwert und seine Kopfbedeckung aufbewahrt werden. Nach seiner Umbettung 1577 in die neu erbaute Johannes-Kirche des Ordens in Valletta rühmt seine Grabplatte ihn als "Züchtiger Afrikas und Asiens, der Schild Europas".

Alof de Wignacourt Großmeister des Johanniterordens (Großmeister: 1601 – 1622)

Wignacourt ist Mitglied der französischen Zunge, die zusammen mit den Zungen der Provence und der Auvergne einen Großteil der Ritterschaft stellt, so daß die häufige Wahl eines französischen Großmeisters nicht verwundert. Alof de Wignacourt wird zu einer Zeit gewählt, als es dem Orden aufgrund reicher Schenkungen und hoher Einkünfte aus seinen europäischen Besitzungen recht gut geht, zumal der allmähliche Niedergang des Osmanischen Reichs zu keiner ernsthaften Bedrohung des Ordens mehr führt. Von Kaiser Ferdinand II. erhält er als erster Großmeister den fürstlichen Titel einer "Allerdurchlauchtigsten Hoheit" verliehen. Wignacourt fördert die Kunst und holt unter anderem für kurze Zeit (1607/1608) Caravaggio aus Neapel nach Malta, wo er dem Großmeister porträtiert und zwei Werke zur Ausschmückung der Ordenskirche malt: "Die Enthauptung Johannes des Täufers" und den "Hl. Hieronymus". Weitere religiöse Stiftungen des Großmeisters sind die Pauluskapelle an der St. Paul's Bay und die Klostergemeinschaft von der Paulus-Grotte in Rabat. Zwischen 1610 und 1615 läßt Wignacourt einen Aquädukt bauen, um Valletta mit Wasser aus den 15 km entfernten Hügeln um Rabat zu versorgen, das unter der Vorstadt Floriana gespeichert wird. Außerdem werden unter seiner Herrschaft entlang der Küsten wehrhafte Signaltürme errichtet, die im Falle eines Angriffs rechtzeitig warnen, zum Beispiel der mächtige St.-Thomas-Turm (1614) bei Marsaskala, der St. Lucian's Tower (1610) bei Marsaxlokk und der St. Marija Tower auf Comino (1618). Nach 21 Jahren glänzender Hofhaltung stirbt Alof de Wignacourt 1622 und wird wie seine Vorgänger in der Krypta der Johanneskirche bestattet. Seine kunstvoll geschmiedete Prunkrüstung in der Waffensammlung des Ordens, seine Porträts im Großmeisterpalast und im Kunstmuseum sowie seine Kutsche im Museum von Zabbar erinnern noch heute an seine Regierungszeit.

Kunst und Kultur

Kunstgeschichte

Allgemeines

Eine maltesische Kunstgeschichte gibt es streng genommen nicht, da es abgesehen von der Megalithkultur nur zu wenigen eigenständigen Leistungen Maltas im Bereich der Architektur, Skulptur und Malerei gekommen ist. Es ist daher sinnvoll, von der Kunst auf Malta zu sprechen, um die verschiedenen Zeugnisse fremder Kulturen auf den Inseln über die Jahrtausende hin zu erfassen, die Bronzezeitsiedler, Punier und Römer, Byzantiner und Araber, Normannen und Aragonesen, Johanniterritter und britische Kolonialherren hinterlassen haben. In einigen Fällen, vornehmlich auf dem Gebiet der Baukunst, haben sie aber die einheimischen Kunsthandwerker durchaus zu eigenwilligen Schöpfungen inspiriert.

Megalithkultur (Jungsteinzeit)

Nach der erstmaligen Besiedlung Maltas um 5200 v. Chr. von Sizilien aus entwickelte sich in der insularen Abgeschiedenheit zwischen etwa 4000 und 2500 v. Chr. eine für Europa einmalige steinzeitliche Kulturstufe mit Megalithkultstätten aus einfachen einzelligen, später kleeblattförmigen Steinbauten bis zu doppelnierenförmigen und mehrapsigen Großstein-Tempeln sowie einer mehrstöckigen, großräumigen unterirdischen Kultanlage (Hypogäum von Hal Saflieni).

Ursprünge

Für die zeitliche Einordnung und zur Klärung der Entstehungsweise der ersten Steintempel waren die Ausgrabungsfunde von Skorba und Xemxija bedeutsam, die, wie neue Datierungsmethoden ergaben, zwischen 4500 und 3800 v. Chr. gefertigt wurden. In Skorba fand man aus dieser Zeit neben grau und rot inkrustierten Keramikgefäßen von beachtlicher Qualität vor allem die ältesten Siedlungsspuren der Insel. Es handelt sich um Reste einer Dorfanlage mit Wohnstätten (davor lebte man noch in Höhlen) aus Lehmziegelmauern auf Steinfundamenten, die von einem Reisiggeflecht überdacht waren. In einem von dem Archäologen Trump, der wichtige Ausgrabungen auf Malta leitete, als Schrein interpretierten Raumgefüge aus einem ovalen Haupt- und einem hufeisenförmigen Nebenraum, die von zwei steinernen Grundmauern mit dazwischenliegender Schuttmasse eingeschlossen werden, muß man wohl die Vorstufe für die späteren Steintempel sehen.

In Xemxija legten die Archäologen ein- und doppelzellige nierenförmige Grabkammern frei, teils mehrfach ausgebuchtet und mit leicht gewölbter Decke, deren unregelmäßige, von Rundungen geprägte Gestalt ebenfalls als Frühform auf die Megalithtempel verweisen. Offenbar wurden die Felsgräber in den folgenden Jahrhunderten überirdisch zunächst in kleinere einzellige und dann mehrapsige Steinbauten übersetzt.

Tempelanlagen

Bekannt sind heute auf Malta und Gozo rund 40 Tempelanlagen aus neolithischer Zeit. Eine Besichtigung lohnen davon sechs: Ggantija auf Gozo (3600 – 3000 v. Chr.) und auf Malta Mnajdra (3500 – 2800 v. Chr.), Hagar

Hagar Qim: eine der eindrucksvollsten neolithischen Tempelanlagen auf Malta. Sie entstanden lange vor den Pyramiden in Ägypten und sind somit die ältesten Großsteinbauten der Welt.

Megalithkultur (Fortsetzung)

Qim (um 3000 v. Chr.) und nicht zuletzt Tarxien, dessen älteste Tempelbauten auf 3800 v. Chr. datiert werden, die jüngeren, gut erhaltenen jedoch erst 3000 – 2500 v. Chr. entstanden. Für besonders Interessierte empfiehlt sich daneben noch der Besuch von Ta Hagrat bei Mgarr (3600/3500 v. Chr.) und von Skorba (3600 – 3000 v. Chr.). Zudem liefert die unterirdische Kult- und Grabanlage Hal Saflieni (3800 – 2500 v. Chr.), die hinsichtlich Bauweise und Innenraumgestaltung zahlreiche Parallelen mit den oberirdischen Tempelbauten aufweist, außerordentlich interessante Einblicke in die Megalithkultur Maltas.

Tempelbauform

Die genannten Tempelkomplexe bestehen alle aus mehreren Einzeltempeln, die miteinander verbunden sind oder auch nebeneinander liegen. Sie wurden in einem Zeitraum von mehreren hundert Jahren errichtet, folgen jedoch einem ähnlichen Bauprinzip. Die Wände der Sakralbauten verlaufen grundsätzlich nicht gerade, die Räume sind rundlich oder oval, die Fassaden leicht geschwungen. Der Grundriß der älteren Heiligtümer zeigt eine Kleeblattform. Ein Mittelgang verbindet die Ausbuchtungen, sogenannte Apsiden. Die mittlere Apsis gilt als Allerheilig-

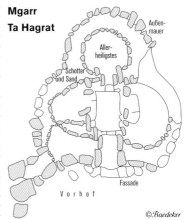

Mgarr Ta Hagrat

Außenmauer
Allerheiligstes
Schotter und Sand
Fassade
V o r h o f
©Baedeker

stes des Tempels. Seit etwa 3500 v. Chr. entstanden Tempel mit zwei durch einen Gang miteinander verbundenen ovalen oder nierenförmigen Räumen. Die Auslappung für das Allerheiligste befindet sich am Kopfende des zweiten ovalen Raumes, sie erreicht allerdings nicht die Größe der seitlichen Apsiden. In zahlreichen Heiligtümern sind an den ersten ovalen Sakralraum Orakelkammern angebaut. Man geht davon aus, daß die Priesterinnen diese Kammern von außen betraten, durch ein Loch in der Wand schallte ihre Stimme dann zu den im Tempelinneren auf die Weisungen der Gottheit wartenden Menschen. Vermutlich waren nur die vorderen Tempelräume der Allgemeinheit zugänglich, die hinteren durften nur von der Priesterschaft betreten werden.

Das Sanktuarium umschloß eine mächtige Außenmauer in Hufeisenform. Sie bestand im unteren Teil aus längs und quer aneinandergereihten Orthostaten (auf einer der Schmalseiten stehende Steinplatten) und im oberen Teil aus waagerecht aufeinander gelegten flachen Steinblöcken. Kaum vorstellbar, wie es nur mit einfachsten Hilfsmitteln gelang (die grob behauenen Steinblöcke wurden auf steinernen Kugelwalzen transportiert, vor Ort bearbeitet und dann in Position gestellt), die bis zu 50 t schweren Steinplatten bis zu einer Höhe von 10 bis 12 m übereinander aufzuschichten. Während für die Außenmauern große koralline Kalksteinplatten verwendet wurden, nahm man für die Innenwände den leichter zu bearbeitenden Globigerinenkalk. Der Raum zwischen Außen- und Innenmauer wurde mit Schotter und Sand gefüllt. Von der Votivgabe eines 5 cm großen Miniaturtempels aus Mgarr (Archäologisches Nationalmuseum in Valletta) weiß man, daß die Tempel überdacht waren, mit Holzbalken und lehmverschmiertem Astgeflecht. Soweit der Bodenbelag nicht aus nacktem Fels bestand, wurde er aus Steinplatten oder Torba gefertigt, einer verschlämmten Masse aus zerstampftem Gestein.

Der Zugang zum Tempel erfolgte durch ein großes Trilithtor (bestehend aus zwei Orthostaten und einem darauf ruhenden Steinblock) in der konkav geschwungenen Fassade. Entlang der Fassade zogen sich Bankaltäre für Opferungen. Eine Bodenplatte vor dem Trilitheingang zeigt vielfach noch Anbindelöcher für Opfertiere. Vor der Fassade erstreckte sich ein ebenfalls von einer Mauer umschlossener Vorhof, auch er war mit einem Torbaboden oder Steinplatten ausgelegt.

Die Innenräume waren unbeleuchtet, hatten höhlenartigen Charakter, ihre Wände waren zum Teil mit rötlich-ockerfarbenem Anstrich versehen, so daß die Tempelstätte eine geheimnisvolle Vorstellung von Tod und Wiedergeburt (rote Symbolfarbe) in sich barg. Vielfach trennten Orthostaten die seitlichen Apsiden vom Mittelraum ab, den Durchgang bildeten Trilithkonstruktionen oder Fenstersteine. Dabei handelt es sich um Steinplatten, in die eine annähernd rechteckige Öffnung eingefügt wurde, Bohrlöcher weisen darauf hin, daß dieser Durchlaß mit einer Holztür oder auch einem Ledervorhang verschlossen werden konnte. Einige der Fenstersteine und Orthostaten überzieht ein Punktdekor.

In vielen der Tempelanlagen steht noch eine Reihe unterschiedlicher Altäre, auf denen der Magna Mater, der Hauptgottheit der Inseln, Tieropfer dargebracht wurden. Einfachster und frühester Typus sind die sogenannten Schwellenaltäre, sie erheben sich nur wenig über dem Bodenniveau und bilden häufig den Übergang von einem Raum in den nächsten. Bankaltäre sind etwas höher und im Gegensatz zu den Schwellenaltären nicht in den Boden eingelassen. Erst später entwickelten sich Trilith- und Pfeileraltäre. Der Spätphase zuzuordnen sind bis zu 2 m hohe Doppeltrilithaltäre (übereinander angeordnete Trilithkonstruktionen). In viele Altäre sind Löcher für Trankopfer eingelassen (Libationslöcher).

Vor allem die Altäre der Spätzeit sind äußerst kunstvoll gestaltet. Ein Pfeileraltar aus Hagar Qim zeigt an vier Seiten blütenlose Stauden, die lebensbaumartig aus einem irdenen Gefäß emporwachsen und wohl im Zusammenhang mit einem Fruchtbarkeitskult stehen. Immer wieder finden sich Ranken-, Spiral- und Wellenverzierungen. Besonders faszinierend sind die

Kunstgeschichte

Megalithkultur (Fortsetzung)

Augenpaare bildenden Spiralformen auf den hohen Schwellenbarrieren in Tarxien. Relativ selten sind Tierdarstellungen. Aus Ggantija stammt ein Schlangenrelief an einer etwa 1 m hohen Stele, wohl im Zusammenhang mit einem Fruchtbarkeitsritus geschaffen. In Tarxien beeindrucken u.a. die Darstellung einer Sau mit dreizehn Ferkeln und das Relief einer Opfertier-Prozession mit Widder, Schwein und Ziegenböcken. Auch ein kleiner Altar mit Fischreliefs aus Bugibba ist erwähnenswert (die bedeutendsten Altäre befinden sich im Archäologischen Museum in Valletta, an den archäologischen Stätten sind Kopien aufgestellt).

Keramik

Die frühesten Tonwaren, Schüsseln und Krüge mit gerundeten Böden stammen aus der ältesten menschlichen Niederlassung Maltas, aus Ghar Dalam. In dieser Höhle fanden seit 5200 v. Chr. Einwanderer aus Sizilien Unterschlupf. Die Impresso-Keramik zeigt daher große Ähnlichkeit mit der von Stentinello auf Sizilien. In Skorba fand man eigenständige Inselarbeiten, grau und rot inkrustierte Keramikwaren als kugelförmige oder knickwandige Gefäße mit kunstvollen Griffen aus der Zeit von 4000 v. Chr. an. Ausgesprochen formschöne, dünnwandige und reich verzierte Sakralgefäße aus Ton, sämtlich mit der Hand geformt, brachten die Ausgrabungen von Tarxien zutage, darunter eine Flachschale mit stilisierten Buckelrinddarstellungen, ein Gefäß mit plastischem Punktdekor, ein formvollendeter, knickwandiger Krug mit Spiralmotiv und weitere Schüsseln mit Ritzzeichnungen von Tieren.

Figürliche Darstellungen

Die früheste menschliche Darstellung der steinzeitlichen Kultur auf Malta, vermutlich aus der Zeit um 4000 v. Chr., fand man in den Felsgräbern von Zebbug als Fragment einer Stele mit archaisch-einfachen Gesichtszügen. Naturalistischer gestaltet sind dagegen die vielen, häufig standardisierten Magna-Mater- oder Priesterinnen-Skulpturen, zumeist in sitzender Haltung mit auswechselbaren Köpfen und mit überproportionierten Unterleibspartien. Außergewöhnlich sind die etwa 50 cm nackte weibliche Skulptur mit

Trilithaltäre in Ggantija (Gozo)

natürlich modelliertem Körperbau, die "Venus von Malta" aus Hagar Qim, und das hüfthohe Fragment mit keulenartigen Beinen und gefälteltem, breitem Rock einer fast 3 m hohen Kolossalstatue aus Tarxien. In Ton gearbeitet gibt es weitere weibliche Statuetten, darunter solche mit Krankheitsmerkmalen oder in schlummernder Position, die hauptsächlich als kleine Votivgaben im Hypogäum von Hal Saflieni gefunden wurden und diese Heilschlaf-, Orakel- und Begräbnisstätte als das Zentrum des Fruchtbarkeits-/Mysterienkultes unter einer weiblichen Priesterherrschaft ausweisen.

Magna-Mater-Statue in Tarxien

Um 2500 v. Chr. fand die Megalithkultur auf Malta ein abruptes Ende. Möglicherweise war eine verheerende Epidemie oder eine Dürrekatastrophe die Ursache für die Vernichtung der damals auf etwa 10 000 Menschen geschätzten Bevölkerung. Es scheint keine noch so kleine Gruppe überlebt zu haben, die Inseln blieben ca. 500 Jahre unbewohnt.

Bronzezeit

Seit etwa 2000 v. Chr. kamen bronzezeitliche Siedler von Sizilien und Süditalien aus nach Malta und brachten Metallwerkzeuge, Waffen, Gold- und Silberschmuck sowie farbige Keramikwaren mit. Auf Malta errichteten sie an strategisch günstigen Punkten Fliehburgen (u.a. Borg in-Nadur). Ferner haben sich auf Malta und Gozo noch einige aus Trag- und Decksteinen errichtete Grabkammern, sogenannte Dolmen, erhalten.

Fliehburgen, Dolmen

Bei der Keramik unterscheiden sich die Funde aus den Gräbern von Tarxien durch ihre weiß inkrustierten Linien von den roten Gefäßen aus Borg in-Nadur mit eingeschnittenem geometrischen Dekor aus Zickzackmustern sowie ausschließlich grauen oder schwarzen Behältnissen mit eingeschnittenem Mäanderdekor aus Bahrija. Von den Alltagsgegenständen überdauerten Bronzeäxte, Spinnwirtel und ankerförmige Webgewichte die Jahrtausende.

Keramik

Von besonderem Interesse sind sogenannte Scheibenidole, die eine Gottheit darstellen, vermutlich eine Magna Mater in hockender Haltung mit überbetonter scheibenförmiger Körpermitte und schmalem zapfenförmigen Halsstumpf. Bis auf ein einziges Exemplar fehlt bei diesen Idolen der Kopf. Die scheibenartig stilisierten Körper sind mit geometrischen Ritzmustern reich dekoriert.

Scheibenidole

Rätsel geben den Forschern die heute noch sichtbaren, in die Bronzezeit datierten Doppelrillen auf, die man vielerorts auf Malta (z.B. Clapham Junction) und Gozo findet. Die Interpretation reicht von Schleifspuren, die die von Menschen gezogenen primitiven Karren aus zwei Holzbalken mit Gleitsteinen mit einer Auflage aus Flechtmatten in das nackte Felsgestein gegraben haben sollen, bis zu der Auffassung, es handle sich um Rillen für die Bewässerung der Felder bzw. um ein System, mit dem Regenwasser in Zisternen geleitet werden soll (vgl. S. 87).

Cart-ruts

Phönizisch-punische Zeit

Auch aus dieser Epoche von etwa 1000 bis 218 v. Chr. haben sich vornehmlich Grabfunde erhalten. Sie stammen je nach Bestattungsritus aus Schacht- und Ganggräbern sowie aus Urnenfeldern. Neben Gebrauchskeramik sowie Fragmenten von Schmuckstücken aus Edelmetall, Muscheln oder Stein hat man Inschriftentafeln mit Hinweisen auf Opferbräuche, Stiftungen und Tempelbezirke gefunden, außerdem importierte attische Vasen aus dem 4. Jh. v. Chr. Besondere Fundstücke sind ein Ring aus dem 6./5.

Grabfunde

Phönizisch-
punische Zeit
(Fortsetzung)
Jh. v. Chr. mit der Gravur einer phönizischen Galeere, die Grabplastik einer nicht genau bestimmbaren Muttergottheit, eine Rauchopfersäule von ca. 600 v. Chr. sowie der berühmte Cippus, eine Gebetsstele aus Marmor mit einem Inschriftensockel (alle Stücke im Nationalmuseum Valletta). Die Anrufung von Melkart, des Stadtgottes von Tyros und Karthago, ist sowohl in phönizischer als auch griechischer Schrift in den Sockel eingearbeitet. Dadurch wurde nach Auffinden des Gebetssteines Mitte des 17. Jh.s überhaupt erst die wissenschaftliche Erforschung und Entzifferung der phönizischen Schrift möglich.

Tempelbauten Von den Tempelbauten der Karthager bzw. Punier hat sich so gut wie nichts erhalten. Immerhin haben Archäologen anhand von teilweise ausgegrabenen Grundmauern den Nachweis erbracht, daß bei Tas-Silg nahe Marsaxlokk ein großer Astarte-Tempel zur Verehrung dieser kleinasiatischen Fruchtbarkeits- und Kriegsgöttin seit dem Ende des 6. Jh.s v. Chr. gestanden haben muß.

Römische Epoche

Tempelbauten Gleich zu Beginn des Zweiten Punischen Kriegs eroberten römische Truppen die Inseln (218 v. Chr.). Der Astarte-Tempel wurde nach baulichen Veränderungen (zwei große Säulenhöfe um den zentralen Podiumstempel herum sowie eine das gesamte Areal einfriedende Temenos-Mauer) der römischen Hauptgöttin Juno geweiht. Auch Gozo hatte einen Juno-Tempel auf dem Gebiet der heutigen Zitadelle von Victoria, wie dort gefundene Säulenbruchstücke beweisen (Cathedral Museum).

Thermen,
Stadthaus
Aus der römischen Kaiserzeit haben sich Überreste einer Thermenanlage (Roman Baths) bei Ghajn Tuffieha mit einigen zum Teil mosaikgeschmückten Baderäumen sowie Bauteile eines Stadthauses in Rabat (Roman Villa) erhalten. Das Peristyl ziert ein eindrucksvolles Mosaik mit einem Taubenmotiv, umgeben von Mäander- und Wellenbändern. Reizvoll sind auch zwei Theatermasken, die von Schauspielern bei Komödienaufführungen getragen wurden. Verschiedene Statuenfragmente und Büsten geben einen Eindruck vom römischen Kunstgeschmack in der Provinz.

Frühchristliche
Zeugnisse
Aus dem 4. Jh. n. Chr. stammen die ersten christlichen Zeugnisse auf Malta. Reste eines Baptisteriums aus dieser Zeit sind beim Junotempel nahe Tas-Silg ausgegraben worden, ein Beispiel der Überlagerung und Verdrängung der heidnischen Kulte durch christliche. Eindrucksvoller sind die unterirdischen christlichen Grabanlagen: St. Paul's und St. Agatha's Catacombs in Rabat. Aus dem weichen Kalkgestein hat man vom 4. bis 6. Jh. einfache Grabkammern, sogenannte Loculi, herausgemeißelt oder aufwendige Baldachin- und Satteldachgräber für die Wohlhabenden errichtet.

Araberzeit

Ortsnamen Fast alle Spuren der islamischen, nordafrikanisch-arabischen Kultur, die Malta von 870 bis 1091 geprägt hat, sind verwischt worden. Mdina und Rabat erinnern heute nur mit ihren Fundamentmauern und ihren Namen an das einstige kulturelle Zentrum der Araber auf der Insel. Lediglich der Grabstein eines Mädchens in kufischer Schrift, allerdings aus dem 12. Jh. (Gozo Museum of Archaeology), zeigt an, daß sich das islamisch-arabische Erbe auch noch während der christlich-normannischen Herrschaft gehalten hat.

Holzerker Von den Arabern übernommen wurden im Hausbau die Holzerker, die für die maltesische Stadthausarchitektur noch heute charakteristisch sind und ursprünglich als vergitterte Balkone den arabischen Frauen zum Zeitvertreib dienten.

Mittelalter

Das eindrucksvollste mittelalterliche Bauwerk der Insel, die normannische Architektur
Kathedrale von Mdina aus dem 12. Jh., ist beim Erdbeben von 1693 bis auf
die Apsis zerstört worden. Gut erhalten hat sich nur noch ein außerhalb
Maltas gefertigtes romanisches Holzportal (heute Sakristeitür der Kathedrale) aus dem 12./13. Jh. in irischer Mooreiche mit geschnitzten Tiermotiven aus dem nordischen Kulturkreis. Die Profanarchitektur des Hochmittel-
alters ist in der alten Inselhauptstadt Mdina durch einige Adelspaläste im
normannisch-sizilianischen Stil vertreten. Das älteste Gebäude ist der Fal-
zon-Palast von 1095, auch Norman House genannt, ursprünglich nur aus
dem Erdgeschoß bestehend mit Schlitzfenstern und schmalen Portalen.
Im 15. Jh. wurde er aufgestockt und in der Fassade verändert mit verbrei-
terten Portalen und Biforien-Fenstern. Typisch normannisch ist die Zak-
kenleiste als Fassadenschmuck. Der Palazzo Santa Sophia zeichnet sich
durch sein Erdgeschoß von 1233 mit schönen romanischen Bögen aus,
das Obergeschoß ist neueren Datums.

*Fresken in den Agathakatakomben von Rabat. Diese Darstellungen werden
Salvatore d'Antonio zugeschrieben (1480).*

An religiösen Bildwerken sind drei Fresken sizilianisch-byzantinischen Stils Malerei
aus dem 12. Jh. in den Agathakatakomben zu erwähnen, die die Gottesmutter, den Apostel Paulus und eine Maria-Christuskind-Gruppe zeigen. In
der Sakramentskapelle der heute barocken Kathedrale von Mdina befindet
sich eine weitere Madonna-Jesuskind-Darstellung als Gnadenbild, vermutlich aus dem 12./13. Jahrhundert. In der Heiligkreuzkapelle ist ein Bild des
hl. Paulus, Teil eines sizilianisch-katalanischen Polyptychons aus dem 13.
Jh. aufgestellt. Im Kathedralmuseum von Mdina sind außerdem noch einige spätmittelalterliche Ausstattungsstücke der zerstörten Peter- und
Paulskathedrale zu sehen sowie ein silbernes Vortragekreuz aus dem späten 11. Jh. vom ersten Kreuzzug, das die Johanniter im 16. Jh. mit auf die
Insel brachten.

Kunstgeschichte

Renaissance

Festungsbaukunst

Als sich die Johanniter-Ritter 1530 auf Malta niederließen, begann eine rege Bautätigkeit, die hauptsächlich militärischen Zwecken diente. Zunächst wurde zur Sicherung der Ordensflotte in Birgu (heute Vittoriosa) das vorgefundene Kastell an der Spitze der Halbinsel zum Fort St. Angelo ausgebaut. Nach einem schweren Türkenangriff 1552 befestigte man auch die gegenüberliegende Landzungenspitze mit dem Fort St. Michael und baute außerdem das weitgehend zerstörte Fort San Elmo an der Spitze der Sciberras-Halbinsel zum Bollwerk aus, um die Einfahrt in den Großen Hafen zu sichern. Auch die Verteidigungsanlagen der alten Inselhauptstadt Mdina wurden instandgesetzt und mit zwei neuen Bastionen verstärkt.

Nach der Großen Belagerung durch die Türken 1565 wurden die Anstrengungen im Festungsbau noch intensiviert, um das Hauptquartier im Falle eines erneuten Angriffs besser verteidigen zu können. Als Planer und Architekt für die neu zu errichtende Festungsstadt Valletta wurde einer der besten Militärarchitekten, Francesco Laparelli aus Cortona, gewonnen. Er orientierte sich an den theoretischen Schriften über die Baukunst der Renaissance (z.B. Leon Battista Alberti, Pietro Cataneo u.a.) und an seinen praktischen Kentnissen, die er bei seinen Lehrern Serbelloni und Michelangelo erworben hatte sowie an den speziellen militärstrategischen Erfahrungen und Bedürfnissen der Ordensritter. Innerhalb kurzer Zeit entstand zwischen 1566 und 1571 eine der imposantesten Festungen Europas mit einem ausgeklügelten System aus Vorwerken, Bastionen, Kavalieren und Kurtinen.

Profanbaukunst

Wenngleich Valletta als Festungsstadt ausschließlich nach militärischem Nutzdenken gebaut wurde, gibt es eine Reihe interessanter Profan- und Sakralbauten. Deren Errichtung, entsprechend dem nüchternen Geschmack der soldatischen Auftraggeber, oblag dem maltesischen Architekten Gerolamo Cassar als Nachfolger des Festungsbaumeisters Laparelli, der Malta bereits 1569 wieder verließ. Cassar vertrat trotz des damals in Europa vorherrschenden dekorreichen manieristischen Stils eine konservative, aus einfachen Baukörpern entwickelte, größtenteils schmuckdlose Stadtarchitektur. Der Großmeisterpalast im Stadtzentrum, kaum als repräsentativer Bau zu erkennen, wurde 1571 von Cassar begonnen, aber erst im 18. Jh. nach zahlreichen Umbauten vollendet. Die extrem lange zweigeschossige Fassade zeigt eine wenig geglückte Gliederung, auch nach der Einfügung der barocken Portale und trotz der Bossenquaderverzierungen an den Gebäudeecken. Die Ordensherbergen liefern ein besseres Beispiel des "Cassar-Stils". Nach italienischen Vorbildern baute Cassar die Auberge d'Italie (begonnen 1574), langgestreckt und ursprünglich aus einem Hauptgeschoß bestehend mit einem quadratischen Innenhof. Mittlerweile aufgestockt, zeigt der Bau immer noch eine gelungene Durchgliederung seiner Fassade mit einem kraftvoll rustizierten Portal (Kartusche 18. Jh.), rahmenverzierten Fenstern und kunstvoll gemeißelten Quadereinfassungen der Gebäudeecken. Die Auberge de Provence gilt als Cassars reifstes Bauwerk, zwischen 1571 und 1576 errichtet (heute Nationalmuseum). Die Fassade besticht durch symmetrischen Aufbau und Regelmäßigkeit der Pilasterordnung. Die Fassadenmitte betont ein antikes Tempelmotiv aus vorgestellten Säulen mit Gebälk, flankiert von Fenstern mit Dreiecks- und Segmentgiebeln. Die typischen bossierten Eckeinfassungen sind ein Zitat aus der Festungsbaukunst.

Sakralbaukunst

Unter den Sakralbauten hat lediglich die St.-Johannes-Kathedrale in Valletta, die frühere Konventskirche des Ordens, noch die Handschrift von Cassar bewahrt, während seine anderen Kirchenbauten vielfach bis zur Unkenntlichkeit verbaut worden sind. St. John's wurde zwischen 1573 und 1577 errichtet; ihre breit gelagerte Doppelturmfassade ist nüchtern und schmucklos und erinnert an eine Zitadelle. Die flache Pilastergliederung wird lediglich durch den Säulenportalvorbau belebt, überhöht von einem Dreiecksgiebel im Obergeschoß. Das Innere in Form eines einschiffigen,

*St.-Johannes-Kathedrale in Valletta: Die Ordensritter schmückten ihre
Konventskirche überreich aus.*

pfeilergestützten und tonnengewölbten Saalbaus mit seitlich je sechs aneinandergereihten Kapellen für die Johanniter-Landsmannschaften ist dagegen überreich dekoriert (17./18. Jh.). Kräftige Arkaden mit vorgelegten Pilastern, auf denen die Gurtbögen aufsetzen, gliedern die Wandzonen und leiten zu einem geraden Chorabschluß über. Auf eine geplante Kuppel wurde aus militärischen Gründen verzichtet, da sie die freie Schußbahn über die Stadt eingeschränkt hätte.
Renaissance (Fortsetzung)

Zahlreiche Dorfkirchen aus dem Spätmittelalter, meist schlichte einräumige Bauten, veränderten gegen Ende des 16. Jh.s durch die Übernahme klassischer Form- und Dekorvorstellungen der Renaissance ihr Aussehen. Gerolamo Cassar gestaltete mit St. Augustine in Rabat, begonnen 1571, den Prototyp einer Renaissance-Innenraumgestaltung aus Pilasterordnung, mächtigen Arkaden mit eingestellten Halbsäulen und klassischem Dekor und mit kassettiertem Tonnengewölbe. Sein Sohn Vittorio schuf in Zebbug mit St. Philipp, begonnen 1591, eine Pfarrkirche auf lateinischem Kreuzgrundriß mit Doppelturmfassade und eindrucksvoller, auf einem achteckigen Tambour ruhenden Vierungskuppel.

Einen letzten Höhepunkt erreichte die Renaissance-Sakralbaukunst unter dem Malteser Baumeister Tommaso Dingli (1591 – 1661). Von seinen Kirchenbauten hat nur die St.-Marija-Pfarrkirche in Attard, erbaut 1613, die Zeiten unversehrt überstanden. Nach dem Vorbild römisch-antiker Tempel setzt sich die Fassade zusammen aus einer Rechteckfläche mit Eckpilastern und eingestellten Figurennischen, überhöht von einem dreieckigen Giebelfeld. Den Innenraum rhythmisieren Pilaster, die Wandflächen werden durch umlaufende Kapitellbänder gegliedert, Langhaus und Chor schmükken kassettierte Tonnengewölbe, die Querschiffe überdachen Tellerkuppeln, die Vierung wird von einer Flachkuppel auf hohem Tambour bekrönt.

Auf dem Gebiet der Malerei betätigten sich gegen Ende des 16. Jh.s auswärtige Künstler. Matteo Perez d'Aleccio (1547 – ca. 1629) freskierte 1576
Malerei

Kunstgeschichte

**Renaissance
(Fortsetzung)**

bis 1581 nach Augenzeugenberichten im Großmeisterpalast zwölf großformatige Szenen mit Ereignissen der Türkenbelagerung von 1565 zur Verherrlichung des Sieges der Johanniter und schuf damit gleichzeitig ein wichtiges militärgeschichtliches Dokument. Der Italiener Palladini dekorierte um 1590 den Hauptsaal im Erdgeschoß des Verdala-Palastes mit der Lebensgeschichte seines Auftraggebers, des Kardinals und Großmeisters Hughes de Loubenx Verdalle. Zwei bedeutende Werke hinterließ der unter dem Schutz von Großmeister Wignacourt 1608 vorübergehend auf Malta malende Michelangelo Merisi, genannt da Caravaggio (1571/3 – 1610): "Die Enthauptung Johannes des Täufers" und "Hl. Hieronymus" (Kathedrale bzw. Museum der Kathedrale in Valletta). Caravaggios Werke zählen bereits zum Frühbarock, zeigen eine eindrucksvolle szenische Dramaturgie von krassem Realismus in Verbindung mit kräftiger Farbgebung und effektvoller Hell-Dunkel-Technik. Allerdings blieb Caravaggios Malkunst ohne Wirkung auf die maltesische Malerei.

Bildhauerkunst

Die Bildhauerkunst der Renaissance ist lediglich mit zwei bedeutenden Werken in der Johanneskathedrale vertreten: das Chorgestühl mit vergoldeten Schnitzereien und das Lesepult, beides neapolitanische Arbeiten des späten 16. Jh.s.

Barock

Festungsbaukunst

Im Verlauf des 17. Jh.s wurden die Festungswerke im Auftrage verschiedener Großmeister weiter ausgebaut. Nach den Plänen des italienischen Festungsarchitekten Pietro Paolo Floriani wurde zwischen 1632 und 1635 damit begonnen, die Landseite Vallettas mit einem vorgeschobenen Festungsgürtel stärker zu sichern. Sein Nachfolger Vincenzo Masculano da Firenzuola (geb. 1578) nahm seit 1638 die Umwallung von Cospicua von

Die Kathedrale von Mdina gilt als das Hauptwerk des maltesischen Barockbaumeisters Lorenzo Gafà.

der Landseite her in Angriff: die sogenannten Margerita Lines entstanden. Eine noch monumentalere Befestigungslinie, die 4,6 km langen Cottonera Lines zum Schutz der "Drei Städte" (Vittoriosa, Cospicua, Senglea), schuf der italienische Festungsbaumeister Antonio Maurizio Valperga seit 1670. Das Zabbar-Tor weist mit einer Inschrift diese Befestigungsanlage als Geschenk des Großmeisters Nicola Cotoner aus. Zudem wurde zur selben Zeit die gesamte Küstenlinie der Insel mit einer Kette von Wachtürmen gesichert, die einen Angriff rechtzeitig melden sollten.

Auf dem Gebiet des Städtebaus ist vor allem die Planung und Errichtung der Vorstadt Floriana auf der westlichen Landseite von Valletta zu nennen, die unter Großmeister Vilhena vollendet wurde (1722 – 1736). Auf rechtwinkligem Straßenplan erheben sich zahlreiche Barockbauten, zum Teil mit reizvollen Arkadengängen, die von der Pfarrkirche St. Publius (gebaut 1733) überragt werden.

Städtebau

Die herausragenden Architekten der Barockbaukunst auf Malta waren Lorenzo Gafà, Giovanni Barbara, Giuseppe Bonnici und Domenico Cachia, die überwiegend Sakralbauten errichteten, aber auch einige bedeutende Profanbauten. Auch die vielen Pfarrkirchen, die im einzelnen hier keine Erwähnung finden, richteten sich nach den Bauvorgaben dieser Barockarchitekten. Die maltesischen Baumeister entwickelten ihre Form- und Dekorideen vor allem aus dem römischen und süditalienisch-sizilischen Barockstil unter häufiger Verwendung von Kolossalordnungen, von konkav und konvex gestalteten Fassaden mit reichem Beschlag- und Rollwerk, von Zentralbauten mit Kuppelkonstruktionen. Auf diese Weise hielt ein prachtliebender Repräsentationsstil Einzug in den Ordensstaat.

Barockbaumeister

Lorenzo Gafà führte nach seinen Studien der Bauwerke in Rom von Borromini und anderen als erster den römischen Barockstil auf Malta ein. Die Pfarrkirche St. Nikolaus (Siggiewi) von 1675 mit ihrer hochaufragenden Kuppel demonstriert vor allem im Inneren mit einem luftig aufschwingenden, von Stichkappen lichtdurchbrochenen Tonnengewölbe ein barockes Raumgefühl. Auf lateinischem Kreuzgrundriß wurde zwischen 1681 und 1697 die Pfarrkirche St. Lorenz (Vittoriosa) errichtet. Die Pfarrkirche St. Katharina von Zejtun begann Gafà 1692, vollendet wurde sie jedoch erst 1778. Nachdem 1693 ein Erdbeben die normannische Kathedrale von Mdina zerstört hatte, wurde Gafà 1697 mit dem Wiederaufbau im Barockstil beauftragt. Die ausgewogene zweigeschossige Doppelturmfassade ist auf Breitenwirkung angelegt. Das Mittelstück rahmen gebündelte Pilaster mit korinthischen Kapitellen, die an den Fassadenecken wieder auftreten. Ein einfacher Dreiecksgiebel in Verbund mit den pyramidalen Turmspitzen schließt die Fassade in der Höhe ab. Im Inneren wird die Pilasterordnung wieder aufgenommen. Tonnengewölbe, Vierungskuppel, Halbkuppel der Apsis und überkuppelte Seitenkapellen variieren ständig die Kuppelraumideen der Barockbaukunst. Die Kathedrale von Gozo ist ebenfalls nach einem Entwurf von Gafà errichtet worden. Die betont vertikale Pilasterordnung der Fassade auf hohem Treppensockel erhält durch die breiten schmucklosen Wandflächen ein Gegengewicht. Auf vorkragendem Gesims bildet ein Attikageschoß mit geradem Dreiecksgiebel und einschwingenden Seitengiebeln den oberen Abschluß. Das Innere zeigt den für Gafà typischen Grund- und Aufriß: lateinisches Kreuz, tonnengewölbtes Langhaus, Querschiff, Chor mit halbrunder Apsis, überkuppelte Seitenkapellen.

Lorenzo Gafà

Giovanni Barbara fühlte sich mit seiner Architektur dem römischen Barockstil Berninis verpflichtet. Die Erlöser-Pfarrkirche in Lija von 1694 ist noch ein einfacher nüchterner Sakralbau mit hochaufragender Fassade, flankierenden Westtürmen und bescheidener Kuppel. Die 1710 erbaute St. Jakobskirche in Valletta zeigt eine reich ornamentierte doppelgeschossige Fassade, wobei die Verzierungen der Tür- und Fensterrahmungen auffallen, ausgelöst durch die prachtvolle Kartusche über dem Mittelfenster. Ein äußerst dekorativer Stil entfaltet sich dagegen im Profanbau von Giovanni

Giovanni Barbara

Kunstgeschichte

Barock
(Fortsetzung)

Barbara. Den Vilhena-Palast in Mdina von 1730 (heute Naturkundemuseum) betritt man durch einen Ehrenhof, dessen Portal mit girlandengeschmückten Doppelpilastern und prachtvoller Wappenkartusche gestaltet ist. Die Palastfassade, großflächig gegliedert von mächtigen kannelierten Pilastern, zeigt reiche Fensterverzierungen und üppigen Portalschmuck. Das 1733 errichtete Priesterseminar in Mdina (heute Cathedral Museum) ist ein weiteres Beispiel für den blumigen Barockstil von Barbara.

Giuseppe Bonnici

Giuseppe Bonnici lieferte mit der Kirche der Landsmannschaft der Provence, St. Barbara, errichtet 1739, einen Bau mit Ensemblewirkung in der Straßenfront auf ovalem Grundriß mit apsidialer Chorlösung. Im Profanbau sind das Zollhaus (1747), ein massives Gebäude mit dennoch venezianisch-heiterer Fassade, und die Castellania, der Gerichtshof des Ordens aus dem Jahre 1748, als Werke Bonnicis erwähnenswert. Die mittenbetonte Fassade der Castellania hat ein konkav gestaltetes Portal mit Skulpturen der Gerechtigkeit und Wahrheit von Maestro Gian aus Sizilien.

Domenico Cachia

Der letzte Barockbaumeister Maltas war Domenico Cachia. Seine Pfarrkirche St. Helena in Birkirkara, gebaut zwischen 1735 und 1745, zeigt eine reich gegliederte, vollendet komponierte Fassade auf breitem Treppensockel, die sich stufenweise aus horizontalen, vertikalen und diagonalen Fluchten aufbaut. Im Rahmen der mehrteiligen Pilasterordnung bilden die Seitenportale zusammen mit den jeweiligen Turmöffnungen die Eckpunkte der vertikalen und diagonalen Achsensymmetrie. Zugleich verbinden sich die Seitenportale mit dem Mittelfenster im zweiten Geschoß zu einer Dreieckskomposition. Risalitartig wird der Mittelteil gestaltet mit wechselnden Giebelformen. Das Innere entspricht dem Typus eines traditionellen Richtungsbaus, den paarweise angeordnete Pilaster in Verbindung mit doppelten Gurtbögen im Gewölbe rhythmisieren. Im Profanbau zeichnet Cachia verantwortlich für den Selmun Palace, der wohl vom Verdala Palace angeregt wurde und ein aus der Tradition des Wehrbaus entwickelter reizvoller, mit Ecktürmen versehener Sommersitz ist (heute Teil eines Hotels). Der schräg geböschte Unterbau leitet über zum herrschaftlichen Trakt mit einem umlaufenden Balkon, über den sich reich verzierte Fenster öffnen. Das Meisterwerk von Domenico Cachia ist die Herberge der Landsmannschaft von Kastilien und Leon in Valletta (heute Amtssitz des Premierministers) von 1744. Der trotz seiner reichen Verzierungen harmonisch wirkende Bau besteht aus zwei Geschossen, jeweils von Pilastern gegliedert, die die eingezogenen, im Erdgeschoß rustizierten Flächen rahmen, welche von aufwendig dekorierten Fenstern durchbrochen werden. Die Fassadenmitte betont ein vorspringendes Portal über einer großen Freitreppe, flankiert von Säulenpaaren und bekrönt von Trophäen, Bannern und Waffen, die das Porträtbüste von Großmeister Pinto, dem Auftraggeber, umrahmen. Ein Schmuckgiebel über dem Dachgesims verstärkt die Vertikalrichtung des Fassadenmittelteils gegenüber der breitgelagerten Bauform als Ganzes. Vorbild für dieses Gebäude war wohl die Prefettura in Lecce (Apulien), wenngleich Cachia eine weitgehend eigenständige Leistung gelang.

Malerei

Auf dem Gebiet der Malerei kamen vielfältige Anregungen aus Italien, die von einheimischen Malern aufgegriffen oder von ausländischen Künstlern selbst vor Ort umgesetzt wurden. Die herausragende Malerpersönlichkeit des 17. Jh.s war der aus Kalabrien gebürtige Mattia Preti (1613 – 1699), der seit 1661 auf Malta lebte und zahlreiche Pfarrkirchen der Insel mit Altarbildern ausschmückte. Für die Ordenskirche St. Johannes in Valletta schuf er in fünfjähriger Arbeit die Gewölbeausmalung mit Szenen aus dem Leben von Johannes d. Täufer. Im Oratorium dieser Kirche hängen drei wichtige Gemälde: "Dornenkrönung", "Ecce Homo" und "Kreuzigung Christi". Preti verwendete die von Caravaggio ausgehende Hell-Dunkel-Technik in Verbindung mit ausgeprägtem Naturalismus zu dramatischen, teils auch ruhigen Großkompositionen mit effektvoller Lichtführung und kräftigen, satten Farben. In der Kathedrale von Mdina befinden sich weitere qualitätvolle Malereien von Preti und ebenso im Museum of Fine Arts in Valletta.

Der Malteser Stefano Erardi (1650 – 1733) war als Porträtist tätig und schuf ebenfalls Altarbilder, u.a. für die deutsche Kapelle in der Johanneskathedrale eine "Anbetung der Könige", für die St.-Pauls-Kirche in Rabat das Altarbild "Paulus schleudert eine Schlange ins Feuer".

Barock (Fortsetzung)

Im Museum of Fine Arts in Valletta gibt es einige Werke von Barockmalern, die durch die Ordensritter nach Malta gelangten, u.a. von Jacopo Tintoretto, Giudo Reni und Mathias Stomer. Im Großmeisterpalast befinden sich zwei Gemälde des Spaniers Ribera. Der Sienese Nicolo Nasini schmückte den Palastkorridor seit 1724 mit Deckengemälden aus. Weiterhin wirkte der französische Maler Antoine de Favray (1706 – 1792/8) mehrere Jahrzehnte auf Malta, wo er sich mit Porträts und Sittenschilderungen einen Namen machte. Neben zahlreichen Werken im Museum of Fine Arts, meist Ritter- und Großmeister-Porträts, birgt das Mdina Cathedral Museum einige Gemälde von Favray, darunter ein reizvolles Verkündigungsretabel. Ebenfalls dort lassen sich zwei Veduten des Grand Harbour vom deutschstämmigen Maler Anton Schranz (1769 – 1839) betrachten.

Gobelin im Großmeisterpalast

Von besonderem Interesse sind die in Flandern und Frankreich um 1700 gewirkten Bildteppiche, die im Cathedral Museum und im Großmeisterpalast von Valletta aufbewahrt werden. Die 28 flämischen Tapisserien im Museum der Kathedrale zeigen religiöse Szenen und Allegorien zum Teil nach Kartonvorlagen von Rubens und Poussin in barock-bewegter Komposition mit leuchtenden Farben. Die zehn Wandteppiche im Großmeisterpalast stammen aus der Pariser Gobelin-Werkstatt nach Bildvorlagen von Frans Post und Albert Eckhout, die Le Brun in Kartons umsetzte. Die beiden niederländischen Maler hatten die auf Reisen kennengelernte exotische bzw. subtropische Landschaft von Brasilien und Afrika in kräftigen Farben festgehalten.

Bildteppiche

Im Bereich der Skulptur gibt es nur wenige herausragende Einzelleistungen, wenngleich manche Kircheninnenräume, z.B. der der St. John's Co-Cathedral in Valletta, nicht zuletzt wegen der skulpturalen Ausschmückung prachtvoll und überladen wirken. Die eigenwilligsten Schöpfungen sind sicherlich die mehrere hundert mit farbigen Marmorintarsien verzierten Grabplatten der Ordensritter in der Johanneskathedrale. Wappen und Inschriften verkünden zugleich Nachruhm und Vergänglichkeit. Die Grabdenkmäler der Großmeister zeigen ebenfalls üppigen plastischen Schmuck. Das Grabmonument von Nicola Cotoner (gest. 1680) bildet im unteren Bereich ein kräftiger Inschriftensockel; zwei Atlanten tragen die mit Trophäen umrahmte Porträtbüste. Aus schwarzem Marmor, kontrastiert mit schwerem Bronzewerk setzt sich das Grabmal von Großmeister Vilhena zusammen (um 1729). Qualitätvolle Marmoraltäre sind in zahlreichen Kirchen Maltas anzutreffen. Der Hochaltar von St. John's Co-Cathedral besticht durch sei-

Bildhauerkunst

Kunstgeschichte
(Fortsetzung)

ne seltenen Marmorarten kombiniert mit Lapislazuli und dem Goldbronze-relief des Abendmahls. Die Marmorgruppe "Die Taufe Christi" in der Apsis von St. John ist ein Gemeinschaftswerk von Melchiore Gafà und Giuseppe Mazzuoli, um 1667. Die Chorschranken in der Sakramentskapelle sind hervorragende Silberschmiedearbeiten. Erwähnenswert ist auch noch die astronomische Turmuhr im Hof des Großmeisterpalastes von 1745, deren bronzene Mohren die Stunde schlagen.

Moderne (19. und 20. Jahrhundert)

Architektur

Nachdem die Johanniterritter Malta verlassen hatten, konzentrierte sich die Bautätigkeit unter der nachfolgenden britischen Herrschaft hauptsächlich auf Werften und Hafenanlagen zum Ausbau Maltas als Flottenstützpunkt. Im Stil des Neoklassizismus wurde seit 1839 die anglikanische Kathedrale (St. Paul's Anglican Cathedral) in Valletta von den Briten errichtet. Die Main Guard (Hauptwache), ein dorischer Säulenportikus als Anfügung an die ehemalige Ordenskanzlei, ist im selben Stil erbaut. Das Opernhaus von Valletta, ein prunkvoller neoklassizistischer Bau, wurde 1866 eingeweiht, brannte 1873 aus, wurde wieder aufgebaut und nach den schweren Schäden durch den Zweiten Weltkrieg schließlich abgerissen. Das größte, nicht unbedingt das schönste Bauwerk des 19. Jh.s auf Malta ist die Rotundenkirche von Mosta. Der Architekt Grognet de Vassè begann 1833 mit der Errichtung, 1868 wurde sie der Mariä Himmelfahrt geweiht und 1871 unter ständiger freiwilliger Mitarbeit der Dorfbewohner fertiggestellt. Es entstand eine merkwürdige Stilmischung aus römischer Rotundenarchitektur (vgl. Pantheon in Rom) mit griechischer Säulenportikusanlage und christlicher Doppelturmfassade. Das Innere verblüfft nicht nur durch seine Weitläufigkeit, sondern auch durch die in Weiß, Blau und Gold gehaltene Ausmalung.

Malerei

In der Malerei war der Malteser Giuseppe Cali (1846 – 1930) ein vielbeschäftigter Künstler, der unter dem Einfluß der französischen Romantik und später des Impressionismus Landschaften, Sittenschilderungen und Porträts fertigte. In der Kuppelkirche von Mosta malte Cali Anfang des 20. Jh.s einen großen biblischen Zyklus aus dem Leben Christi.
Internationale oder gar zeitgenössische Malerei ist im konservativ-katholischen Malta nur sehr spärlich vertreten.

Bildhauerkunst

Die Bildhauerkunst hat in Antonio Sciortino (1879 – 1947) ihren maltesischen Meister gefunden, der unter dem Einfluß des expressiven Stils Rodins vor allem dynamisch-bewegte Figurengruppen schuf, u.a. "Arab Horses" (Museum of Fine Arts, Valletta) und "Les Gavroches" (Upper Barracca Gardens, Valletta).
Vincent Apap zeichnet als Bildhauer verantwortlich u.a. für den Tritonenbrunnen vor dem Main Gate in Valletta. Außerdem gibt es auf verschiedenen Plätzen Statuen und Denkmäler, meist naturalistisch oder sozial-realistisch gestaltet. Die internationale zeitgenössische Skulptur ist so gut wie nicht präsent.

Sprache und Literatur

Sprachgeschichte

Zahlreiche Fremdherrschaften haben über 3000 Jahre ihre sprachlich-kulturellen Spuren auf Malta hinterlassen. Bis heute prägend für die Landessprache Malti ist die phönizisch-punische Sprache, die seit etwa 1000 v. Chr. mit den Siedlern aus Kleinasien (Libanon) und seit 750 aus dem nordafrikanischen Karthago nach Malta kommt. Von dort übernimmt die Bevölkerung Maltas als Spätform der phönizischen die punische Sprache. In seiner Grundstruktur ist Malti daher eine semitische Sprache, die sich mit Hilfe von Lehnwörtern den wechselnden Herrschaftsverhältnissen auf der

Sprachgeschichte
(Fortsetzung)

Insel anpaßt, im wesentlichen aber bis zur Entwicklung einer Literatur- und Schriftsprache im 18./19. Jh. nur als mündlich überlieferter Dialekt der ländlichen Bevölkerung existiert, während die maltesische Oberschicht in der jeweiligen Fremdsprache spricht und schreibt.

Im Altertum gewinnt das Lateinische seit 218 v. Chr. an Einfluß, das sich nach der Christianisierung auch als Kirchensprache auf Malta durchsetzt, obwohl die Inselwelt seit 395 n. Chr. zum byzantinisch-oströmischen Reich gehört. Die arabische Eroberung Maltas von 870 festigt für 220 Jahre die arabischen Grundelemente der maltesischen Sprache, so daß es den Inselbewohnern noch heute möglich ist, ohne große Mühen mit den nordafrikanisch-arabischen Dialektsprachen zu kommunizieren.

Auch nach der christlichen Rückeroberung durch den Normannenfürsten Roger I. 1091 lebt die arabische Sprachtradition fort, durchsetzt sich aber zunehmend mit sizilianisch-italienischen Lehnwörtern und Dialekten, so daß sich der romanische Überbau des semitischen Grundform in der maltesischen Sprache verstärkt. Im Mittelalter wird zwar in den Sitzungen der Selbstverwaltungsgremien Maltas, der Università, maltesisch gesprochen, aber die Protokolle sind in Latein oder in einer sizilianisch-italienischen Mischsprache abgefaßt.

Als 1530 die Ritter des Johanniterordens nach Malta kommen, machen sie Italienisch zur Amtssprache, das fortan für die maltesische Bevölkerung zwingend ist. Jahrhundertelang bleibt Italienisch die einzige Bildungssprache für Verwaltung, Kirche und Führungsschicht. Nach der Besetzung Maltas durch die Briten im Jahre 1800 wird Englisch für viele Malteser zur Pflicht, um in dem armen Land eine Beschäftigung in der Kolonial- und Militärverwaltung zu bekommen. Gegen Ende des 19. Jh.s bricht ein langanhaltender Sprachen- und Bildungsstreit zwischen pro-italienischen und pro-britischen Anhängern aus. Auf diesem Hintergrund wird die maltesische Landessprache im Zuge von Autonomiebestrebungen zur einigenden nationalen Kraft und gewinnt als Bildungssprache an Bedeutung.

Amtssprachen

Erst 1934 ist das Sprachenproblem endgültig gelöst, als das bis dahin gültige Italienisch im Verwaltungs- und Gerichtswesen durch die zwei neuen Amtssprachen Englisch und Malti ersetzt wird und zugleich eine Rechtschreibreform die maltesische Schriftsprache regelt. Sie ist die einzige semitisch-arabische Schriftsprache mit lateinischen Buchstaben (→ Praktische Informationen, Sprache).

Seit der Unabhängigkeit 1964 ist Malti erste Amtssprache und Englisch zweite. Da Englisch als Weltsprache von früher Schulzeit an gelernt wird, spielt sie heute angesichts der zunehmenden internationalen Verflechtungen in Wirtschaft und Politik nach wie vor die wichtigste Rolle. Zeitungen, Bücher und das Fernsehen tragen weiter zur Verbreitung des Englischen bei. Auch Werke der maltesischen Literatur finden erst in der englischen Übersetzung allgemeine Wertschätzung.

Anfänge einer
eigenständigen
Literatur

Die maltesische Literatur im Sinne einer Schreibkunst beginnt erst im 17. Jahrhundert. Zuvor hat es lediglich eine Erzähltradition gegeben, die die Erinnerung an die Volksmärchen, Legenden und Volkslieder über Generationen trotz Fremdherrschaft bewahrt hat. C. F. Bonamico (1639 – 1680) schreibt eines der ersten Gedichte in maltesischer Sprache für den Großmeister des Johanniterordens, Nicola Cotoner. Im 18. Jh. folgen einige geistliche und weltliche Liedtexte, Prosastücke und Wörterbücher in maltesischer Sprache. Agius de Soldanis (1712 – 1770) veröffentlicht 1750 auf italienisch seine maltesische Grammatik "Nuova scuola di grammatica per agevolmente apprendere la lingua maltese" sowie ein vollständiges Wörterbuch in vier Manuskriptbänden "Damma Tal-kliem Kartaginiz". Sein Nachfolger ist der maltesische Lexikograph Mikiel Anton Vasalli (1764 bis 1829), der 1791 eine lateinische Grammatik für Maltesisch herausgibt und 1796 sein "Lexicon Melitense Latino-Italiano".

Literatur
im 19./20. Jh.

Der erste überragende Schriftsteller, der sich in der maltesischen Dichtkunst einen Namen macht, ist G. A. Vassallo (1817 – 1867), Geschichtsforscher und Italienisch-Professor an der Universität von Malta. Neben Gedichten schreibt er u.a. auch ein kurzes Epos "Il-gifen tork" (Die türkische Galeere). Der nach ihm bedeutendste Autor ist G. Muscat-Azzopardi (1853 – 1927), ein Verehrer der italienischen Sprache. Er verfaßt auch Gedichte und einige Prosastücke in seiner Heimatsprache und verhilft dem Maltesischen zum Durchbruch als Dichtersprache. Auf dem Gebiet des bürgerlichen Romans leistet Anton Manuel Caruana ähnliches mit seinem Werk "Inez Farrug" (1889), einer von Gegensätzen zwischen Einheimischen und Fremden bestimmten maltesischen Familiengeschichte. Zu den literarischen Nachfolgern zählen Carmelo Psaila (1871 – 1961), Anastasio Cuschieri und N. Cremona, die vor allem für die Weiterentwicklung der italienischen und maltesischen Lyrik von Bedeutung sind. Psaila entschließt sich von 1912 an nur noch in Maltesisch zu schreiben und wird unter seinem Künstlernamen Dun Karm zum Nationalpoeten von Malta. In seinen Gedichten, vor allem in den Sonetten, verbinden sich national-romantische und existential-philosophisch-religiöse Themen mit einem rhythmisch-musikalischen Duktus zu einer nie zuvor erreichten Ausdruckskraft der maltesischen Sprache.

Sozialreformerische Ideen finden sich dagegen im Prosawerk von Guzé Aquilina, dessen Schrift "Under Three Reigns" (Unter drei Regimen, 1938) eine vielbeachtete Sozialkritik der maltesischen Verhältnisse liefert. In ähnlich gesellschaftskritischer Weise schreiben die neueren Prosaschriftsteller wie J. J. Camilleri, Lino Spiteri (geb. 1938) und Frans Sammut, während in der Lyrik Anton Buttigieg (geb. 1912) einen romantischen Stil pflegt und Mario Azzopardi (geb. 1944) sich individualistisch-exzentrisch gebärdet. Azzopardi arbeitet auch auf dem Gebiet des modernen Dramas mit Erfolg. Francis Ebejer (geb. 1924) schreibt seine Romane wahlweise in Englisch und Maltesisch, vielleicht gilt er deshalb als Maltas international bekanntester zeitgenössischer Schriftsteller. In den fünfziger Jahren erscheinen "The Evil of King Cockroach" und "The Wreath for the Innocents", in denen Widersprüche der maltesischen Gesellschaft zwischen Tradition und Fortschritt thematisiert werden. Der Roman "Requiem for a Malta Fascist" (1983) greift ein schwieriges Kapitel maltesischer Zeitgeschichte der zwanziger und dreißiger Jahre auf, als italophile Gesellschaftsgruppen auf Malta eine Verbindung zur faschistischen Ideologie Mussolinis in Italien anstreben. Auch als Dramatiker macht sich Ebejer einen Namen mit Stücken, die in der Volks- und Alltagssprache verfaßt sind. Der jüngste bekannte Autor ist Oliver Friggíeri (geb. 1947), der als Universitätslehrer, Übersetzer und Literaturkritiker auf Malta tätig ist. Sein wichtiger Roman "L'istramb" (engl. "The Turn of the Wheel") zeigt einen jungen Intellektuellen aus katholischem Milieu, dessen verzweifelte Identitätssuche an den starren gesellschaftlichen Traditionen Maltas scheitert.

Leider liegen bis auf zwei Märchensammlungen und zwei kleine Bände mit Gedichten bzw. Kurzprosa keine deutschen Übersetzungen maltesischer Literatur vor, so daß der Interessierte nur die englische Fassung lesen kann.

Auch das reiche Erbe Maltas an mündlich überlieferten Reimen, Sprichwörtern und Sprachrätseln als Teil der Volks- und Unterhaltungsliteratur kann nur beispielhaft in deutscher Übersetzung wiedergegeben werden: Ein Schläfer fängt keinen Fisch – Spuckst Du in den Himmel, so fällt's in dein Gesicht – Wer rund geboren wurde, wird nicht viereckig sterben – Nicht jeder ist ein Heiliger, der sich an die Brust schlägt. Wie kostbar Wasser auf der kargen Felseninsel Malta ist, zeigt das Sprichwort "Verunreinige nicht die Quelle, aus der zu trinken du einmal froh sein könntest".

Musik, Feste und Bräuche

Die maltesische Volksmusik gibt in ihren Liedern und Melodien die verschiedenartigen Einflüsse der wechselnden Fremdherrschaften auf der Insel wieder. Neben einfachen, traditionell einheimischen Instrumenten wie Tamburin, Kesselpauke, Rührtrommel und Sackpfeife hat vor allem die spanische Gitarre als populäres Instrument bis heute nachhaltigen Einfluß hinterlassen. In den Volksliedern und Balladen macht sich ebenfalls spanischer Rhythmus bemerkbar. Auch von der sizilianischen Tarantella sind die maltesischen Volksweisen beeinflußt ebenso wie von arabisch-orientalischen Melodien. Nach wie vor sind in den Dörfern die Volkssänger beliebt, die oft miteinander wetteifern und das traditionelle Liedgut gegen die moderne Unterhaltungsmusik zu bewahren versuchen.

Volksmusik (Fortsetzung)

Seit Jahrhunderten gepflegt wird auch der Chorgesang, ein wichtiger Bestandteil der Kirchenmusik und heute zunehmend auch der Konzertmusik. Ausgezeichneten Gesang bietet die Malta Choral Society und der Chor von St. Julian's. Zu den wenigen bekannten Komponisten Maltas zählen Nicoló Isouard (1775 – 1818) und Robert Samut (1870 – 1934), der auch der Schöpfer der Nationalhymne Maltas ist.

Chorgesang

Auf dem Gebiet des Volkstanzes haben sich noch zwei Tänze erhalten: ein Schwerttanz, "il-parata", und "il-maltija", ein Bauerntanz, durchsetzt mit höfischen Tanzfiguren des 18. Jh.s.

Volkstanz

Das Trachtentragen ist inzwischen völlig aus der Mode gekommen. Nur noch selten treten die Malteserinnen in der schwarzfarbigen Faldetta oder L-Ghonella-Inseltracht auf mit dem weit geschwungenen, über den Kopf gestülpten Umhang, der im 18. Jh. für die vornehmen Damen entstanden ist aus der Kleidungstradition der Bäuerinnen, die sich ihre langen Überröcke zum Schutz gegen Sonne, Wind und Regen einfach über den Kopf zogen.

Trachten

Das ganze Jahr über feiert man auf Malta in den einzelnen Orten Feste zu Ehren der Heiligen und Schutzpatrone der Pfarrkirchen und Dörfer. Diese

Il-Festa

Karfreitagsprozession in Valletta

Musik, Feste und Bräuche

Il-Festa
(Fortsetzung)

jährlich wiederkehrenden Feierlichkeiten, kurz "Il-Festa" genannt, sind Ausdruck eines starken religiösen und sozialen Gemeinschaftsgefühls. Wegen fehlender Gemeindeverwaltungen bilden seit altersher die Pfarrgemeinden unter Leitung des einflußreichen Dorfpfarrers die Grundform der maltesischen Gesellschaftsordnung. In den letzten Jahrzehnten haben sich zunehmend politische und sozialkritische Strömungen in den dörflichen "festi" niedergeschlagen, die die traditionelle Gesellschaftsstruktur in Frage stellen. Daher gibt es außer den üblichen Festen des Titularheiligen im Ort auch Veranstaltungen zu Ehren anderer Heiliger, die wie das Josephsfest Manifestationen der sozial benachteiligten Schichten sind. So entstehen ritualisierte "Festkämpfe" zur Sichtbarmachung unterschiedlicher politischer Auffassungen und sozialer Rangstellungen in den einzelnen Orten (→ *Baedeker Special,* S. 230/231).

An den hohen kirchlichen und staatlichen Feiertagen kommen weitere Gebräuche hinzu. Während der Weihnachtszeit sind in den Kirchen der Insel wunderschöne Krippen aufgestellt, und auch in den Privathäusern werden Krippenfiguren gezeigt. Die Karwoche ist von vielen Prozessionen bestimmt, bei denen Gemeindemitglieder in Gewändern aus der Zeit Jesu an seine Leidensgeschichte erinnern. Schwere Holzkreuze und Schmerzensmann-Statuen werden durch die Straßen getragen und in den Kirchen gibt es Heilig-Grab- und Abendmahlsinszenierungen. Am Gründonnerstag ist es althergebrachte Sitte mit der Familie sieben Kirchen zu besuchen, um dort zu beten bzw. sieben Gebete in ein und derselben Kirche zu verrichten analog zu den sieben Schmerzen Mariens und zum traditionellen Besuch der sieben Hauptkirchen in Rom. Am Ostersonntag finden in einigen Gemeinden Prozessionen mit der Statue des auferstandenen Christus statt.

Karneval

Die Karnevalstradition reicht auf Malta bis ins 16. Jh. zurück. Jede Gemeinde hat ihren eigenen Karnevalsclub, der Umzüge und Feste organisiert. Zentrum des bunten Treibens ist jedoch Valletta. In den närrischen Tagen strömen Tausende von Menschen in die Hauptstadt, um die buntgeschmückten Festwagen, grotesken Masken, kostümierten Blaskapellen und die Tanzwettbewerbe zu sehen. Zeitgenössisches und Historisches vermischen sich dabei. In dem traditionellen "il-parata" (vgl. S. 67) wird die Schlacht zwischen Türken und Ordensrittern von 1565 nachgespielt, was besonders die Kinder erfreut, während Diskomusik und Tanzkapellen für die Unterhaltung der Maskenball-Gäste sorgen.

Fest der Lichter

Im Juni findet in Mdina und Rabat ein altes Volksfest, "Mnarja", das Fest der Lichter, statt. Es beginnt am 28. Juni mit der stimmungsvollen Illumination der Buskett Gardens, in denen mit Musik, Gesang und Tanz die ganze Nacht gefeiert wird. Am 29. Juni, dem Peter- und Paul-Fest, wird in der Kathedrale von Mdina eine feierliche Messe zelebriert in Verbindung mit einer Prozession, die dem Schutzpatron der Insel, dem Apostel Paulus, in erster Linie gewidmet ist. Das Lichterfest ist vermutlich aus heidnischen Fruchtbarkeitsbräuchen zur Sonnenwende am 21. Juni und christlichen Feiern zum Johannestag am 24. Juni (Johannisfeuer) schon vor der Ankunft des Johanniterordens entstanden und seitdem verstärkt gepflegt worden. Da der Legende nach der Apostel Paulus das Christentum nach Malta gebracht hat, ergeben sich schon sehr früh auch Verbindungen zum Paulusfest am 29. Juni. Eher weltlichen Vergnügungscharakter haben die an diesem Tag in Rabat ausgetragenen Esel- und Pferderennen, es sei denn, man will sie als Demonstrationen von Kraft und Ausdauer im Sinne alter Fruchtbarkeitsriten deuten. Bis Anfang dieses Jahrhunderts war das Lichterfest gleichzeitig ein traditioneller Heiratsmarkt, zu dem die Bauern ihre heiratsfähigen Nachkommen mitbrachten und die Eheverträge aushandelten.

Malta in Zitaten

Doch als er nun zu der Insel gekommen war, der fernen, da stieg er aus dem veilchenfarbenen Meere und schritt landeinwärts, bis er zu der großen Höhle kam, in der die Nymphe wohnte, die flechtenschöne. Sie traf er an, wie sie drinnen war. Ein großes Feuer brannte auf dem Herde und weithin über die Insel duftete der Duft von Zeder, gut spaltbarer, und Lebensbaum, die da brannten. Doch sie, mit schöner Stimme singend, schritt drinnen am Webstuhl auf und ab und wob mit einem goldenen Weberschiffchen. Und ein Wald wuchs um die Höhle, kräftig sprossend: Erle und Pappel und auch die wohlduftende Zypresse. Da nisteten flügelstreckende Vögel: Eulen und Habichte und langzüngige Krähen, Wasserkrähen, die auf die Erträgnisse des Meeres aus sind. Und daselbst um die gewölbte Höhle streckte sich ein Weinstock, jugendkräftig, und strotzte von Trauben. Und Quellen flossen, vier in der Reihe, mit hellem Wasser, nah beieinander, und wandten sich, die eine hier-, die andere dorthin. Und ringsher sproßten kräftig weiche Wiesen von Veilchen und Eppich. Da mochte alsdann auch ein Unsterblicher, der daherkam, staunen, wenn er es sah, und sich ergötzen in seinen Sinnen. Da stand und staunte der Geleiter, der Argostöter. Doch als er nun alles bestaunt hatte in seinem Mute, ging er sogleich in die breite Höhle. Und es verkannte ihn nicht, als sie ihn von Angesicht sah, Kalypso, die hehre unter den Göttinnen; denn nicht unbekannt sind die Götter einander, die unsterblichen, auch nicht, wenn einer fernab die Häuser bewohnt. Doch den großherzigen Odysseus traf er nicht drinnen, sondern der weinte, an Gestade sitzend, wo er von jeher, mit Tränen und Seufzern und Schmerzen sein Herz zerreißend, immer auf das Meer, das unfruchtbare, blickte, Tränen vergießend.

Aus: Homer. Die Odyssee (Übersetzung von Wolfgang Schadewaldt). Hamburg 1958. Der Legende nach befindet sich die in der Odyssee (8. Jh. v. Chr.) erwähnte Höhle der Nymphe Kalypso auf Gozo.

Homer

"Die Insel Malta ist nichts weiter als ein Felsen aus weichem Sandstein, Tuff genannt" – in Wirklichkeit war es Kalkstein – "ungefähr sechs oder sieben Meilen lang und drei oder vier Meilen breit; der Felsboden ist von kaum mehr als drei oder vier Fuß Erdreich bedeckt. Auch dieses ist steinig und äußerst ungeeignet zum Getreideanbau. Es bringt jedoch reichlich Feigen, Melonen und andere Früchte hervor. Der Handel der Insel besteht in der Hauptsache aus Honig, Baumwolle und Kreuzkümmelsamen. Dagegen tauschen die Einwohner Getreide ein. Bis auf ein paar Quellen im Landesinneren gibt es kein fließendes Wasser, nicht einmal Brunnen, so daß die Einwohner sich mit Zisternen behelfen müssen, in denen sie Regenwasser auffangen. Holz ist so knapp, daß es pfundweise verkauft wird, und um ihr Essen zu erwärmen, müssen die Bewohner gedörrten Kuhdung oder Disteln verwenden." ...
"Die Hauptstadt Città Notabile liegt auf einer Anhöhe im Inneren der Insel. Die meisten ihrer Häuser sind unbewohnt..."
"Malta hat eine Bevölkerung von etwa zwölftausend Einwohnern, die zum größten Teil in Armut und Elend leben infolge der Unfruchtbarkeit des Bodens und der häufigen Überfälle der Korsaren, die ohne das geringste Mitgefühl alle unseligen Malteser, die ihnen zufällig in die Hände geraten, mit

Bericht der Johanniter-Kommission aus dem Jahre 1524

Malta in Zitaten

Bericht der
Johanniter-
Kommission aus
dem Jahre 1524
(Fortsetzung)

sich fortschleppen. Mit einem Wort, der Aufenthalt auf Malta scheint äußerst unangenehm, ja geradezu unerträglich zu sein, besonders im Sommer." ...

"An der Westküste gibt es weder kleinere noch größere Buchten, der Strand ist äußerst felsig. An der Ostküste hingegen befinden sich viele Landzungen, kleinere sowie größere Buchten und zwei besonders schöne große Häfen, geräumig genug, um eine Flotte beliebigen Umfangs aufzunehmen."

Auf der Suche nach einer neuen Niederlassung besucht 1524 eine Kommission des Johanniter-Ritterordens Malta, zeigt sich aber von der Insel wenig beeindruckt. Zitiert nach: Ernle Bradford. Kreuz und Schwert. Berlin 1972.

Théophile Gautier

Und ich werde mich niederlassen,
denn das Alter macht mich ein wenig schwer,
auf Maltas weißen Terrassen
zwischen blauem Himmel und blauem Meer.

Nach einer Übersetzung von Eckart Peterich. Veröffentlicht in: Ders. Italien, Band III. München 1963. Der französische Dichter Théophile Gautier (1811 – 1872) verfaßte neben Lyrik und Romanen auch Reiseberichte.

Baedeker's
Unter-Italien

Die Insel erhebt sich als nackter Fels steil aus dem Meer und erscheint dem Auge als ganz vegetationslos, weil die Felder von hohen Steinterrassen und Mauern eingefaßt sind. Durch mühsames Zerbröckeln und Bewässern der obern Felsschicht ist es den Bewohnern gelungen, fast zwei Drittel des ganzen Gebiets in überaus fruchtbares Ackerland umzuwandeln, das nicht unter 12 – 25, an manchen Orten 40 – 60 fach trägt. Nach der Korn- und Futterernte im Mai und Juni wird es zum zweiten Mal meist mit Baumwolle bestellt, die im Lande selbst verarbeitet wird. Korn und Gerste werden im November gesät. Der Reichtum an Früchten, besonders Orangen, Citronen, Feigen ist sehr groß. Die Einwohner scheinen ein Mischvolk zu sein aus den verschiedenen Stämmen, die nach und nach hier geherrscht haben. Sie reden ein verdorbenes mit Italienisch untermischtes Arabisch (lingua Maltese); die Gebildeten sprechen italienisch, das auch als Gerichtssprache anerkannt ist, während sonst die Regierung sich der englischen Sprache bedient. Als Schiffer und Handelsleute sind die Malteser im ganzen Mittelmeer bekannt. Ihre Insel verdankt der centralen Lage die hohe strategische Bedeutung, die sie von je einnahm und noch einnimmt. Als Station auf dem Wege nach dem Orient mit einem vorzüglichen Hafen, ist sie neben Gibraltar eine Hauptstütze der englischen Meeresherrschaft.

Aus: Baedeker's Unter-Italien. Leipzig 1895 (11. Aufl.).

Dun Karm

Mein Malta (Lil Malta)

Doch kein anderes Land liebe ich so
sehr wie dich, mein Malta,
Denn nur du bist meine Mutter, nur du
gabst mir einen Namen,
Deine Knochen stützen mich, dein Blut
ist in mir.
Kein Land ist so groß wie du, mag dein
Umriß auch klein sein,
Du bist groß an Geist und an Körper,
Um deine Schönheit beneidet dich
manch' mächt'ges Land.

Dun Karm (1871 – 1961), der seit 1912 nur noch in Maltesisch schreibt, gilt als Nationalpoet von Malta. Seine empfindsame und ausdrucksstarke Lyrik kündet von hohem künstlerischem Niveau.

"Was wissen Sie, Verehrtester, über den Orden des Hospitals zu St. Johannes in Jerusalem, später Ritter von Rhodos oder Rhodiserorden genannt, auch als Johanniter- oder Malteserorden bekannt?" Spade machte eine unbestimmte Handbewegung mit seiner Zigarre. "Nicht viel – nur was ich gerade so aus dem Geschichtsunterricht in der Schule behalten habe – Kreuzritter oder so was Ähnliches." "Sehr gut. Aber Sie erinnern sich wohl nicht, daß Suleiman der Prächtige sie von Rhodos vertrieb, das sie in der Neujahrsnacht auf 1523 verlassen mußten?" "Nein." "Nun, so war es aber, mein Lieber, und sie ließen sich zunächst in Messina auf Sizilien nieder. Und dort blieben sie sieben Jahre lang, bis 1530, als Kaiser Karl V. sich überreden ließ, ihnen" – Gutman hielt eine fettgepolsterte Hand hoch und zählte an den Fingern ab – "Malta samt Gozzo, Comino und Tripolis als Lehen zu überlassen." "Tatsächlich?" "Jawohl, mein Lieber, aber unter folgenden Bedingungen: sie sollten dem Kaiser alljährlich als Tribut einen" – er hielt einen Finger hoch – "weißen Falken als symbolische Bestätigung der weiteren Abhängigkeit Maltas von der spanischen Krone senden, und wenn sie jemals die Insel verließen, sollte diese an Spanien zurückfallen. Verstehen Sie? ..."

"Nun also, Kaiser Karl hatte ihnen Malta überlassen, und als Lehnsgabe verlangte er weiter nichts als einen nicht übermäßig wertvollen Vogel jährlich, nur so pro forma. Was war da naheliegender für diese unermeßlich reichen Ritter, als sich zu überlegen, auf welche Art sie ihre Dankbarkeit ausdrücken könnten? Nun, mein Bester, das taten sie auch, und sie hatten den glücklichen Einfall, Karl für das erste Jahr nicht einen unbedeutenden lebenden Vogel zu senden, sondern einen prachtvollen goldenen Falken, von Kopf bis Fuß mit den schönsten Edelsteinen aus ihren Schatztruhen besetzt. Und – Sie wissen ja – sie hatten herrliche Steine, die herrlichsten von ganz Asien."

Aus: Dashiell Hammett. Der Malteser Falke. Zürich 1974. (In englischer Sprache erschien der Kriminalroman "The Maltese Falcon" erstmals 1930.)

Tarxien

Die Mutter Erde mit den Busenbergen,
die Erde Mutter mit dem Berggesäß,
zu feiern, zu verbergen
ist dies das dreifache Gefäß,
dem heiligen Leibe dreifach nachgerundet:
der Allgebärerin,
der Totenkönigin
vulva et tumba.
Die große Göttin ist schon lange tot,
viel länger als der große Pan.
Sie starb im neuen Morgenrot
auf Malta, dem bleichen Totenkahn.
Das treibt auf dem Mittelmeer
verloren und ohne Wiederkehr.

Aus: Eckart Peterich. Italien, Band III. München 1963. Der Journalist und Schriftsteller Eckart Peterich (1900 – 1968) bereiste Europa, weite Teile Afrikas und Amerikas sowie Vorderasien. Besonders verbunden fühlte er sich der Kultur Italiens.

Späher auf den östlichen Anhöhen der Insel brachten Nachricht von 472 Segelschiffen, einschließlich 15 Fregatten, angeführt von Napoleons Flaggschiff L'Orient. Der Geheimdienst, der selten übertrieb, hatte von 40 000 Mann an Bord dieser furchteinflößenden Flotte gesprochen.
Ein französisches Beiboot fuhr auf die Küste und den Großen Hafen zu. Es überbrachte ein Schreiben Napoleons an den Großmeister, in dem er mit unmißverständlichen Worten um Erlaubnis bat, in den Hafen einzulaufen und Wasser zu tanken. Hompesch setzte eine heroische Tat: Er berief eine Sitzung ein.

Malta in Zitaten

Nicholas
Monsarrat
(Fortsetzung)

Mit einem Auge auf der feindlichen Flotte und dem anderen auf den unbemannten Befestigungen, arbeitete man eine erstaunlich milde Antwort aus, die, wie der Großmeister betonte, nicht anders ausfallen konnte. "Mit dem allergrößten Bedauern" wurde die französische Bitte im Hinblick auf die Neutralität von Malta abgelehnt. Man wagte sogar, Napoleon daran zu erinnern, daß Malta im Frieden von Utrecht zum neutralen Hafen erklärt worden war und daß die Statuten des Ordens es nicht erlaubten, mehr als vier Kriegsschiffe auf einmal einzulassen.

Napoleon reagierte mit dem Wutanfall, den sich Tyrannen immer dann erlauben, wenn ihren Wünschen nicht sofort stattgegeben wird. "Sie verweigern mir Wasser", schrie er, als wäre er ein armes verdurstendes Kind in der Wüste, "diese Barbaren! Das bedeutet Krieg!"

Es bedeutete Krieg, und niemand konnte sagen, daß Napoleon nicht darauf vorbereitet gewesen wäre. In derselben Nacht landeten seine Truppen an vier verschiedenen, wohlüberlegten Punkten: In Marsa Scirocco im Süden, in St. Julian an der Ostküste, in der Mellieha-Bucht im Norden und in der Ramla-Bucht an der Nordostküste von Gozo.

Da es an präzisen Befehlen und in den meisten Fällen auch an Soldaten fehlte, gab es praktisch keinen Widerstand. Um acht Uhr morgens war die gesamte Küstenlinie besetzt, mittags fiel die alte Hauptstadt Mdina in Feindeshand. Gozo hielt etwas länger stand, bis Fort Chambray von einem Linienschiff unter Beschuß genommen wurde. Vor den Cottonera-Wällen gab es einen kurzen mannhaften Widerstand, und einige des Verrats verdächtigte Ritter wurden von den resoluten Männern niedergemacht.

Doch nach vierundzwanzig Stunden sandte der Großmeister eine Abordnung zum Flaggschiff L'Orient und bat um Feuereinstellung. Um die Mittagszeit – man schrieb den 11. Juni – ritt General Junot, Napoleons Generaladjutant, nach Valletta hinauf, um Hompesch die Übergabebedingungen zu diktieren.

Aus: Nicholas Monsarrat. Der Kaplan von Malta. Wien 1975.

Hans Christian
Adam

Wer das wappengeschmückte Stadttor des 16. Jahrhunderts nahe der löwenflankierten Barockbrücke durchschreitet, betritt Mdina, die alte, im Landesinnern gelegene Inselhauptstadt, die schon existierte, bevor sich die seefahrenden Ordensritter am Grand Harbour niederließen. Als Malta noch zu Sizilien gehörte, bekam Mdina den ehrenden Namen "Notabile"; die Ritter nannten sie "Citta Vecchia" – die "Alte Stadt".

Mdina liegt auf einer Anhöhe, und weit in die Ebene hinaus ragen ihre Türme und Kuppeln. Im Innern ist die Bauweise geschlossen; die Häuser erscheinen groß und vornehm. Dies war keine städtische Ansiedlung von Handwerkern und Handel, sondern das Gemeinwesen von Patriziern, dem Adel Maltas. Das gemeine Volk blieb bis auf den heutigen Tag vor den Mauern und lebt in der unmittelbar angrenzenden Stadt Rabat.

Leider dürfen die Anwohner nun mit ihren Autos die engen Gassen befahren und den großen Platz vor der Kathedrale als Parkplatz mißbrauchen. Es nimmt die Stille, für die Mdina bekannt war – eine kleine Stadt, in der die Zeit stehengeblieben zu sein schien. Nachts sind die engen Straßen ins warme Licht der Laternen getaucht, und nur das Klappern der eigenen Absätze hallt zwischen den Wänden mit den hoch angesetzten, vergitterten Fenstern. Auf den weinumrankten Dachgärten und Innenhöfen reflektiert der Stein die Hitze des Tages. Von der Stadtmauer, unter den Bäumen auf der Pjazza Tas Sur hat man den besonders in der Abenddämmerung schönen, weiten Blick über das Land und die Lichter der Städtekonglomeration um Valletta.

Aus: Hans Christian Adam. Malta – Nabel des Meeres. Dortmund 1988.

Joy Markert

Die Hitze.
Hagar Qim: der Tempel, der grandiose Tempel.
Hagar Qim, das heißt 'anbetende Steine'.
Die Hitze.

In der schlimmsten 'Mittagsglut', da gibt es keinerlei Schatten, keinen Baum, kein Gebüsch, kein Haus, kein Dach, da liege ich in einem der Tempelräume, die einst Dächer hatten, vor sechstausend Jahren ...

Da lebten unsere Vorfahren wohl noch wie die Bären, während hier Architektur etwas Selbstverständliches war.
Sicher habe ich längst einen Sonnenstich.

Im Tempel Hagar Qim, hoch erbaut über der steilen Westküste Maltas, über hundert Meter hohen Steilklippen, unerreichbar hoch über dem Meer – und über einer leeren, unbesiedelten Landschaft. Eidechsen gibt es, keine Touristen, Mitte August und im grellen Mittag.

Aus: Joy Markert. Malta. Reisen eines Ahnungslosen in die Steinzeit. Rieden/Forggensee 1989.

**Reiseziele
von A bis Z**

Routenvorschläge

Bei den nachstehend aufgeführten Rundfahrten lernt der Reisende die bedeutendsten kulturellen Sehenswürdigkeiten und schönsten Landschaften Maltas kennen. Da die Sehenswürdigkeiten auf Gozo im Abschnitt "Reiseziele von A bis Z" im Rahmen einer Rundfahrt beschrieben sind, wird Gozo in diesem Kapitel nicht berücksichtigt.

Die Ortsnamen in der Marginalienspalte geben einen Überblick über den Routenverlauf. Im Text erscheinen alle Orte und Landschaften, die bei den Reisezielen von A bis Z mit einem Hauptstichwort genannt sind, in **halbfetter Schrift**; Beschreibungen der anderen erwähnten Orte und Landschaften können über das Register gefunden werden.

Route 1: Rundfahrt durch Maltas Norden

Hinweis

Diese ca. 80 km lange Tour führt durch den vergleichsweise dünn besiedelten und mit kulturellen Sehenswürdigkeiten weniger reich versehenen nördlichen Teil der maltesischen Hauptinsel. Zeit einplanen sollte man für einen Spaziergang bei Ghajn Tuffieha bzw. auf dem Marfa Ridge oder auch für ein Bad im Meer, die schönsten Badestrände werden im Rahmen der Rundfahrt berührt.

Valletta

Man verläßt ****Valletta** in südwestlicher Richtung, durchfährt die Vorstädte **Floriana**, Pietà und Msida, an das sich westlich übergangslos **Birkirkara** anschließt. Außer den vielen Häusern mit ihren hübschen Erkern lohnt hier die St.-Helena-Pfarrkirche eine Besichtigung. Die Hauptstraße passiert dann **Balzan** und **Lija** mit noch recht dörflichem Charakter.

Mosta

Nächste Ortschaft ist **Mosta** mit seiner riesigen Kuppelkirche, der *Rotunda. Von Mosta aus fährt man ein Stück weiter in westlicher Richtung, biegt dann aber rechts in Richtung Zebbieh ab. Schon nach wenigen hundert Metern verläßt man die Hauptstraße wieder und folgt nun einem schmalen Sträßchen nach links quer durch die Victoria Lines, einen Höhenzug, auf dem die Briten Ende des 19. Jh.s zahlreiche kleine Befestigungsanlagen errichteten. Auf dieser Strecke sieht man nur ab und an ein Bauernhaus, Touristen kommen selten hierher, daher ist die Beschilderung äußerst spärlich. Belohnt wird man jedoch immer wieder mit reizvollen Ausblicken über die einsame Landschaft. Nach ca. 5 km biegt man rechts ab und fährt über Bingemma nach **Zebbieh**. Für an der Megalithkultur Maltas besonders Interessierte empfiehlt sich eine Besichtigung der Skorba-Tempel.

Zebbieh

Hinter Zebbieh gewinnt die nunmehr wieder gut ausgebaute Straße leicht an Höhe, man durchfährt eine recht fruchtbare Landschaft, bald weist ein Schild nach links zu den unterhalb der Straße liegenden Römischen Bädern (Roman Baths). Einige spärliche Mauerreste und ansehnliche Mosaiken überdauerten die Zeit. Wenige hundert Meter weiter biegt man von der Hauptstraße links ab, die Straße endet jäh oberhalb der Küste. Man überblickt von hier aus die Golden Bay mit Sandstrand und einigen Hotelbauten

◀ *Traditioneller Aussichtspunkt: Von Sengleas Vedette bietet sich ein prächtiger Blick über den Grand Harbour nach Valletta.*

Rundfahrten auf Malta

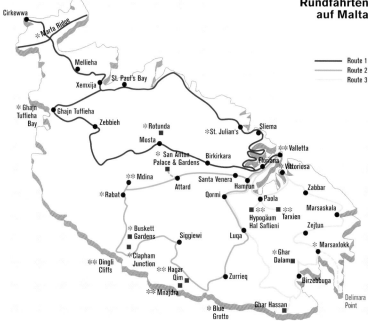

Cirkewwa
Marfa Ridge
Mellieha
St. Paul's Bay
Xemxija
Ghajn Tuffieha
Ghajn Tuffieha Bay
Ghajn Tuffieha
Zebbieh
Rotunda
St. Julian's
Sliema
Mosta
Valletta
San Anton Palace & Gardens
Birkirkara
Floriana
Vittoriosa
Mdina
Santa Venera
Hamrun
Zabbar
Rabat
Attard
Qormi
Paola
Marsaskala
Hypogäum Hal Saflieni
Tarxien
Zejtun
Buskett Gardens
Siggiewi
Luqa
Marsaxlokk
Dingli Cliffs
Clapham Junction
Ghar Dalam
Hagar Qim
Zurrieq
Birzebbuga
Mnajdra
Blue Grotto
Ghar Hassan
Delimara Point

— Route 1
— Route 2
— Route 3

(diese Häuseransammlung wird als **Ghajn Tuffieha** bezeichnet), nach Süden hin schließt sich die *Ghajn Tuffieha Bay an mit ebenfalls sehr reizvollem, touristisch noch etwas weniger erschlossenem Strand. Entlang der Ghajn Tuffieha Bay oder oberhalb der Bucht lassen sich schöne Spaziergänge unternehmen.

Ghajn Tuffieha

Zurück zur Hauptstraße, die sich nun nach Osten wendet und das äußerst fruchtbare Pwales Valley durchläuft. Bei Xemxija trifft die Straße wieder auf die Küste. Man fährt ein kurzes Stück unmittelbar am Meer entlang Richtung Norden, passiert dann links die komfortable Apartmentanlage Mistra Village und gewinnt zügig an Höhe. Die Landschaft ist verkarstet, die Vegetation spärlich. Nachdem man die Hochfläche erreicht hat, zweigt rechts ein Weg zum Selmun Palace ab, der heute zu einer Hotelanlage gehört. Der Hauptstraße folgend, wird kurz danach die größte Ortschaft im Norden der Insel, **Mellieha**, erreicht. Weithin sichtbar ist die neobarocke Pfarrkirche des Ortes, die sich über der Höhlenkirche St. Marija erhebt. Kurz hinter Mellieha verliert die Straße wieder an Höhe. In Ghadira mit seinen Hotelbauten zweigt links ein Weg zur Anchor Bay ab. Hier ist das einstmals als Filmkulisse dienende Popeye Village vor allem für Kinder ein interessantes Ausflugsziel. Um die Rundfahrt fortzusetzen, fährt man weiter Richtung Norden, die Straße verläuft entlang der Mellieha Bay mit langem Sandstrand. Nachdem man im äußersten Norden Maltas den Kamm des *Marfa Ridge** erreicht hat, zweigen von der Hauptstraße sowohl in östlicher als auch westlicher Richtung Straßen ab, man hält sich zunächst rechts. Von der Kammstraße ergeben sich immer wieder schöne Ausblicke auf die Mellieha Bay und hinüber nach Comino und Gozo. Verschiedene Stichstraßen zweigen nach Norden zu kleineren Badebuchten ab. Die Straße endet bei einer Madonnen-Statue, auf gleicher Strecke geht es zurück. Sobald die Kammstraße auf die Hauptstraße trifft, biegt man nun jedoch rechts ab

Xemxija

Mellieha

Routenvorschläge

Route 1
(Fortsetzung)

nach Cirkewwa bzw. Marfa Point, von wo die Fähren nach Gozo starten und kleinere Boote in den Sommermonaten einen Pendelverkehr nach Comino wahrnehmen. Für eine Badepause bietet sich die Paradise Bay südlich von Cirkewwa an.

Xemxija
St. Paul's Bay

Die Rückfahrt erfolgt bis Xemxija auf derselben Strecke, für die Weiterfahrt wählt man allerdings die oberhalb von **St. Paul's Bay** und Bugibba verlaufende, vierspurig befahrbare Küstenstraße. Die Ortschaften rund um die St. Paul's Bay bilden neben Sliema und St. Julian's das zweite große Touristenzentrum der Insel. Herausragende Sehenswürdigkeiten gibt es hier nicht. Die Schnellstraße passiert die Salina Bay, in der heute noch Salzgewinnung betrieben wird. Weiter geht es unmittelbar am Meer entlang; Sandstrände gibt es in diesem etwas unwirtlich erscheinenden Küstenbereich nicht. Schließlich wendet sich die Straße wieder landeinwärts. Hat man noch Lust auf einen Bummel an der Strandpromenade oder einen Imbiß in einem schönen Terrassenrestaurants am Meer, so sollte man den

St. Julian's

beschilderten Abfahrten nach ***St. Julian's** folgen. Nach Südosten hin schließt sich **Sliema** an, das man am besten auf der Küstenstraße durchfährt. Über **Gzira** und **Msida** wird dann wieder die maltesische Hauptstadt

Valletta

erreicht.

Abendstimmung am Marfa Ridge: Von Maltas Nordwestzipfel bietet sich ein prächtiger Blick nach Süden hinüber zur Anchor Bay.

Route 2: Rundfahrt durch Zentralmalta

Hinweis

Die Rundfahrt (ca. 50 km) durch Zentralmalta berührt die touristischen Highlights, die der Inselstaat zu bieten hat. Wer nur kurze Zeit auf Malta weilt, lernt im Rahmen eines Tagesausflugs die alte Inselhauptstadt Mdina mit ihren prächtigen Barockbauten, die eindrucksvolle Klippenküste im Süden sowie bedeutende neolithische Ausgrabungsstätten kennen. Verbringt man längere Zeit auf Malta, empfiehlt es sich jedoch, sich bei dieser Rundfahrt nur einen ersten Eindruck zu verschaffen und einige der Sehenswürdigkeiten für eine spätere ausführlichere Besichtigung aufzusparen. Vor allem Mdina und Rabat verdienen einen eigenen Ausflug.

Route 2
(Fortsetzung)

An ****Vallettas** Vorstadt **Floriana** grenzt südlich **Hamrun**, in dem sich viele kleinere Handwerksbetriebe angesiedelt haben. Über **Santa Venera** fährt man dann entlang des Wignacourt-Aquädukts nach **Attard**. Hier lohnen *San Anton Palace and Gardens einen Besuch. Die Hauptstraße nach Mdina und Rabat führt an der Zufahrtsstraße zum Kunsthandwerkszentrum Ta Qali vorbei, in dem man die größte Auswahl von maltesischem Kunsthandwerk findet und auch bei dessen Herstellung zuschauen kann.

Valletta

Attard

Küstenlandschaft im Süden Maltas bei Mnajdra.

Kurz darauf ist die alte Inselhauptstadt **Mdina erreicht. Den Wagen stellt man am besten nahe der Grünzone zwischen Mdina und Rabat ab. Durch das City Gate gelangt man in die autofreie Innenstadt von Mdina, in der die Zeit stehengeblieben zu sein scheint. Auch die südlich an Mdina schließende modernere Stadt *Rabat kann mit zahlreichen Sehenswürdigkeiten aufwarten. Nicht auslassen sollte man einen Besuch der St.-Paulus-Katakomben, der St.-Agatha-Katakomben und der Römischen Villa.

Mdina

Rabat

Man verläßt Rabat in südlicher Richtung und folgt der Beschilderung zu den Buskett Gardens. Schon bald erhebt sich links der Straße der Verdala Palace (keine Besichtigung). Unterhalb des Palastes erstrecken sich die *Buskett Gardens; Parkmöglichkeiten findet man am südlichen Ende des kleinen, zu Spaziergängen einladenden Waldgebietes. Von diesem Parkplatz aus erreicht man auch bequem in wenigen Minuten die als *Clapham Junction bezeichneten parallel verlaufenden Gleitkarrenspuren, die Altertumsforschern bis heute Rätsel aufgeben.

Buskett Gardens

Man kann von hier zu Fuß zu den **Dingli Cliffs gehen oder aber auch mit dem Wagen von den Buskett Gardens südwärts schnell die beeindruckende Klippenküste erreichen. Auch diese Region eignet sich hervorragend für Spaziergänge.

Dingli Cliffs

Um die Rundfahrt fortzusetzen, hält man sich dann links und fährt bei ansprechender landschaftlicher Szenerie in Richtung Siggiewi. Bald wird die Zufahrt zum Inquisitor's Palace passiert, der Sommerpalast der Inquisitoren kann jedoch nur von außen besichtigt werden. Nicht allzu weit entfernt ragt das auf einer der höchsten Erhebungen der Insel aufgestellte Laferla Cross auf.

Von **Siggiewi** aus fährt man über die Häuseransammlung Tal Providenza zu den neolithischen Tempelanlagen von ****Hagar Qim** und ****Mnajdra**. Die ca. 300 m voneinander entfernten Ausgrabungsstätten bilden zusammen einen Tempelpark. Besonders lohnend ist der Besuch gerade dieser beiden neolithischen Tempel wegen der ausgesprochen reizvollen Lage nahe der südlichen Steilküste.

Eine gut ausgebaute Straße führt von Hagar Qim in südöstlicher Richtung zum Wied iz-Zurrieq, einer fjordartigen Bucht an der Südküste Maltas. Von hier starten Fischerboote zur *Blue Grotto, die ihren Namen dem interessanten Farbenspiel an der Wasseroberfläche verdankt.

Die Rückfahrt erfolgt über **Zurrieq**. Das nördlich anschließende Mqabba ist Zentrum des Abbaus von Globigerinenkalkstein. Schon von der Straße aus, die Mqabba mit Tas Salvatur verbindet, kann man zuschauen, wie der Kalkstein abgebaut wird. Von Tas Salvatur führt die Straße an Maltas inter-

nationalem Flughafen vorbei nach **Luqa**. Über **Qormi**, in dem es wegen der vielen hier ansässigen Bäckereien oft verführerisch duftet, und **Ham-**

run fährt man zurück nach Valletta.

Route 3: Rundfahrt durch Maltas Osten

Landschaftlich ist dieser Teil Maltas der am wenigsten attraktive, allerdings befinden sich in der Inselosthälfte zahlreiche bedeutende Sehenswürdigkeiten, so daß die Rundfahrt für Kulturinteressierte ihren besonderen Reiz hat. Berührt werden auf der ca. 50 km langen Tour zudem der romantische Fischerort Marsaxlokk und der weniger bekannte, doch mit seinen in der weiten Bucht vor Anker liegenden vielen bunten Booten auch reizvolle Ort Marsaskala.

Erstes Ziel der Rundfahrt, die ihren Ausgang ebenfalls in ****Valletta** nimmt, ist die Stadt **Paola** am südlichen Rand des rund um die Inselhauptstadt entstandenen Siedlungsgürtels. Hier befindet sich eine der bedeutendsten Sehenswürdigkeiten des Archipels, das ******Hypogäum von Hal Saflieni (derzeit nicht zugänglich). Das unterirdische Höhlenlabyrinth diente als Kult- und Begräbnisstätte. Nur wenige hundert Meter entfernt erreicht man

im Ortsteil ****Tarxien** eine weitere neolithische Tempelanlage. Die Tarxien-Tempel sind die besterhaltenen Megalithheiligtümer auf Malta und zeichnen sich zudem durch den reichen Reliefschmuck der hier gefundenen Altäre aus.

Von Paola geht es nordwärts nach **Cospicua**, das zusammen mit dem angrenzenden **Senglea** und *Vittoriosa zu den "Drei Städten" gehört. Sehenswert von den drei Ortschaften ist vor allem Vittoriosa, das noch zahlreiche Gebäude aus der Ordensritterzeit besitzt. Man verläßt Cospicua in

südöstlicher Richtung und fährt durch das Zabbar Gate in die gleichnamige Ortschaft. **Zabbar** besitzt eine eindrucksvolle barocke Pfarrkirche mit angeschlossenem Museum, in dem Votivgaben und Weihegeschenke aus der Epoche der Johanniter bewahrt werden. Ganz andere Eindrücke ver-

spricht der Besuch des 3 km östlich gelegenen Fischerdorfes **Marsaskala**, von dem der Tourismus allmählich Besitz ergreift. Man umfährt die weite Marsaskala Bay und passiert das Fort St. Thomas am Ostende der Halbinsel zwischen Marsaskala Bay und St. Thomas Bay. Letztere verfügt über einen kleinen Sand- und längeren Kies- und Felsstrand. Die Straße

endet in der St. Thomas Bay, daher fährt man nun landeinwärts nach **Zejtun**. Wer die beiden sehenswerten Kirchen in den Städtchen nicht besichtigen möchte, biegt schon vor Erreichen der Ortschaft links ab und kommt

über Misrah Strejnu nach *Marsaxlokk. Es gibt kaum ein Buch oder Prospekt über Malta, das auf seiner Titelseite nicht eine Ansicht des Fischerdorfes mit seinen vielen bunten "Luzzi" zeigt. Der täglich am Hafen abgehaltene Markt und einige Restaurants laden zum Verweilen ein. Lohnend ist von hier ein Abstecher zur Delimara-Halbinsel, die an ihrer dem offenen Meer zugewandten Seite manch reizvollen Badeplatz bietet. Auch das nördlich angrenzende Areal ist bis zur St. Thomas Bay noch kaum erschlossen, so daß es zu Spaziergängen mit prächtigem Ausblick über die Küstenlinie einlädt.

Route 3
(Fortsetzung)

Die Weiterfahrt führt von Marsaxlokk südwärts entlang der Küste nach **Borg in-Nadur** mit spärlichen Resten einer neolithischen Tempelanlage und einer bronzezeitlichen Siedlung. Nur etwa 1 km nördlich davon erreicht man ✻**Ghar Dalam**, die erdgeschichtlich interessanteste Sehenswürdigkeit des Inselstaates. Zurück zur Küste und dann weiter nach **Birzebbuga**, zu dessen Ortsbereich die heute gar nicht mehr so schöne Pretty Bay gehört. Zwischen Hafen- und Industrieanlagen hindurch findet man den Weg nach Süden zur Hassan-Höhle. Auch wenn man **Ghar Hassan** nicht besichtigen möchte, lohnt sich wegen des eindrucksvollen Blicks, den man von hier über die steile Südostküste Maltas genießt, doch die Fahrt zu der touristisch noch nicht erschlossenen Höhle.

Birzebbuga

Von Ghar Hassan fährt man ein Stück zurück, bis die Straße wieder auf die von Kalafrana kommende Hauptstraße stößt, der man nun nach Westen Richtung Luqa folgt. Man passiert den einstigen britischen Militärflugplatz Hal Far. Einen kurzen Stopp lohnt die am nördlichen Ortsrand von Gudja stehende Marienkapelle. Es ist eine der ältesten Kirchen der Insel. Von **Luqa** fährt man über Paola oder über **Qormi** zurück nach Valletta.

Gudja

Qormi, Valletta

Reiseziele von A bis Z

Attard G 6

Lage und
Bedeutung

Im Zentrum Maltas liegt etwa auf halber Strecke zwischen Valletta und Mdina/Rabat die Ortschaft Attard (9000 Einw.). Sie zählt neben → Lija und → Balzan zu den "drei Dörfern". (Analog dazu spricht man auf Malta von den "drei Städten", womit Vittoriosa, Senglea und Cospicua gemeint sind.) Die drei Ortschaften gehen heute nahezu ineinander über, sie gehören zu den ältesten Siedlungsgemeinschaften auf Malta und weisen alle drei ein ähnliches dörfliches Erscheinungsbild auf. Das Land in ihrer Umgebung ist ausgesprochen fruchtbar, einst wuchsen hier vor allem Orangenbäume.
Seinen Namen erhielt das 1575 gegründete Attard von einer Familie, die sich hier niederließ. Nachdem im 17. Jh. der Großmeister des Johanniterordens sich einen Landsitz bei Attard hatte errichten lassen, entstanden zahlreiche prächtige Landhäuser. Bis heute prägen ansehnliche, von Gärten umgebene Villen das Ortsbild.

Sehenswertes in Attard

Church of St. Mary

Die St.-Marija-Pfarrkirche von Attard gilt als eines der schönsten Renaissancegebäude Maltas. Für den Bau, dessen Grundriß ein lateinisches Kreuz bildet, zeichnet der Malteser Architekt Tommaso Dingli (1591 – 1661) verantwortlich (siehe auch Kunstgeschichte, S. 59).

Aquädukt

Entlang der Straße Attard – Santa Venera verläuft der Wignacourt-Aquädukt (→ Santa Venera).

Umgebung von Attard

*San Anton Palace and Gardens

Zwischen den Ortschaften Attard und Balzan liegt umgeben von Villen und Wohnhäusern der St.-Anton-Palast, zu dem ausgedehnte Gartenanlagen gehören. Der Großmeister des Johanniterordens Antoine de Paule ließ sich den Palast 1623 – 1626 als Landsitz erbauen. Während der englischen Verwaltungszeit residierte hier der britische Gouverneur, heute nutzt ihn der Staatspräsident der Republik Malta als Privatresidenz. Daher ist der Palast der Öffentlichkeit nicht zugänglich, wohl aber die ihn umgebenden Parkanlagen (geöffnet: tgl. 7.00 – 19.00 Uhr; keine Eintrittsgebühr). Hier wachsen zwischen Blumenrabatten zahlreiche exotische Bäume. Kinder werden sich vor allem für die Tiergehege interessieren, in denen Schafe, Affen und sogar ein Dromedar gehalten werden.

Balzan G 6

Lage und
Bedeutung

Ebenso wie → Attard und → Lija ist Balzan (3500 Einw.) eines der drei "alten Dörfer". Die Ortschaft liegt im Zentrum Maltas, nur etwa 7 km südwestlich von Valletta. Nach Osten hin ist Balzan mit → Birkirkara zusammengewachsen, nach Süden hin mit Attard, und östlich schließt sich Lija übergangslos an. Ursprünglich gehörte Balzan zu Birkirkara, 1655 wurde es eine eigenständige Ortschaft.

Balzan
(Fortsetzung)

Direkt im Zentrum hat Balzan noch einen recht dörflichen Charakter. Enge, kurvenreiche Straßen bestimmen das Bild. Ganz anders präsentieren sich die Randbezirke von Balzan, die gut ausgebauten, breiten Straßen werden hier von neueren Wohnhäusern und Villen gesäumt.

Ortsbild

Im Ortskern erhebt sich die Pfarrkirche St. Annunziata, die zwischen 1669 und 1695 errichtet wurde und in ihrer Architektur deutlich spanischen Einfluß zeigt. In unmittelbarer Nähe stehen in der Three Churches Street gleich drei weitere Kirchen: die ehemalige Pfarrkirche St. Marija Assunta aus dem 17. Jh., St. Leonhard und die St.-Rocco-Kapelle, die die Dorfbewohner 1593 zum Dank dafür errichteten, daß die Ortschaft ein Jahr zuvor von einer Pestepidemie verschont geblieben war.

Birkirkara   G/H 6

Birkirkara bildet den südwestlichen Außenposten der um Valletta und Sliema entstandenen städtischen Agglomeration. Mit ca. 20 000 Einwohnern ist Birkirkara eine der größten Städte Maltas. Hier haben sich zahlreiche Handwerks- und kleinere Industriebetriebe angesiedelt.

Lage und
Bedeutung

Fast immer ergießt sich ein nicht enden wollender Strom von Autos durch die Durchgangsstraßen von Birkirkara. Gesäumt werden sie von noch recht typischen Häusern mit den charakteristischen Erkern. Relativ geruhsam geht es dagegen in den engen Gassen im Zentrum zu.

Stadtbild

Sehenswertes in Birkirkara

Hier steht an einem geräumigen Vorplatz die St.-Helena-Pfarrkirche. Sie wurde zwischen 1735 und 1745 von Domenico Cachia errichtet. Der Architekt schuf einen derart eindrucksvollen barocken Bau, daß ihm daraufhin die Arbeiten an der Auberge de Castille in Valletta übertragen wurden. Den Grundriß der Kirche bildet ein lateinisches Kreuz, zu beiden Seiten des Langhauses wurden jeweils drei Kapellen angefügt. Im Innern besitzt die Kirche einige kostbare Steinmetzarbeiten und Wandmalereien (siehe auch Kunstgeschichte, S. 62).

Church of
St. Helen

Weitere Attraktion im Zentrum von Birkirkara ist das rund um das alte Bahnhofsgebäude angelegte Parkareal mit Volieren und Kinderspielplatz. Ein restaurierter Eisenbahnwaggon erinnert an die kurze Geschichte der maltesischen Eisenbahnen. Zwischen 1883 und 1931 verband eine ca. 13 km lange Eisenbahnlinie Valletta mit Mdina/Rabat. Trotz der relativ geringen Distanz war die Eisenbahn um die Jahrhundertwende ein beliebtes Transportmittel. Mehr als 1 Mio. Passagiere wurden 1904/1905 pro Jahr befördert. Nachdem sich ihre Zahl auf weniger als die Hälfte reduziert hatte, wurde der Verkehr 1931 eingestellt.

Old Railway
Station Garden

Birzebbuga   J 8

Die Ortschaft Birzebbuga (ausgesprochen "birsebudschia"; 7200 Einw.) dehnt sich auf einer kleinen Halbinsel an der Ostküste Maltas aus. Nach Süden hin schließt sich übergangslos der Ort Kalafrana an. Hier wurde 1988 ein neuer Container-Hafen mit Tiefseekais in Betrieb genommen. Das überwiegend ebene Hinterland von Birzebbuga eignet sich hervorragend

Lage und
Bedeutung

Birzebbuga
(Fortsetzung)

zur Anlage von Flugplätzen. Unweit nordwestlich des Ortes beginnt die Start- und Landebahn von Maltas internationalem Flughafen (→ Luqa) und unweit südwestlich erstreckt sich das Flugfeld Hal Far, das die Briten im Zweiten Weltkrieg als Militärbasis nutzten (heute Industriegelände).

Ortsbild

In dem schlichten Ort Birzebbuga ist man auf Tourismus kaum eingestellt, es gibt nur wenige Cafés oder Restaurants. Den längsten Sandstrand besitzt die zum südlichen Ortsbereich gehörende Pretty Bay, die ansonsten aber nicht hält, was der Name verspricht. Hier beherrschen zunehmend Kräne und Industrieanlagen die Szenerie.

Am nördlichen Ortseingang beginnt bei der kleinen Kapelle San Gorg der beschilderte Weg zu der neolithischen Tempelanlage und bronzezeitlichen Siedlung → Borg in-Nadur, unterhalb der Kapelle verlaufen bronzezeitliche Schleifspuren vom Felsstrand zum Meer.

Blue Grotto   G 8

Lage und
Allgemeines

Über die Ortschaft → Zurrieq gelangt man zum Wied iz-Zurrieq, einer fjordartigen Bucht an der Südküste Maltas. Von hier starten die Boote bei relativ ruhiger See zur Blauen Grotte (Blue Grotto). Die Straße endet bei einem großen Parkplatz, an den sich einige Häuser mit Souvenirläden, Restaurants und Bars anschließen. Zum Verweilen lädt aber auch die hübsch gestaltete Promenadenterrasse am Meer ein mit prächtigem Blick über die Küstenszenerie und übers Meer zum Felseiland Filfla.

*Landschaftsbild

Die bunten Fischerboote fahren vom Wied iz-Zurrieq zunächst ein Stück entlang der Steilküste und besuchen dann nacheinander mehrere Grotten (Fahrtdauer 20 – 25 Minuten). Der größten von ihnen gaben die Briten den Namen Blaue Grotte. Die Malteser bezeichnen sie wegen des monumentalen Felsbogens am Eingang der Grotte als Taht il-Hnejja ("unter dem Bogen"). In dieser, aber auch in den kleineren Grotten erlebt man ein interessantes Farbenspiel. Die Wasseroberfläche schimmert dank der hier wachsenden Blaualgen hellblau. Verstärkt wird dieser Effekt noch bei bestimmtem Lichteinfall, so eignen sich insbesondere die frühen Vormittagsstunden für einen Besuch der Grotten. Mitunter sieht man an den Felswänden etwas unter der Wasseroberfläche auch kräftiges Orange aufleuchten, diese Farbtupfer stammen ebenfalls von einer Algenart, es handelt sich nicht um Korallen, wie die Führer vor Ort gern erklären.

Borg in-Nadur   J 8

Lage und
Allgemeines

An der Ostküste Maltas liegen ca. 1 km südlich der vielbesuchten Höhle → Ghar Dalam Reste einer neolithischen Tempelanlage und einer bronzezeitlichen Siedlung, bezeichnet als Borg in-Nadur (= "Steinhaufen auf dem Hügel"). Man erreicht das jederzeit zugängliche Ausgrabungsgelände über einen beschilderten Feldweg, der am nördlichen Ortsrand von → Birzebbuga bei der direkt am Meer gelegenen einfachen Kapelle San Gorg seinen Ausgang nimmt.

Neolithische
Tempelanlage

Nachdem man nach ca. 100 m die Hochfläche erreicht hat, stößt man links zunächst auf die Reste der neolithischen Tempelanlage. Sie wurde ca. 3000 v. Chr. errichtet. Erhalten sind spärliche Überbleibsel einer Megalithmauer und einzelne Orthostaten. An einen ovalen Hof grenzt westlich ein Tempel mit zwei nierenförmigen Kammern.

Bronzezeitliche
Siedlungsspuren

Etwa 150 m von der neolithischen Anlage entfernt, findet man an der höchsten Stelle des Felsrückens bronzezeitliches Mauerwerk. Einen Weg gibt es nicht, man geht am besten zunächst unmittelbar am Abbruch des Pla-

Borg in-Nadur: Von der neolithischen Tempelanlage haben nur spärliche Überreste die Zeiten überdauert.

teaus entlang und hält sich dann links (dabei muß man über einige Feldmauern steigen), um zu den Resten einer halbrunden Schutzmauer zu gelangen, die vermutlich um 1200 v. Chr. errichtet wurde. Sie ist aus unregelmäßigen Steinen gefügt, die ohne Bindemittel aufeinanderliegen. Die strategisch günstige Lage der bronzezeitlichen Siedlung und die relativ starke Mauer deuten darauf hin, daß sich die Bewohner von Feinden bedroht fühlten. Hinter der Bastion entdeckte man 1959 Reste von zwei Steinhütten. In beiden konnten Herdstellen nachgewiesen werden.

Borg in-Nadur
(Fortsetzung)

Bugibba

→ St. Paul's Bay

Bur Marrad   F 5

Bur Marrad ist ein kleines Dorf im Norden Maltas an der Straße von St. Paul's Bay nach Mosta. Die Häuser der erst im 19. Jh. entstandenen Ortschaft verteilen sich weitläufig über das Gelände.
Im Gebäude der Winzer-Kooperative "Farmer's Wine" (an der Hauptstraße, geöffnet: Mo. – Fr. 9.00 – 16.00 Uhr) kann man die auf Malta erzeugten Weine probieren und erwerben.

Lage und
Bedeutung

Westlich oberhalb von Bur Marrad erhebt sich auf einem Bergrücken die kleine Kapelle St. Pawl Milqi (errichtet 1616 – 1622). Sie steht angeblich an dem Ort, an dem der Apostel Paulus nach seinem Schiffbruch den römischen Statthalter der Insel, Publius, traf (→ *Baedeker Special*, S. 144/145).

St. Pawl Milqi

Unter den Fundamenten der Kapelle stieß man auf Reste eines römischen Landhauses (geöffnet von Oktober bis 15. Juni: Mo. – Sa. 8.15 – 17.00, So. 8.15 – 16.15; vom 16. Juni bis September: tgl. 7.45 – 14.00 Uhr).

Buskett Gardens   F 7

Lage und
*Landschaftsbild

Gut 2 km südlich von Rabat erstrecken sich unterhalb des Verdala Palace die Buskett Gardens oder Boschetto Gardens. Bei den Gärten handelt es sich eher um ein Wäldchen, das andernorts nichts Außergewöhnliches wäre, doch auf der weitgehend baumlosen Insel Malta etwas Besonderes ist. Ein kleinerer Teil der Buskett Gardens gehört zum Verdala Palace und ist normalerweise nicht zugänglich, das übrige Areal besuchen die Malteser bevorzugt am Wochenende zum Picknick, auch ein Ausflugsrestaurant am Eingang zu den Buskett Gardens ist beliebte Anlaufstelle. Für Touristen lohnt der Besuch vielleicht in Verbindung mit der Besichtigung der Karren-schleifspuren → Clapham Junction. Man spaziert auf schattigen Wegen unter Kiefern und Pinien, passiert Anpflanzungen von Zitronen- und Orangenbäumen und findet etwas abseits sicher ein hübsches Plätzchen, von dem aus sich die anmutige Szenerie genießen läßt.

Angelegt wurden die Buskett Gardens 1570 von den Johannitern, die das Areal als Jagdrevier nutzten. Als solches dient es maltesischen Hobby-schützen auch heute noch, obgleich 1980 das Jagen in diesem Gebiet generell untersagt wurde. In den Bäumen nisten zahlreiche einheimische Vogelarten.

Verdala Palace

Auf einer Anhöhe oberhalb der Buskett Gardens erhebt sich weithin sichtbar der Verdala-Palast. Großmeister Verdalle (1581 – 1595) ließ ihn 1586 als seinen Sommerpalast errichten. Der Architekt Gerolamo Cassar schuf einen wehrhaft wirkenden, nahezu quadratischen Bau mit vier Ecktürmen, den ein Graben umläuft. Neben der Hauptfassade des Palastes steht eine kleine Kapelle aus dem 16. Jh.; vermutlich wurde sie ebenfalls nach Plänen von Cassar errichtet. Nicht nur die Großmeister schätzten den Palast als Sommerresidenz, auch die britischen Gouverneure bewohnten ihn in den Sommermonaten, nachdem er 1858 renoviert worden war. Weniger erfreulich mag der Aufenthalt für die französischen Offiziere gewesen sein, die Anfang des 19. Jh.s hier als Kriegsgefangene eingesperrt wurden.

In den letzten Jahrzehnten diente der Palast zeitweilig als Herberge für Staatsgäste und war ansonsten im Rahmen von Führungen zugänglich. Der 1994 zum Präsidenten gewählte Ugo Mifsud Bonnici erkor ihn jedoch zu seiner Sommerresidenz. Eine Besichtigung ist nicht mehr möglich.

Clapham Junction   F 7

Lage und
Allgemeines

Bei Clapham Junction handelt es sich um die eindrucksvollste Ansammlung von sogenannten Gleitkarrenspuren oder Karrenspuren (englisch "cart-ruts") auf Malta. Den Namen Clapham Junction erhielten die parallel verlaufenden, sich kreuzenden und Ausweichstellen bildenden Furchen im Gestein von einem englischen Besucher, der sich dabei an einen Eisenbahnknotenpunkt bei London erinnert fühlte.

Man erreicht das im Süden Maltas, oberhalb der Dingli-Klippen gelegene Areal am besten von Mdina/Rabat aus. Von hier fährt man südwärts am Verdala Palace und den Buskett Gardens vorbei. Am Ende dieser Parkanlage befindet sich ca. 100 m vom Buskett Forest Aparthotel entfernt ein kleiner Parkplatz. Vom Ende des Parkplatzes weisen Schilder nach links, man folgt dem an einer Mauer entlangführenden Weg ca. 200 m, biegt dann auf einen breiten Feldweg rechts ab und hält sich kurz darauf bei einem kleinen Haus nochmals rechts. Sobald man vom Wege abweicht, wird man im felsigen Boden die parallel verlaufenden Karrenspuren entdecken (das Gelände ist frei zugänglich). Allgemeines (Fortsetzung)

Die Karrenspuren, die man bei Clapham Junction und an vielen anderen Stellen auf Malta und Gozo entdeckte, weisen allesamt einheitliche Merkmale auf. Die Rillenpaare sind in einem Abstand von 1,32 bis 1,47 m in den Felsboden eingefügt. Die v-förmigen, nach unten jedoch leicht abgerundeten Aushöhlungen sind bis zu 75 cm tief und haben oben eine Breite von meist 25 – 30 cm. An zahlreichen Stellen sieht man nebeneinanderlaufende, sich kreuzende oder auch abzweigende Rillenpaare. *Cart-ruts

Karrenspuren – wie hier bei Clapham Junction – findet man vielerorts auf Malta und Gozo. Bis heute wurde für ihre Entstehung bzw. Funktion noch keine befriedigende Erklärung gefunden.

Als gesichert gilt die Annahme, daß die Gleitkarrenspuren in der Bronzezeit, also zwischen 2000 und 1000 v. Chr. entstanden und genutzt wurden. Sie finden sich besonders in der Nähe bronzezeitlicher Siedlungen, die im Gegensatz zu den Tempelanlagen des Neolithikums aus Verteidigungsgründen bevorzugt auf Anhöhen und nicht unmittelbar am Meer angelegt wurden. Da Grabschächte aus phönizisch-punischer Zeit die Karrenspuren vielerorts unterbrechen, ist anzunehmen, daß sie nach 1000 v. Chr. keinerlei Verwendung mehr fanden. Datierung

Welchen Zweck die Bevölkerung der Bronzezeit mit diesem "Schienennetz" verfolgte, gab und gibt bis heute Rätsel auf. Am wahrscheinlichsten ist allerdings nach wie vor die Hypothese, daß es sich um ein Transportnetz handelte. Vermutlich wurden vorwiegend landwirtschaftliche Produkte auf Gleitkarren befördert. Darunter darf man sich ein Gefährt vorstellen, das aus zwei am oberen Ende mit einem Joch verbundenen Holzstangen gebildet wurde. Zwischen den Holzstangen wurde ein Netz aus Flechtwerk Deutung

Clapham Junction
(Fortsetzung)

befestigt. Da die Spurweite der Rillenpaare unterschiedlich ist, muß die Breite des Netzes bis zu einem gewissen Maß variabel gewesen sein. Nach unten fanden die hölzernen Stangen ihren Abschluß in einem Gleitstein, der vielleicht mit Ledergurten befestigt wurde. Gezogen wurde diese Konstruktion, die vielerorts in Europa und Asien Verwendung fand, von Huftieren oder Menschen. Die zunächst nur flach in die Erde eingearbeiteten Spurrillen wurden durch ständige Nutzung des Transportweges im Lauf der Zeit immer weiter ausgehöhlt. Wenn man bedenkt, daß der auf Malta vorkommende Kalkstein relativ weich ist, solange er nicht der Luft ausgesetzt ist (damals bedeckte die heute verkarsteten Flächen vermutlich noch eine Erdschicht) ist erklärlich, daß die Vertiefungen bis zu 75 cm weit in den Boden hineinreichen. Möglicherweise wurden, sobald die Karrenspuren zu tief wurden, einfach neue daneben angelegt, das würde erklären, warum so viele Karrenspuren nebeneinander zu finden sind. Merkwürdigerweise sind bei den cart-ruts jedoch keine Spuren von Menschen oder Tieren zu entdecken, die die Gleitkarren gezogen haben (im Lauf der Zeit müßten selbst barfuß gehende Menschen das Gestein zumindest abgeflacht haben).

Daher bezweifeln manche Forscher die Interpretation der Karrenspuren als Transportnetz für Landwirtschaftsprodukte. Ein anderer Deutungsversuch geht davon aus, daß es sich dabei um Teile eines Bewässerungssystems gehandelt hat. Folgt man diesem Ansatz, ergeben sich jedoch noch mehr Ungereimtheiten. Warum sind die Rillen dann immer paarweise angeordnet, führen mancherorts geradewegs ins Meer (die "Transporttheorie" erklärt das mit dem Abtransport von Fisch und Salz) und sind immer erstaunlich gleichmäßig aus dem Felsen herausgearbeitet?

Ghar il-Kbir

Durchstreift man das als Clapham Junction bezeichnete Gelände, stößt man westlich der Karrenspuren auf die "Große Höhle" (Ghar il-Kbir). Tatsächlich handelte es sich dabei um mehrere unter einem (heute eingestürzten) Felsvorsprung in das Gestein geschlagene Hohlräume. Bis ins 19. Jh. hinein lebten in dem Höhlenkomplex Menschen – zeitweise mehr als 100. Aus hygienischen und politischen Gründen – die Höhlenbewohner weigerten sich, Steuern zu bezahlen – ließen die britischen Behörden die Höhle 1835 räumen.

Comino   D / E 2 / 3

Inselfläche: 2,75 km^2
Bewohnerzahl: ca. 20

Lage und
Allgemeines

Comino, die dritte Hauptinsel des maltesischen Archipels, liegt in dem ca. 6 km breiten Meeresarm, genannt "Il Fliegu", zwischen Malta und Gozo. Verwaltungsmäßig gehört die nur etwa 2,4 km lange, 2 km breite und maximal 75 m hohe Insel zu Gozo. Ihr Name "Comino" ist die italienische Version von maltesisch "Kemmuna" (= Kümmel), dieses Gewürz wurde hier im Mittelalter angebaut. Heute präsentiert sich Comino weitgehend vegetationslos, lediglich Garigue bedeckt die Geröllfelder. Für den Eigenbedarf wird etwas Obst und Gemüse angebaut. Eine Rolle spielt daneben die Schweinezucht, die sich seit Beginn der achtziger Jahre, nachdem eine Seuche auf dem maltesischen Archipel nahezu den gesamten Bestand vernichtet hatte, hier etablierte.

Obwohl Comino nur über kleine Sandstrände verfügt, beherrscht der Tourismus die Szenerie. Es gibt auf der Insel zwei unter gemeinsamer Leitung stehende Hotelbetriebe mit im Sommerhalbjahr ca. 300 Gästebetten. Ein Paradies sind sie für Ruhe- und Erholungsuchende, denen diverse Wassersportmöglichkeiten und das abendliche Unterhaltungsangebot der Hotels als Abwechslung ausreichen.

Die meisten Touristen besuchen Comino jedoch nur im Rahmen einer Inselrundfahrt um Malta, die Ausflugsschiffe gehen in der Regel in der Blau-

Die Blaue Lagune zwischen Comino und Cominotto schimmert in den unterschiedlichsten Blau- und Grüntönen.

en Lagune zwischen Comino und dem winzigen vorgelagerten Cominotto zu einer Mittagspause vor Anker. Den Abstecher nach Comino kann man auch jederzeit privat organisieren. Zwischen Cirkewwa (Malta) sowie Mgarr (Gozo) und der Anlegestelle bei den Hotels auf Comino besteht im Sommer mehrmals täglich ein regelmäßiger Bootsverkehr (→ Praktische Informationen, Fähr- und Schiffsverkehr). Wer sich zu einem Ausflug nach Comino entscheidet, sollte jedoch bedenken, daß die beiden Hotelbetriebe streng darauf achten, daß nur Hotelgäste ihre Einrichtungen (dazu gehören auch die Restaurants!) benutzen. So kann man als Tagestourist derzeit auf ganz Comino nichts zu trinken erwerben und findet kaum ein schattiges Plätzchen!

Allgemeines (Fortsetzung)

Die Siedlungsspuren auf Comino reichen bis in die Bronzezeit zurück. An der Westküste entdeckte man vier punisch-phönizische Gräber. An die römische Epoche erinnert eine kleine Nekropole in der St. Marija Bay. Im Mittelalter haben zeitweise mehr als 200 Menschen auf der Insel gelebt, bis ins 17. Jh. hinein war sie dann in erster Linie Zufluchtsort für Piraten. Dies änderte sich, als 1618 Großmeister Alof de Wignacourt einen Wachturm auf Comino errichten ließ. Abgesehen von ihrer strategischen Bedeutung fungierte die Insel bei den Johannitern – und später auch unter englischer Herrschaft – als Isolierstation.

Geschichte

Hauptattraktion auf Comino ist die Blaue Lagune (Blue Lagoon). Von der Bootsanlegestelle bei den beiden Hotels erreicht man sie zu Fuß in wenigen Minuten (nachdem man die Hotelgebäude hinter sich gelassen hat, rechts halten). Der nur ca. 125 m breite und 1 – 3 m tiefe Wasserstreifen zwischen Comino und dem vorgelagerten Felsriff Cominotto schillert in den unterschiedlichsten Blau- und Grüntönen. Das Wasser ist glasklar. Es gibt nur einen winzigen Strand bei der Blauen Lagune, dennoch ist die felsige Küstenregion in den Sommermonaten häufig überlaufen, und die

*Blue Lagoon

Badefreuden werden durch zahlreiche hier ankernde Yachten und Ausflugsboote etwas getrübt.

Außer einem abgeschiedenen Friedhof und einem kleinen Kirchlein ist auf Comino ansonsten nur noch der Santa Marija Tower (oder Fort St. Mary) an der Westküste erwähnenswert. Der Wachturm wurde 1618 von Vittorio Cassar unter Großmeister Alof de Wignacourt erbaut. Samt seiner Besatzung von 130 Soldaten und 18 Kanonen sollte er ein Bollwerk gegen die Türkengefahr sein (keine Besichtigung!).

Cominotto

Cominotto (= Kümmelkörnchen), durch die Blaue Lagune von Comino getrennt, ist ein völlig unbewohntes, kahles Felseiland, nur 0,25 km^2 groß. Deutlich erkennbar sind an der Ostseite der Insel in den Fels gehauene Stufen, die bei den Überresten eines Bauwerks enden. Möglicherweise stammt es aus römischer Zeit, eine genaue Datierung erfolgte jedoch nie.

Cospicua   J 6

Cospicua (10 000 Einw.), maltesisch Bormla, gehört zusammen mit → Vittoriosa und → Senglea zu den "drei Städten", die bereits vor der Gründung Vallettas an der Ostseite des Grand Harbour bestanden. Das als letzte der drei Städte gegründete Cospicua schließt unmittelbar an die jeweils auf einer Landzunge gelegenen Städte Senglea und Vittoriosa an. Nach der Gründung Vallettas entwickelten sie sich zu Vorstädten, in denen sich die weniger Wohlhabenden ansiedelten.

Lage und Bedeutung

Zwei mächtige Mauerringe umgeben Cospicua, mit dem Bau des inneren, den Margerita Lines, wurde 1638 begonnen, mit dem äußeren Mauerring, den ca. 4600 m langen Cottonera Lines, erst 1670. Ansonsten besitzt Cospicua, das im Zweiten Weltkrieg fast vollständig zerstört wurde, keine herausragenden Bauwerke. Erwähnung verdient nur die barocke, reich ausgeschmückte Pfarrkirche der Unbefleckten Empfängnis.

Ortsbild

Dingli Cliffs   E/F 7/8

Zu den imposantesten Landschaftseindrücken auf Malta gehört ein Spaziergang entlang der Dingli-Klippen (Dingli Cliffs) an der Südküste der Insel, nahe dem gleichnamigen Dorf. Benannt sind Dorf und Klippen nach dem englischen Ritter Sir Thomas Dingley, der sich hier 1540 niederließ. Der Ort Dingli ist das höchstgelegene Dorf Maltas. Das umliegende Plateau erhebt sich bis 250 m ü.d.M., zum Meer hin fällt es steil ab und bildet eine eindrucksvolle helle Klippenküste.

Lage und
**Landschaftsbild

Am Klippenrand steht die (verschlossene) St.-Magdalena-Kapelle. Einige Steinbänke laden zum Verweilen ein. In diesem Küstenabschnitt fallen die Dingli Cliffs in zwei Stufen zum Meer hin ab. Dazwischen erstreckt sich eine landwirtschaftlich genutzte Terrasse. Noch grandioser ist die Aussicht, wenn man der parallel zur Küste verlaufenden Straße in südöstlicher Richtung folgt: die Klippen stürzen hier fast senkrecht zum Meer hin ab.

Aussicht

Auf dem Felsgelände der Dingli-Klippen findet man an mehreren Stellen Karrenspuren, vor allem bei → Clapham Junction.

Karrenspuren

◄ *Besonders schön in der Abendsonne: die Dingli-Klippen
an Maltas Südküste.*

Dingli Cliffs
(Fortsetzung)
Filfla

Der Küste vorgelagert ist die winzige felsige Insel Filfla. Da sie Nistplatz seltener Vogelarten ist und hier zudem die endemische Eidechsenart "Lacerta filfolensis" vorkommt, wurde sie 1988 zum Naturschutzgebiet erklärt.

Floriana   H/J 6

Lage und
Bedeutung

Den Festungsmauern von → Valletta vorgelagert, teilt sich Floriana (2700 Einw.) mit der Inselhauptstadt etwa zu gleichen Teilen die vom Marsamxett und Grand Harbour eingefaßte Sciberras-Halbinsel. Herausragende Sehenswürdigkeiten bietet die Stadt nicht. Wer allerdings abseits der großen Touristenströme ein bißchen durch Parkanlagen bummeln möchte, der hat dazu in Floriana die beste Gelegenheit.

Geschichte

Um die Inselhauptstadt landeinwärts zusätzlich zu schützen, beauftragte Großmeister Antoine de Paule den italienischen Architekten Pietro Paolo Floriani – ihm verdankt die Stadt ihren Namen – mit dem Bau eines Bastionsgürtels am Beginn der Sciberras-Halbinsel. Die Arbeiten wurden zwischen 1636 und 1640 ausgeführt. Die Fläche zwischen den beiden Befestigungsgürteln wurde jedoch zunächst nicht bebaut. Dies geschah erst unter Großmeister Vilhena, der 1724 den schachbrettartigen Bebauungsplan festlegte.

Stadtbild

Ausgedehnte Grünzonen erstrecken sich zwischen den Festungsanlagen von Valletta und den Häusern von Floriana. Vor dem Haupttor Vallettas, aber noch auf dem Stadtgebiet von Floriana liegt rund um den Tritonenbrunnen der zentrale Busbahnhof. Hier steht zwischen schattigen Bäumen das traditionsreiche Luxushotel Phoenicia. In der Umgebung befinden sich auch einige große, bewachte Parkplätze (dennoch ist in Floriana bzw. Valletta nicht immer ausreichend Parkraum vorhanden!).

Zwischen den Grünanlagen und den Befestigungsbauwerken am Beginn der Halbinsel dehnt sich das rechtwinklig angelegte Straßennetz von Floriana aus. Hauptstraße ist die St. Anne Street, durch die vierspurig der Verkehr flutet. Hohe, in der Nachkriegszeit entstandene Gebäude mit Arkadengängen säumen sie.

Sehenswertes in Floriana

Kalkara Gardens

Südlich des Tritonenbrunnens wurden auf einer Terrasse die Kalkara Gardens angelegt. Besuchen sollte man sie wegen des schönen Blicks auf den Grand Harbour und hinüber nach Senglea.

St. Publius Church

Auffallendstes Bauwerk im Zentrum von Floriana ist die St.-Publius-Kirche. Sie wurde 1733 errichtet, erfuhr später jedoch mehrfach bauliche Veränderungen. Es war die letzte bedeutende Kirche, für die die Johanniter den Auftrag erteilten. Der im Zweiten Weltkrieg fast vollständig zerstörte Bau wurde nach den alten Plänen wieder aufgebaut. Benannt ist die Kirche nach dem hl. Publius, der der Legende nach vom Apostel Paulus im Jahre 60 zum ersten Bischof der Insel ernannt worden war.

Grannaries

Auf dem ausgedehnten Kirchenvorplatz fallen in regelmäßigen Abständen angeordnete Steinplatten ins Auge. Es handelt sich um Abdecksteine von Getreidespeichern (Grannaries), die Großmeister Martin de Redin Mitte des 17. Jh.s anlegen ließ. Um im Falle einer Belagerung ausreichend Lebensmittel zur Verfügung zu haben, speicherten die Ordensritter immer eine große Menge Getreide, wegen seiner Haltbarkeit bevorzugt Hartweizen aus Sizilien.

Maglio Gardens

Westlich des ausgedehnten Platzes mit den Getreidespeichern erstrecken sich zwischen den Straßen The Mall und Sarria Street die Maglio Gardens.

Der Name rührt von einem Ballspiel her (Pallamaglio), dem die jungen Ritter hier frönten. Der schmale Parkstreifen wurde 1805 angelegt.
Aus Anlaß des 25. Jahrestages der Unabhängigkeit Maltas (21. September 1964) wurde am nördlichen Eingang des Grünstreifens 1989 das Denkmal "Indipendenza" aufgestellt, im Park selbst werden verschiedene verdiente Persönlichkeiten mit Monumenten gewürdigt.

Maglio Gardens
(Fortsetzung)

Am südlichen Ende der Maglio Gardens sieht man links den schlichten Rundbau der Sarria Church. Benannt ist sie nach Fra Martino de Sarria, der 1585 einen Vorgängerbau veranlaßt hatte. Dieser wurde 1678 unter Leitung von Lorenzo Gafà vollkommen umgebaut. Das Innere bewahrt mehrere Bilder von Mattia Preti, darunter eine Darstellung des Pestheiligen Sankt Rochus.

Sarria Church

Vor den Toren Vallettas, bereits im Stadtgebiet von Floriana liegt rund um den Tritonenbrunnen der zentrale Busbahnhof. Im Hintergrund erhebt sich die St.-Publius-Kirche.

Gegenüber steht der 1615 errichtete Wignacourt Tower. Der Wasserturm bildete den Endpunkt des Wignacourt-Aquädukts (vgl. S. 146). Benannt sind Turm und Aquädukt nach dem Großmeister, der ihren Bau veranlaßte. Das Wappen von Alof de Wignacourt prunkt deutlich sichtbar am Turm.

Wignacourt Tower

Einen Ruhepol im trubeligen Floriana bilden die gepflegten Argotti Botanic Gardens (geöffnet: tgl. 7.00 Uhr bis Sonnenuntergang; keine Eintrittsgebühr). Angelegt wurde der Botanische Garten der Universität von Malta 1774 auf den Bastionen Florianas. Zu dem Garten gehört eine ansehnliche Kakteensammlung.

Argotti Botanic
Gardens

Den südlichen Ortsausgang von Floriana markiert die 1721 errichtete Porte des Bombes. Sie besaß zunächst nur einen Torbogen; um dem wachsenden Verkehrsaufkommen gerecht zu werden, fügten die Briten in der zweiten Hälfte des 19. Jh.s den zweiten Bogen an.

Porte des Bombes

Ghajn Tuffieha   E 5

Lage und
Bedeutung

Der Ortsname Ghajn Tuffieha bezeichnet eine aus zwei Hotels und einigen Nebengebäuden bestehende Häuseransammlung an der Nordwestküste Maltas. Besucher kommen hierher, um die westlich und südwestlich gelegenen Sandstrände aufzusuchen, es sind die schönsten, die die Insel zu bieten hat. Reizvoll ist es zudem, die Gegend zu Fuß zu erkunden. Man kann an den Stränden entlangschlendern oder auch auf dem Plateau oberhalb der Küste in südlicher Richtung über Stock und Stein wandern und dabei einen unvergleichlichen Ausblick zu genießen.

Daß das Gebiet um das heutige Ghajn Tuffieha schon im Altertum besiedelt war, belegen bronzezeitliche Siedlungsspuren auf der kleinen Halbinsel südlich der Ghajn Tuffieha Bay sowie einige Megalithblöcke auf der noch ein wenig weiter südlich ins Meer hineinragenden Pellegrin-Halbinsel. Aus römischer Zeit sind Reste einer Badeanlage (Roman Baths) erhalten, die man knapp 1 km südöstlich von Ghajn Tuffieha besichtigen kann. Schon damals muß das Gebiet sehr wasserreich gewesen sein und auch heute noch wird die Umgebung von Ghajn Tuffieha intensiv landwirtschaftlich genutzt.

Maltas Vorzeigestrände: die Golden Bay und die noch völlig unverbaute Ghajn Tuffieha Bay im Vordergrund

Golden Bay

Unmittelbar vor dem Golden Sands Hotel von Ghajn Tuffieha erstreckt sich die Golden Bay. An dem schönen langen Sandstrand werden Sonnenschirme, Liegestühle, Tretboote und anderes vermietet. Snackbars sind ebenfalls vorhanden. In der Hauptsaison muß man sich seinen "Platz an der Sonne" jedoch schon früh reservieren.

*Ghajn Tuffieha
Bay

Die von St. Paul's Bay nach Ghajn Tuffieha verlaufende Straße endet unmittelbar oberhalb der Nordwestküste. Wendet man sich nach links, so erreicht man über Treppen die Ghajn Tuffieha Bay. Obgleich auch hier schon Wassersportgeräte vermietet werden, wirkt diese ebenfalls sehr schöne Bucht noch erheblich ursprünglicher als die Golden Bay.

Hinter der kleinen Halbinsel, die die Ghajn Tuffieha Bay nach Süden hin begrenzt, erstreckt sich die Gnejna Bay (mit dem Auto über Mgarr zu erreichen). Zwar hat von dieser Bucht der Tourismus noch weit weniger Besitz ergriffen, doch ist es hier auch landschaftlich nicht ganz so schön. Der rötliche Sandstrand ist ca. 100 m lang. Die vielen Bootsschuppen im südlichen Bereich der Bucht gehören Hobbyfischern.

Roman Baths

Von der von Ghajn Tuffieha nach Zebbieh führenden Straße weist nach wenigen hundert Metern ein Schild nach rechts zu den Römischen Bädern (Roman Baths). Die Öffnungszeiten sind unregelmäßig, meist ist der Komplex jedoch in den späteren Vormittagsstunden und am Nachmittag zugänglich (ein Trinkgeld wird erwartet).
Die 1929 freigelegten Römischen Bäder wurden auf Kosten der UNESCO 1961 restauriert, einige Mosaiken wurden damals überdacht. Obgleich die Anlage mit allen Einrichtungen ausgestattet ist, die üblicherweise zu einer römischen Therme gehören, sind die Überreste nicht allzu eindrucksvoll.
Nachdem man das Eingangstor durchschritten hat, passiert man rechts die Reste der Piscina, des Badebeckens. Nördlich davon verläuft ein mit rhombischen Fliesen ausgelegter Korridor. Erkennbar sind an einer Seite noch die zum Wasserleitungssystem gehörenden Steinkanäle. Die kleinen mit Mosaikböden ausgelegten Räume zwischen Korridor und Piscina wurden wohl als Umkleideräume genutzt. Die Mauerreste des Tepidariums, des Lauwarmwasserbades, nördlich des Korridors wurden überdacht. Den Bodenbelag bildet ein rundes Federmosaik. Nach Osten hin schließt das Frigidarium, das Kaltwasserbad, an das Tepidarium an.
Westlich des Tepidariums erkennt man an den Hypokausten und einer apsisartigen Auswölbung deutlich das Caldarium, das Heißwasserbad. Der Bodenbelag über den Hypokausten fehlt. Nördlich davon in der Nordwestecke des eingezäunten Geländes stießen die Archäologen auf die Reste einer Gemeinschaftslatrine.

Ghar Dalam   J 8

An Maltas Ostküste erreicht man über die Straße, die von Paola nach Birzebbuga führt, Ghar Dalam, die "Höhle der Finsternis", die erdgeschichtlich interessanteste Sehenswürdigkeit des Inselstaates. Man gelangt zunächst in das der Höhle angeschlossene Museum; Stufen führen dann abwärts zum Eingang der Höhle im Wied Dalam (= Tal der Finsternis; geöffnet im Sommer: tgl. 7.45 – 14.00; im Winter 8.15 – 17.00 Uhr).
Von dem 140 m langen Höhlenhauptgang zweigen im hinteren Teil kürzere Gänge ab. Besuchern ist der vordere, ca. 80 m lange, beleuchtete Abschnitt der Höhle bequem zugänglich. In diesem Teil hat die Höhle eine Breite von 8 bis 10 m und eine Höhe von 5 bis 8 m. Man erkennt Reste von Stalagmiten und Stalaktiten, sieht vereinzelt noch Tierknochen aus dem Boden herausragen.

Der röhrenförmige Hauptgang der Höhle kreuzt das Wied Dalam rechtwinklig, es ist der Rest eines tertiären Flußlaufes, der jenseits des Wied Dalam seinen Fortgang nahm.

Der deutsch-italienische Paläontologe Arturo Issel kam 1865 nach Malta, um in den dortigen Höhlen nach Fossilien zu fahnden; dabei untersuchte er auch Ghar Dalam. Bei seinen Ausgrabungen entdeckte Issel Tonscherben sowie Knochen eines Flußpferdes und eines wilden Schafes. Weitere

Skelette von jungen Elefanten und Flußpferden im Museum der Dalam-Höhle

Erforschung (Fortsetzung)

systematische Ausgrabungen wurden vor allem zu Beginn des 20. Jh.s unternommen, die letzten größeren Ausgrabungen erfolgten zwischen 1933 und 1938 unter der Leitung von Joseph Baldacchino.

Ausgrabungsfunde

Zutage gefördert wurden in Ghar Dalam große Mengen von Rotwildknochen, Knochen von Braunbären, Wölfen, Füchsen, Riesenschwänen und vor allem in den unteren Schichten von Flußpferden und Elefanten. Die Funde belegen, daß Malta nicht immer eine Insel war. Alle Tierknochen gehören zu Rassen, die auch im übrigen Europa vorkamen, demnach muß im Pleistozän (vor 2 Mio. Jahren) eine Landverbindung bestanden haben. Viele der gefundenen Knochen, so die der Elefanten und Flußpferde, stammen von Zwergformen. Bis heute ist ungeklärt, ob diese kleinwüchsigen Arten eine Anpassung an die veränderten Lebensbedingungen (zunehmende Trockenheit und damit einhergehend geringere Vegetation und Wasserversorgung) darstellten oder ob sie aus der erzwungenen Inzucht resultierten. Man fand in tiefen Schichten gleichzeitig Überreste von Zwergelefanten sowie Überreste größerer Spezies. Erstaunlich ist, daß in Ghar Dalam eine so große Anzahl von Knochen unterschiedlicher Tiere gefunden wurde. Man erklärt diese Tatsache heute damit, daß sich die Skelette in dem zur Höhle verlaufenden oberirdischen Flußbett des Dalam ansammelten. Allmählich schuf die Wassererosion eine Verbindung mit dem unterirdischen Höhlengang. Die Öffnungen übten eine starke Sogwirkung aus, so daß sich unzählige Tierknochen in der Höhle ablagerten. Dieser Vorgang fand seinen Abschluß im Jung-Pleistozän (vor 300 000 Jahren), dann hatte der Dalam-Fluß den Höhlengang völlig zerschnitten.

Neben den Tierknochen entdeckte man in den oberen Erdschichten der Höhle auch Keramik aus der Zeit um 5200 v. Chr. – damit barg Ghar Dalam die frühesten menschlichen Siedlungsspuren auf Malta. Werkzeuge und menschliche Knochenfunde deuten darauf hin, daß die Höhle während der gesamten Jungstein- und Bronzezeit bewohnt war.

Gharghur

Das im Norden Maltas, knapp 10 km westlich von Valletta gelegene Gharghur ist eines der ältesten Dörfer der Insel (2000 Einw.).

Lage und Bedeutung

Im Zentrum des schlichten Dorfes steht die dem heiligen Bartholomäus, dem Apostel und Schutzheiligen der Ortschaft, geweihte Pfarrkirche aus dem 17. Jh.; in ihrem Innern wird eine kuriose Skulptur des Heiligen aufbewahrt: Sie wurde aus Gips um ein menschliches Skelett herum gefertigt, das durch Löcher in der Umhüllung sichtbar ist.

St. Bartholomew

Ghar Hassan

Die Lage der Höhle ist eindrucksvoll: Ghar Hassan liegt 3 km südlich der Ortschaft Birzebbuga unmittelbar an der steil abfallenden Südostküste Maltas. Von einem Parkplatz führen gut ausgebaute Stufen hinab zum Eingang der Höhle, etwa 80 m über dem Meeresspiegel. Der Legende nach soll in der Hassan-Höhle, die ebenso wie → Ghar Dalam den Rest eines unterirdischen Flußlaufes darstellt, ein Sarazene namens Hassan gelebt haben. Während des Zweiten Weltkriegs hielten sich mehrere hundert Malteser nachts in der Höhle auf, um sich vor Bombenangriffen zu schützen.

Lage und Allgemeines

Ghar Hassan ist nicht touristisch erschlossen und jederzeit frei zugänglich. Wer sich ein wenig weiter in das Innere vorwagen will, benötigt unbedingt eine Taschenlampe. Einheimische, die den Komplex "bewachen", stellen diese gegen ein freiwillig gegebenes Entgelt gern zur Verfügung.
An vielen Stellen der Höhle ist der Boden feucht und glitschig, die Decke äußerst niedrig. Hat man derartige Widrigkeiten glücklich passiert, wird man mit einem schönen Blick aufs Meer belohnt. Ein Höhlengang führt nämlich zu einer zweiten Öffnung in der Felswand hoch über dem Meer.

Besichtigung

Gozo

Inselfläche: 67 km²
Bewohnerzahl: 29 000
Hauptort: Victoria

Die 6 km zwischen dem am Nordwestzipfel Maltas gelegenen Fährhafen Cirkewwa und Mgarr auf Gozo legt die Fähre in etwa 30 Minuten zurück (→ Praktische Informationen von A bis Z, Fähr- und Schiffsverkehr). Der Helikopter, der von Maltas Flughafen Luqa regelmäßig den "Heliport" auf Gozo anfliegt, ist ca. 15 Min. unterwegs. Kaum genug Zeit, um sich auf eine völlig neue Welt einzustellen. Gozo ist nicht der kleine Ableger Maltas, sondern eine Insel mit eigenen Charakteristika. Die meisten Touristen kommen von Malta nur für einen Tagesausflug hierher, und in der Tat lassen sich die Sehenswürdigkeiten der Insel problemlos an einem Tag erkunden, doch wird man dabei kaum die eigentliche Schönheit Gozos kennenlernen. Dazu bedarf es ausgedehnter Spaziergänge durch die grüne, von Agrarwirtschaft geprägte Landschaft. Wer Ruhe sucht, wem Badefreuden, Wassersportmöglichkeiten und Natureindrücke wichtiger sind als abendliche Unterhaltung, der sollte überlegen, ob er vom gängigen Modell nicht abweicht, seinen Urlaub auf Gozo verbringt und die touristischen Highlights der größeren und hektischen Nachbarinsel Malta in zwei oder drei Besichtigungstrips erkundet.

Allgemeines

Mit nur 14 km Länge und 7 km Breite ist Gozo, oder maltesisch "Ghaudex" (gesprochen "audesch"), eine "überschaubare" Insel. Geprägt wird sie von

⁕Landesnatur

Gozo

Gozo

Landesnatur (Fortsetzung)	flachen Tafelbergen und fruchtbaren Tälern, ihre höchste Erhebung ragt 176 m ü.d.M. auf. Die Küstenlinie besteht zum großen Teil aus zum Meer hin steil abfallenden Felsen, vor allem im Nordosten gibt es jedoch auch einige kleine Sandbuchten, von denen die Ramla Bay die bei weitem schönste ist.
Bevölkerung	Die Insel weist mit ihren ca. 29 000 Einwohnern eine Bevölkerungsdichte von 432 Personen pro km² auf. Siedlungsschwerpunkt ist die im Zentrum gelegene Hauptstadt Victoria. Alle anderen 13 Ortschaften haben einen ausgesprochen ländlichen Charakter, in vielen leben nur 1000 oder 2000 Menschen. Die relativ hohe Bevölkerungsdichte, der mangelnde Erwerbsmöglichkeiten gegenüberstehen, zwangen und zwingen viele Gozitaner dazu, ihre Insel zu verlassen. Bevorzugte Auswanderungsländer sind Australien, die USA und Kanada. Natürlich haben sich auch zahlreiche Gozitaner auf Malta angesiedelt bzw. pendeln täglich zu ihrem Arbeitsplatz dorthin.
Wirtschaft	Die Landwirtschaft ist noch immer der beherrschende Wirtschaftszweig auf Gozo. Gut 900 Erwerbstätige erarbeiten ihren Lebensunterhalt ausschließlich in der Landwirtschaft, bei 2500 trägt sie als Nebenerwerb dazu bei. Angebaut werden vorwiegend Kartoffeln, Zwiebeln, Melonen, Pfirsiche, Nektarinen, Äpfel und Zitrusfrüchte sowie Wein. Die Erträge reichen, um einen Teil der Erzeugnisse zu exportieren. Ca. 60% der auf dem maltesischen Archipel erwirtschafteten Landwirtschaftsgüter stammen von Gozo. Dies ist um so erstaunlicher, da die Agrarwirtschaft vielfach noch recht unrentabel betrieben wird: Auf den vielen kleinen Terrassenfeldern können Maschinen nicht eingesetzt werden, und nur ein Bruchteil der insgesamt 1890 ha großen landwirtschaftlichen Nutzfläche wird bewässert. Eine Rolle spielen daneben natürlich die Fischerei und die Viehwirtschaft. Die 2000 auf Gozo gehaltenen Kühe bekommt jedoch kaum jemand zu Gesicht. Sie werden in Ställen gehalten, da der Boden als Weideland zu kostbar ist. Ein Wirtschaftszweig mit Tradition ist die Meersalzgewinnung. Betrieben wird sie vor allem auf den Salinenfeldern bei Qbajjar im Norden Gozos. Allerdings ist die Sonneneinstrahlung nur in den Sommermonaten intensiv genug, um zufriedenstellende Erträge zu bringen. Charakteristisch für Gozo ist daneben der vor allem im Westteil der Insel betriebene Abbau des Globigerinenkalksteins. Fast alle Häuser der Insel

werden aus diesem gelblichen Stein erbaut. Das weiche Gestein wird aus den Bergwänden herausgesägt und muß dann mindestens zwei Jahre trocknen, bis es für die Weiterverwendung hart genug geworden ist.

Nur eine untergeordnete Bedeutung kommt der Industrie zu, dieser Bereich stellt lediglich 800 aller Arbeitsplätze auf der Insel. Gefertigt werden in dem kleinen Gewerbegebiet bei Xewkija vor allem Kleidung und Schuhe sowie Scheibenwischermotoren.

Ein Wirtschaftszweig mit steigender Tendenz ist der Tourismus. Zwar können schon jetzt jährlich ca. 300 000 Tagesausflügler verzeichnet werden, doch ist man bemüht, vor allem die Zahl der länger bleibenden Gäste zu erhöhen.

Das Hotelbettenkontingent beschränkt sich derzeit auf gut 1000 Betten, sie verteilen sich auf ca. zehn Hotels (darunter zwei Luxushotels), einige Pensionen und Apartmenthäuser. Eine attraktive Alternative zu diesem Angebot sind die zahlreichen zu Feriendomizilen ausgebauten ehemaligen Bauernhäuser. Hotels, Restaurants und andere touristische Einrichtungen konzentrieren sich bisher auf Marsalforn an der Nordküste und das kleinere Xlendi an der Südküste.

Wie archäologische Funde belegen, war die Insel bereits im 5. Jt. v. Chr. besiedelt. Mitte des 4. Jt.s entstand hier als eine der frühesten neolithischen Tempelanlagen auf dem maltesischen Archipel der Komplex Ggantija. Auch in den folgenden Jahrtausenden blieb die Geschichte der von den Phöniziern als "Göl", von Griechen und Römern als "Gaulus" und in der italienischen Geschichtsschreibung des 14. Jh.s erstmals als "Gozo" bezeichneten Insel eng mit der der größeren Nachbarinsel verknüpft. Einen Einschnitt bildete 1551 der Überfall der Türken unter Sinan Pascha, die Insel wurde damals nahezu entvölkert. Alle kräftigen Einwohner verkaufte man in die Sklaverei, fast alle anderen wurden getötet. Zwar zogen die Johanniter daraus die Konsequenz, Befestigungsanlagen zu errichten,

Gozo: deutlich grüner und fruchtbarer als Malta

99

Gozo

doch wurde Gozo auch in der Folge das Ziel eines Türkenangriffs und zahlreicher Piratenüberfälle. Im 19. und 20. Jh. führte Gozo neben der größeren Schwesterinsel mehr oder minder ein Schattendasein. Das wollen die Gozitaner ändern und können hierbei auch Erfolge verzeichnen: Seit 1987 ist Gozo mit einem eigenen Minister (und speziellem Etat) im maltesischen Kabinett vertreten.

Victoria · Rabat

Allgemeines

Alle Wege auf Gozo führen in die im Inselzentrum gelegene Hauptstadt Victoria. Obgleich sie ihren heutigen Namen bereits 1897 erhielt – die britische Königin Victoria sollte damit aus Anlaß ihres diamantenen Thronjubiläums geehrt werden – bezeichnen die Gozitaner ihre Hauptstadt noch immer mit dem alten arabischen Namen Rabat. Mit ihren 6500 Einwohnern ist Victoria die größte Stadt der Insel und auch das wirtschaftliche und kulturelle Zentrum Gozos.

Die Inselhauptstadt besteht aus der weithin sichtbaren, auf einem Hügel angelegten Zitadelle und der rings um sie seit dem 17. Jh. wachsenden Vorstadt.

Die Ursprünge der Zitadelle gehen auf punische und römische Zeit zurück. Auch die Araber nutzten den strategisch günstigen Platz und befestigten ihn nach 870 erneut. Vollkommen zerstört wurde die Zitadelle von den Türken im Jahre 1551. In mehreren Bauphasen sorgten die Johanniter Ende des 16./Anfang des 17. Jh.s für den Wiederaufbau. Ein bis 1637 gültiges Gesetz schrieb den Bewohnern Gozos vor, daß sie die Nacht in den Kastellmauern verbringen mußten, Häuser durften daher innerhalb der Zitadelle nicht gebaut werden. Nach Aufhebung dieser Vorschrift zog sich die Bevölkerung nur noch in Notfällen in die Zitadelle zurück, ihre Häuser errichteten die Gozitaner bevorzugt in der sich langsam vergrößernden neuen Stadt unterhalb der Zitadelle.

Blick von der Zitadelle auf Victorias Vorstadt

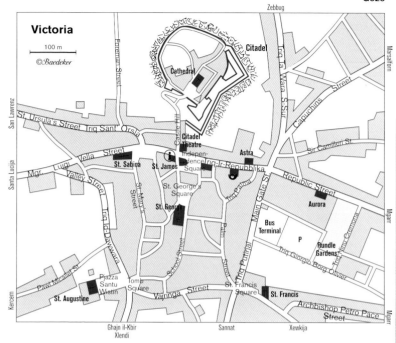

Stadtbesichtigung

Als Ausgangspunkt für eine Besichtigung Victorias eignet sich der zentrale Independence Square (It Tokk), von dem aus man in wenigen Minuten zu Fuß zur Zitadelle hinaufsteigen kann.

Ist nach deren Besichtigung noch Zeit vorhanden, so empfiehlt sich ein Bummel durch die rund um den Independence Square gelegenen quirligen Einkaufsgassen, herausragende Sehenswürdigkeiten bietet dieser Teil der Stadt nicht.

**Citadel

Das Mauerwerk der Zitadelle (Citadel) stammt vorwiegend aus dem 16. bis 18. Jahrhundert. Innerhalb der Befestigungsmauern wurden seit dem 17. Jh. nur wenige Häuser errichtet, so präsentieren sich große Teile des Areals als Trümmerfeld. Dennoch ist eine Besichtigung der Zitadelle ausgesprochen lohnend: Das ursprüngliche Straßennetz wurde seit 1960 planmäßig freigelegt und verschiedene Häuser wurden wiederaufgebaut, teilweise richtete man in ihnen sehenswerte Museen ein. Bei einem Rundgang auf den Kastellmauern genießt man einen einzigartigen Blick über ganz Gozo.

Nach Durchschreiten des Zitadellenhauptores gelangt man auf den Cathedral Square, den die Kathedrale (Cathedral) samt ihrem breiten Treppenaufgang beherrscht. Die Nordfront des Platzes begrenzt der im 17. Jh. errichtete und im 19. Jh. umgebaute Gerichtshof, der heute als Verwaltungsgebäude benutzt wird. An der Südseite steht der Bischofspalast (Ende 19. Jh.).

*Cathedral

Errichtet wurde die Kathedrale der Mariä Himmelfahrt an der Stelle eines römischen Tempels und eines mittelalterlichen Vorgängerbaus zwischen 1697 und 1711 nach Plänen des Malteser Baumeisters Lorenzo Gafà. Er schuf über dem Grundriß eines lateinischen Kreuzes einen schlichten ba-

Victoria
(Fortsetzung)

rocken Bau, bei dem aus Kostengründen auf eine große Kuppel verzichtet wurde. Statt dessen sorgt ein erst später am Nordostende der Kirche angebauter Glockenturm für bauliche Ausgewogenheit. Ihren Status als "Kathedrale" erhielt der Sakralbau 1864, nachdem Gozo selbständiges Bistum geworden war.

Im Innern (geöffnet: Mo. bis Sa. 9.00 – 13.00 und 13.45 – 17.00 Uhr; sonntags ist die Kathedrale nur im Rahmen der Gottesdienste zugänglich) gestalten Einlegearbeiten den Fußboden. An den Wänden befinden sich Altarbilder lokaler Künstler, darunter das Marien-Titularbild von 1791; weitere Werke, u.a. von Francesco Zahra (1710 – 1773), aus dem Umkreis der neapolitanischen Malschule sowie ein perspektivisches Deckengemälde von An-

Kathedrale in Victoria

tonio Manuele (1739), das dem Betrachter das Vorhandensein einer Kuppel vortäuscht. Die Tonnengewölbeausmalungen sind modern. Der kostbar gestaltete Hauptaltar stammt von 1855, das Taufbecken von 1742.

Cathedral Museum

In der einstigen Sakristei der Kirche wurde 1979 das Kathedralen-Museum (Cathedral Museum; geöffnet: Mo. – Sa. 10.00 – 13.00 und 13.30 – 16.30

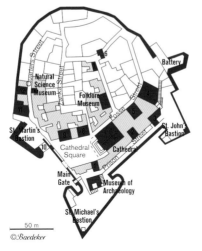

Victoria • Rabat
Citadel

1 Bishop's Palace
2 Chapel of St. Barbara
3 Old Prison
  (Craft Centre)
4 St. John's Cavalier
5 Cathedral Museum
6 Archway
7 Chapel of St. Joseph
8 Governor's Palace
9 Courts of Justice
10 Old Clock Tower
11 St. Martin's Cavalier
12 Armoury

Uhr) eröffnet. In drei Sälen werden eine kleine Gemäldesammlung, verschiedenes liturgisches Gerät, reichbestickte Bischofsgewänder und Dokumente zur Geschichte der Kathedrale gezeigt.

Victoria
(Fortsetzung)

Untergebracht ist das Archäologische Museum (Gozo Museum of Archaeology; geöffnet: Mo. – Sa. 8.30 – 16.30 bzw. 17.00 Uhr im Sommer, So. 8.30 – 15.00; die Sammeleintrittskarte berechtigt auch zum Besuch des Folklore-Museums und des Naturwissenschaftlichen Museums) seit 1960 in der Casa Bondi, einem restaurierten Palast aus dem 16. Jahrhundert. In acht kleinen Räumen werden Fundstücke von der Steinzeit bis zum Mittelalter gezeigt, einige der Exponate wurden erst in den letzten Jahren entdeckt.

Gozo Museum of
Archaeology

Im Erdgeschoß ist ein gesonderter Raum Ausgrabungsgegenständen vom Ggantija-Tempel vorbehalten, zu sehen ist u.a. ein Pfeiler, auf dem eine 107 cm lange Schlange dargestellt ist. Er war vermutlich im Rahmen eines Fruchtbarkeitskultes bedeutsam. Ein Modell verdeutlicht die Anlage des Tempels. Im Hauptraum des Obergeschosses werden Funde aus punischer und römischer Zeit aufbewahrt: vor allem Reste von Statuen und Inschriften, verschiedene Schmuckgegenstände, aber auch ein Skelett, das in punischer Zeit unter einer Amphore begraben wurde, und eine römische Glasamphore (1./2. Jh. n. Chr.), in der die sterblichen Überreste eines Menschen bewahrt wurden. Beachtlich ist die Münzsammlung vom 5. Jh. v. Chr. bis zum Ende des römischen Kaiserreiches. Zu den wichtigsten Exponaten des Museums gehört ferner der marmorne Majmuna-Grabstein aus dem Jahr 1174 als Überrest der arabischen Kultur. In kufischen Schriftzeichen wird der frühe Tod eines Mädchens beklagt (im Obergeschoß, in einem kleinen Raum rechts vom Treppenaufgang).

Das Gebäude am Ende der Prison Street stammt aus dem Jahre 1614. Ende des 19. Jh.s wurde es vergrößert und fungierte danach bis 1964 als Gefängnis. Heute beherbergt es eine Kunsthandwerksausstellung.

Old Prison/
Craft Centre

Das eindrucksvollste Museum von Victoria ist das Folklore-Museum (geöffnet: Mo. – Sa. 8.30 – 16.30, bzw. bis 17.00 Uhr im Sommer, So. 8.30 bis 15.00 Uhr). Eingerichtet wurde es 1983 in drei um 1500 erbauten Wohnhäusern. Die von zierlichen Mittelsäulen unterteilten Fenster, die Türbogen und die kunstvollen Steinmetzarbeiten gelten als Elemente der sizilianisch-normannischen Architektur. Neben Haushalts- und landwirtschaftlichen Gegenständen sind kunsthandwerkliche Produkte, sakrale Gegenstände und Trachten ausgestellt. Zudem werden einige Herstellungsverfahren demonstriert. Interessant sind jedoch nicht nur die Exponate, faszinierend ist es vor allem, die Häusergruppe mit ihren winzigen Räumen vom Keller bis zum Obergeschoß zu durchstreifen und so einen Eindruck vom Leben des Adels auf Gozo im ausgehenden Mittelalter zu erhalten.

*Folklore Museum

In einem Gebäude nahe der westlichen Begrenzungsmauer der Zitadelle befindet sich die Waffenkammer (Armoury; geöffnet: Mo. – Sa. 8.30 bis 15.00 Uhr). Das in seiner heutigen Form 1776 errichtete Gebäude diente zunächst als Aufbewahrungsort für Getreide, die Briten nutzten es im 19. Jh. und während des Zweiten Weltkrieges als Kaserne. Seit 1984 sind hier Waffen und Rüstungen aus der Johanniterzeit ausgestellt.

Armoury

Das Naturwissenschaftliche Museum (Natural Science Museum; geöffnet: Mo. – Sa. 8.30 – 16.30 bzw. 17.00 Uhr im Sommer, So. 8.30 – 15.00 Uhr) gegenüber der Waffenkammer zeigt eine interessante Sammlung zur Geologie, Flora und Fauna der maltesischen Inseln.

Natural Science
Museum

Den Mittelpunkt Victorias bildet der unterhalb der Zitadelle gelegene Independence Square, von den Gozitanern als "It Tokk" bezeichnet. Hier wird in den Morgenstunden täglich Markt abgehalten. Ins Auge fällt an der Westseite des Platzes die Banca Giuratale, ein im Jahre 1733 errichteter barocker Halbrundbau.

Independence
Square

Gozo

Citadel Theatre
(Island of Joy)

Im Citadel Theatre an der Ecke Independence Square/Castle Hill wird alle 30 Min. (Mo. – Sa. zwischen 10.30 und 15.30, So. zwischen 10.30 und 13.30 Uhr; Dauer ca. 25 Min.) die Multivisionsshow "Island of Joy" gezeigt. Mittels Kopfhörer erhält man die Informationen über Geschichte und Gegenwart Gozos auch in deutscher Sprache.

**Church of
St. George**

Unweit südlich des Independence Square erreicht man den St. George's Square, an dem sich die gleichnamige Kirche erhebt. Sie wurde 1672 bis 1678 erbaut, erlitt beim Erdbeben von 1693 erhebliche Schäden. Die Fassade wurde 1818 neu gestaltet, 1935 – 1945 entstanden Querschiff und Seitenschiffe. Die Deckengemälde im Innern hat der römische Künstler Gian Battista Conti geschaffen. Einige Altarbilder (17. Jh.), darunter das Titularbild des hl. Georg, stammen von Mattia Preti sowie von Francesco Zahra. Beachtenswert ist daneben die reich bemalte Statue des heiligen Georg (1841).

**Astra,
Aurora**

Zwei Opernhäuser – nur wenige hundert Meter voneinander entfernt an der Republic Street – nennt Victoria sein eigen, das Astra und das Aurora. Sie gehören den beiden miteinander konkurrierenden Philharmonischen Gesellschaften Gozos. Zwar werden in den Häusern, die jeweils Platz für mehr als 1000 Zuschauer bieten, von ausländischen Ensembles (Chor, Ballett und teilweise auch das Orchester stellen die Gozitaner) auch ein oder zweimal jährlich Opern aufgeführt, in erster Linie dienen die Räumlichkeiten jedoch als Vorführungsraum für Kinovorstellungen und als Versammlungsraum für Vorträge. In den Bars der Opernhäuser treffen sich Einheimische und Fremde, und in den Kellerräumen tanzt die Jugend Gozos an Wochenendabenden zu heißen Rhythmen.

Rundle Gardens

Weiter östlich passiert die Republic Street die Rundle Gardens (täglich bis Einbruch der Dunkelheit geöffnet). Der 1914/1915 im Auftrag des britischen Gouverneurs Leslie Rundle angelegte Stadtpark präsentiert sich ausgesprochen gepflegt. Hier wachsen Blumen und Bäume aus aller Welt, zudem gibt es einige Volieren.

**Ghajn il-Kbir/
Ghajn Bendu**

Südlich des Ortskerns von Victoria liegen rechts und links der nach Xlendi führenden Straße zwei öffentliche Waschhäuser (Ghajn il-Kbir bzw. Ghajn Bendu). Sie wurden im späten 17. Jh. in natürliche Höhlen eingerichtet, die Waschtröge wurden aus dem Felsen herausgeschlagen. Auch heute noch sieht man hier manchmal Frauen ihre Wäsche waschen.

Weitere Sehenswürdigkeiten auf Gozo

Hinweis

Die wichtigsten Sehenswürdigkeiten von Gozo lassen sich problemlos an einem Tag besichtigen. Sie werden im Rahmen einer Rundfahrt, die ihren Ausgang im Hafenort Mgarr nimmt, beschrieben.

٭Mgarr

Mit seinen vielen bunten Fischerbooten und der hoch über dem Ort aufragenden neugotischen Kirche "Our Lady of Lourdes" (19. Jh.) bietet Mgarr ein ausgesprochen freundliches Bild. Schon von jeher ist dieser Hafen Gozos einziges Verbindungsglied zur Außenwelt gewesen, heute legt hier etwa stündlich die von Malta kommende Fähre an. Rund um den Hafen gibt es einige einfache Restaurants und Cafés, eine Bank, Post und andere Serviceeinrichtungen sowie eine Touristeninformation.

Fort Chambray

Zur Befestigung von Mgarr ließ der Johanniter Jacques de Chambray Mitte des 18. Jh.s oberhalb des Hafens ein noch heute nach ihm benanntes Fort errichten. Zu Beginn des 19. Jh.s nutzten es die Briten als Kaserne, später richtete man hier eine Nervenheilanstalt ein. Mitte der neunziger Jahre des 20. Jh.s war geplant, den Komplex zu einer Ferienanlage auszubauen. Derweil haben sich jedoch die Investoren zurückgezogen, die Bauarbeiten ruhen.

An der von Mgarr nach Victoria führenden Hauptstraße gibt Gozo Heritage (geöffnet: Mo. – Sa. 9.00 – 17.15 Uhr) unter dem Motto "History as a Living Experience" einen Einblick in die Inselgeschichte. Der Besucher betritt eine Folge von zunächst völlig dunklen Räumen. Eine Tonbandstimme (auch in deutsch), begleitet von Musikuntermalung, erläutert die mit lebensgroßen Personen und Requisiten nachgestellten Szenen und Bilder in den einzelnen Zimmern. Nachdem man den letzten Raum passiert hat, gelangt man "zufällig" in eine Verkaufsausstellung von Kunsthandwerk. Ob man das Inszenarium als gelungenes Nahebringen der Vergangenheit oder aber als billiges Spektakel betrachtet, wird jeder für sich selbst entscheiden müssen – der Eintrittspreis für die 15-Minuten-Show ist allerdings recht hoch!

Gozo Heritage

Gut 3 km hinter Mgarr passiert die Straße das sehr weitläufige Dorf Xewkija (ausgesprochen "schewkija"), der Name kommt aus dem Arabischen und bedeutet "ein Platz, an dem Dornen wachsen". Die Ortschaft nennt stolz eine der größten Kuppelkirchen (86 m äußerer Kuppelumfang und knapp 75 m Höhe) Europas ihr eigen. Die Johannes dem Täufer geweihte Kirche wurde zwischen 1952 und 1973 um die alte Pfarrkirche herumgebaut, in dieser fanden noch bis zu ihrem Abriß 1972 Gottesdienste statt.

Xewkija

Von Xewkija sind etwa 3 km in südöstlicher Richtung bis zu der langen fjordähnlichen Bucht Mgarr ix-Xini zurückzulegen. Aus Schutz vor Piratenangriffen wurde am Eingang der Bucht im 17. Jh. ein Wachturm errichtet. Das glasklare Wasser in der Bucht lädt zum Baden ein, auf Felsen und Steinplatten kann man sich hier sonnen.

Mgarr ix-Xini

Einer der schönsten Landschaftsstriche auf Gozo ist das sich westlich von Mgarr ix-Xini bis Sannat erstreckende Hochplateau Ta' Cenc (mit dem Auto am besten über Sannat zu erreichen). Bei Spaziergängen in einer noch

٭Ta' Cenc

Xlendi ist Gozos Touristenzentrum Nr. 2. Kleinere Hotels säumen die enge Bucht, die Minipromenade ist tagsüber und abends allgemeiner Treffpunkt.

Gozo wirkt wie
ein riesiger aus
dem Meer em-
porgewachsener
Felsklotz. An der
Westküste sind
das Azure Win-
dow, ein durch
Erosion entstan-
dener Felsbo-
gen, und der
Fungus Rock,
ein ca. 20 m ho-
her, vorgelager-
ter Felsen, die
landschaftlichen
Attraktionen.

Gozo

**Ta' Cenc
(Fortsetzung)**

recht ursprünglichen Landschaft entdeckt man mit etwas Glück Dolmen und Karrenspuren aus der Bronzezeit.

Am südöstlichen Ortsausgang von Sannat steht das Luxushotel "Ta' Cenc". Aus Natursteinen erbaut, fügt es sich glänzend in die Landschaft ein.

Victoria

Zurück nach Xewkija, von hier erreicht man in Kürze die Inselhauptstadt Victoria (s. S. 100).

Xlendi

Etwa 3 km südlich von Victoria liegt eines der beiden Haupttouristenzentren Gozos, das ehemalige Fischerdorf Xlendi (ausgesprochen "schlendi"). Um die schmale Xlendi Bay (Abb. S. 105) gruppieren sich einfache Hotels, verschiedene Apartmenthäuser, Restaurants, Cafés und Läden. In der Hauptsaison herrscht hier mitunter eine etwas drangvolle Enge.

Ein befestigter schmaler Pfad führt westlich um die Bucht herum und endet bei einer kleinen Grotte. Im Osten passiert die Strandpromenade zunächst einige felsige Badeplätze, geht man weiter in südlicher Richtung, so erreicht man einen Wachturm, der in der zweiten Hälfte des 17. Jh.s von den Johannitern errichtet wurde.

Ta' Dbiegi

Um die Inselrundfahrt fortzusetzen, fährt man von Xlendi durch das gleichnamige fruchtbare Tal zurück nach Victoria, nunmehr weiter in Richtung Westen passiert man kurz vor der Ortschaft San Lawrenz links der Straße Gozos Kunsthandwerkszentrum Ta' Dbiegi. In einfachen kleinen Häusern werden Woll- und Lederwaren, Schmuck, Keramik und anderes Kunsthandwerk angeboten. Einen seltenen Glückskauf wird man hier wohl kaum machen, es überwiegen billige, im Massenverfahren hergestellte Souvenirartikel.

***Azure Window**

Die Straße verläuft weiter in westlicher Richtung und endet schließlich bei einem großen Parkplatz unmittelbar am Meer. Von hier muß man nur einige Schritte bis zum Azure Window zurücklegen. Es handelt sich dabei um einen aus dem Wasser herausragenden Felsbogen. Die Felsplatte, die Festland und vorgelagerten Felsklotz verbindet, wird durch Erosion immer weiter verkleinert und wird daher sicher in nicht allzu ferner Zukunft einstürzen.

Inland Sea

Vom Parkplatz aus führt ein Weg hinab zum sogenannten Inland Sea oder Dwejra Lake. Hohe Klippen trennen den kleinen See vom offenen Meer, eine natürliche Öffnung im den Felsen sorgt jedoch ständig für den Austausch des Meerwassers. Die geschützte Lage des Sees wußten sich verschiedene Fischer zunutze zu machen, sie legten rund um den See Bootsschuppen an und bieten von hier aus heute Bootsfahrten zum nahen Fungus Rock an. Eine kleine Bar direkt am See und ein kurzer Kieselstrand laden zum Verweilen ein.

Fungus Rock

Geht man von dem Parkplatz aus einige hundert Meter weit in südliche Richtung, so gelangt man zur Dwejra Bay und dem vorgelagerten Fungus Rock. Auf dem ca. 20 m hohen Felsen gedeiht eine als "Malteserschwamm" bezeichnete Pflanze (Cynomorium coccineum). Das dunkelbraune bis zu 20 cm hohe und in Europa nur auf dem Fungus Rock vorkommende Gewächs setzten die Johanniter wegen seiner angeblich blutstillenden Wirkung zur Behandlung von Verletzungen und Wunden ein. Da das aus der Pflanze gewonnene dunkelrote Extrakt sich für ansehnliche Summen auch an europäische Fürstenhäuser verkaufen ließ, hüteten die Johanniter ihr Monopol eifrig. Nur mit einem Korb, der an Seilen zwischen Gozo und dem Fungus Rock hin und her gezogen wurde, gelangte man auf den Felsen. Damit sich niemand ungestraft der Heilpflanze bemächtigte, war ständig ein Posten auf dem Fungus Rock stationiert, und auf Gozo sicherte ein Wachturm diesen Küstenstrich.

Die Dwejra Bay wird von einer imposanten Steilküste gesäumt. An der Nordseite der Bucht gelangt man über Treppen unterhalb des Wachturms hinab bis zum Wasser (bei rauher See ist das Baden hier allerdings sehr gefährlich!). Vor der malerischen Szenerie sonnen sich auf einigen Felsvorsprüngen Einheimische und Touristen.

Zurück bis San Lawrenz auf derselben Strecke, dort biegt man dann allerdings in nördlicher Richtung nach Gharb (ausgesprochen "ahrb") ab. Das Dorf mit seinen nicht einmal 1000 Einwohnern besitzt einen stimmungsvollen Hauptplatz, den die prächtige barocke Pfarrkirche beherrscht. Mit ihrem Bau wurde Ende des 17. Jh.s begonnen, fertiggestellt wurde die Kirche jedoch nicht vor 1732. Nicht minder lohnend ist die Besichtigung des privaten, nur wenige Schritte von der Kirche entfernten Gharb Folklore Museum (geöffnet: Mo. – Sa. 9.30 – 16.00, So. 9.00 – 13.00 Uhr). Eingerichtet ist es in einem schön restaurierten Haus an Gharbs Hauptplatz aus dem 18. Jahrhundert. In 28 Räumen erfährt man viel über Handwerkstraditionen und bäuerliches Leben auf Gozo in vergangenen Jahrhunderten.

Wallfahrtskirche Ta' Pinu

Nächste Station der Inselrundfahrt ist die von Feldern umgebene, 1 km östlich von Gharb gelegene Wallfahrtskirche Ta' Pinu (geöffnet: tgl. 6.45 bis 12.30, 13.00 – 18.30, im Sommer bis 19.30 Uhr). Man erreicht sie von Gharb aus auf äußerst schmalen Feldsträßchen, besser man fährt zur Hauptstraße San Lawrenz – Victoria zurück und folgt von dort der beschilderten Zufahrtsstraße. Das berühmteste Marienheiligtum des Archipels ist weithin sichtbar. An dieser Stelle stand schon seit dem 16. Jh. eine Kapelle, in ihr will die Bäuerin Carmela Grima am 22. Juni 1883 die Stimme der heiligen Maria gehört haben. Zahlreiche Besucher kamen in der Folge hierher, und es soll zu einigen wunderbaren Heilungen gekommen sein. Man beschloß, der kleinen Kapelle eine größere Kirche vorzubauen, mit den Arbeiten wurde 1920 begonnen. Geweiht wurde die Kirche 1931. Ein Jahr später erklärte Pius XI. das Gotteshaus zur Basilika. Die Kirche wurde im neoromanischen Stil aus rosa-gelblichem Globigerinenkalk über dem Grundriß eines lateinischen Kreuzes errichtet. Das Grab von Carmela Grima befindet sich in der kleinen Kapelle links vom Altar.

Lohnend ist es, auf Feldwegen das Areal nördlich und westlich der Wallfahrtskirche Ta' Pinu zu durchstreifen. Ziel des Spaziergangs könnte die ca. 2 km nordwestlich des Dorfes Gharb (von dort Wegweiser) gelegene Kapelle San Dimitri sein (auch mit dem Auto ist die Kapelle erreichbar). Sie stammt aus dem 15. Jh., erfuhr aber 1736 erhebliche bauliche Erweiterungen. Auf dem Altarbild ist der hl. Demetrius dargestellt, flankiert von einer betenden Frau und einem Mann in Ketten. Geht man von hier in Richtung Küste, so erlebt man eine einsame abgeschiedene Landschaft und hat

Gozo

San Dimitri
(Fortsetzung)

schließlich einen beeindruckenden Blick auf die steil zum Meer hin abfallenden Felsen.

Zebbug

Über die Dörfer Ghammar und Ghasri gelangt man in die größte Ortschaft im Nordwesten Gozos, nach Zebbug (= Olivenhain). Die barocke Kirche im Ort (1739 errichtet) hat an jedem ihrer Glockentürme eine Uhr, nur eine davon zeigt die Tageszeit an, die andere steht still – um den Teufel in die Irre zu führen!

Qbajjar

Fährt man von Zebbug weiter in Richtung Norden und hält sich, sobald die Straße die Küste erreicht hat, rechts, passiert man unmittelbar darauf die Salzpfannen von Qbajjar. Entlang der Küste erstrecken sich hier noch heute benutzte Salinenfelder. Das Meerwasser wird einige Zentimeter hoch in flache Pfannen gefüllt, es verdunstet in etwa einer Woche. Zurück bleibt eine Salzmasse, die zum endgültigen Trocknen zusammengekehrt und abtransportiert wird. Nur in den Sommermonaten ist die Sonneneinwirkung auf Gozo intensiv genug, um die Meersalzgewinnung effektiv zu machen.

Marsalforn

Weiter der Küstenstraße folgend, wird nach etwa 1 km Marsalforn erreicht. Neben Xlendi hat sich das einstige Fischerdorf zum bedeutendsten Touristenort auf Gozo entwickelt. Dennoch eignet sich die Ortschaft nur für Urlauber, denen Landschaftseindrücke und Entspannung wichtiger sind als Abwechslung. Rund um die Bucht ziehen sich schlichte Häuser und mittlerweile verschiedene Hotels und Apartmentbauten. Zudem gibt es hier einfachere Restaurants und Cafés. Außerhalb der Hauptsaison geht das Leben in Marsalforn noch einen geruhsamen Gang, Betriebsamkeit herrscht dann nur am Wochenende, wenn etliche Malteser die kleinere Insel für einen Kurzurlaub besuchen. Man badet an dem winzigen Sandstrand direkt im Ort oder auf Felsterrassen rund um die Bucht. Weit schönere Badefreuden verspricht die Ramla Bay (siehe S. 114), die man von Marsalforn aus zu Fuß in einer knappen Stunde erreicht.

Xaghra

Von Marsalforn aus führt eine Straße landeinwärts nach Xaghra (ausgesprochen "schara"), mit 3600 Einwohnern eine der größten Ortschaften auf Gozo. Im Ort stehen Wegweiser zu Ninu's Cave und Xerri's Grotto, zwei Tropfsteinhöhlen, die bei der Anlage von Wasserspeichern Ende des 19. Jh.s zufällig entdeckt wurden. Der Zugang zu beiden Höhlen führt durch private Wohnhäuser (geöffnet: tgl. 9.00 – 18.00 Uhr).
Eine weitere Sehenswürdigkeit in Xaghra ist eine restaurierte Windmühle am östlichen Ortsrand. Errichtet wurde sie 1724 im Auftrag des portugiesischen Großmeisters Manoel de Vilhena. Das Innere beherbergt ein kleines Mühlenmuseum (Ta' Kola Windmill Museum; geöffnet: Mo. – Sa. 8.30 bis 16.30, im Sommer bis 17.00 Uhr, So. 8.30 – 15.00 Uhr). Ferner ist vom Ortszentrum in Xaghra aus der Weg zum Pomskizillious Museum of Toys beschildert (geöffnet von Mitte Oktober bis März: Sa. 10.00 – 13.00; April: Do., Fr., Sa. 11.00 – 13.00; von Mai bis Mitte Oktober: Mo. – Sa. 10.00 bis 12.00 und 15.00 – 18.00 Uhr). Die private Sammlung umfaßt viele liebevoll handgefertigte Spielsachen, darunter besonders hübsche Puppenstuben.

**Ggantija

Am südöstlichen Ortsrand von Xaghra befindet sich die bedeutendste Sehenswürdigkeit der Insel: die Megalithtempel von Ggantija, ausgesprochen "dschgantija" (geöffnet: Mo. – Sa. 8.30 – 16.30, im Sommer bis 17.00, So. 8.30 – 15.00 Uhr).
Mitte des 4. Jt.s v. Chr. errichtet, war der Komplex im Lauf der Zeit von einer Erd- und Sandschicht bedeckt worden; lediglich einige besonders hohe Steine ragten daraus hervor. Die Einheimischen hielten sie von jeher für heilig und betrachteten sie als das Werk einer sagenhaften Gigantin – daher rührt der Name der Tempelanlage. Mit einer Erforschung der einstigen Kultstätte begann man 1827 auf Anordnung des britischen Inselkommandanten Otto Bayer. Allzu systematisch ging man damals allerdings nicht vor: Schriftliche Aufzeichnungen von den Grabungen wurden nicht vorgenommen und nach Abschluß der Arbeiten wurde der Komplex wie-

der sich selbst überlassen. So verwundert es nicht, daß zahlreiche Funde verlorengingen. Dies dokumentieren die Aquarelle und Notizen des deutschen Malers H. von Brockdorff, der den Ausgrabungen beiwohnte. Eine planmäßige Erforschung des Heiligtums begann erst, nachdem das Nationalmuseum in Valletta 1933 das Gelände erworben hatte. Fortgeführt wurden die Ausgrabungen 1953 und 1960 – 1963.

Ggantija
(Fortsetzung)

Der Komplex von Ggantija besteht aus zwei nebeneinanderliegenden Tempeln: Deutlich größer und älter ist der südliche Tempel, sein hinterer kleeblattförmiger Teil wird auf 3600 v. Chr. datiert, die vorderen beiden Apsiden auf ca. 3200 v. Chr.; der Nordtempel entstand um 3000 v. Chr. Beide Sanktuarien umgibt eine gemeinsame Außenmauer, die aus riesigen, abwechselnd waagerecht und senkrecht geschichteten Steinen besteht. Der größte von ihnen hat eine Länge von 5,70 m, eine Breite von 3,80 m und ein Gewicht von 57 t. Die Mauer ragt heute noch bis zu einer Höhe von 8 m auf, ursprünglich soll sie einmal 16 m hoch gewesen sein. Die gewaltigen Megalithen wurden mittels steinerner Transportwalzen von einem 5 km entfernten Steinbruch hierher gebracht und dann mit Hilfe von Erdrampen aufgerichtet. Der Raum zwischen Außen- und Innenmauer der Tempel wurde mit Schotter und Erde aufgefüllt.

Ggantija

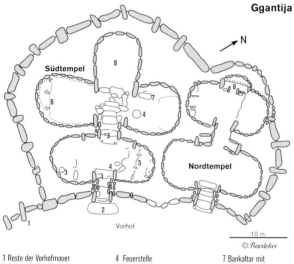

©Baedeker

1 Reste der Vorhofmauer	4 Feuerstelle	7 Bankaltar mit
2 Steinschwelle	5 Reliefspiralmuster	Fensterstein-Fragment
3 Libationslöcher	6 Doppeltrilithaltar	8 Allerheiligstes

Anders als die weitgehend unbehauenen Megalithen der Außenmauer sind die Steine im Innern der Anlage tadellos geglättet und teilweise kunstvoll verziert – eine grandiose Leistung, wenn man bedenkt, daß nur einfachste Steinwerkzeuge zur Verfügung standen. Um die Bearbeitung überhaupt möglich zu machen, verwendete man für Altar- und Opfersteine, für den Torbau und die gewaltigen Orthostaten im Innern keinen Korallenkalkstein wie für die Außenmauern, sondern benutzte den weicheren gelblichen Globigerinenkalk. Er wurde mit einer rotgefärbten Stuckschicht überzogen, von der jedoch nur spärliche Reste erhalten blieben. Die Böden in den Tempeln bestehen ebenfalls aus Globigerinenkalksteinen oder aus Torba, einer zementartigen Mischung aus gemahlenem und mit Wasser vermischtem Globigerinenkalk. Das Innere schützte vermutlich eine Decke aus Holz. Vor den Tempeln erstreckt sich auf einer künstlich geschaffenen

Terrasse ein ca. 40 m langer ovaler Vorplatz, auch er war von einer hohen Mauer umgeben, von der an einer Seite nur noch Bruchstücke erhalten sind. Die beiden dem Vorplatz zugewandten Tempelfassaden trafen sich einst in einem stumpfen Winkel (heute fehlen einige Steine). Links vom Eingang des Südtempels erreicht die Fassade noch eine Höhe von 6 m. Auf einem Bankaltar vor diesem Fassadenteil liegen einige Steinkugeln, man nimmt an, daß es sich dabei um Reste von Transportwalzen handelt, mit denen die Großsteine herbeigeschafft wurden.

Vor dem Zugang zum südlichen Tempel sieht man eine gewaltige Steinschwelle. Ihr erhöhter Rand und Brandspuren weisen darauf hin, daß sie die Funktion einer Opferplatte hatte. Durch einen von Orthostaten gebildeten Gang betritt man das Tempelinnere. Gleich hinter dem Eingang ist in einen viereckigen Stein eine flache Schale eingearbeitet, sie diente der Aufnahme von Trankopfern. Gleiche Funktion hatte das Libationsloch, das am Ende des Orthostatenganges in eine Bodenplatte eingelassen ist. In der ersten Apsis rechts sind auf zwei Steinblöcken noch Reliefspiralmuster erkennbar (in diesem Raum befand sich ursprünglich der Orthostat mit Schlangenrelief, der jetzt im Archäologischen Museum in Victoria zu be-

Die Außenmauern der Tempelanlage Ggantija erreichen heute noch eine Höhe von 8 m. Sie sollen einmal bis zu 16 m hoch gewesen sein.

sichtigen ist; s. S. 103), links sieht man einen gut erhaltenen Torbaboden. Die Bodenplatten des anschließenden, leicht ansteigenden Korridors weisen mehrere Libationslöcher auf. Das dahinterliegende kleeblattförmige Heiligtum hat eine Breite von ca. 23 m. In der rechten Ausbuchtung sind eine Feuerstelle und ein Bankaltar mit den Resten eines Fenstersteins dahinter erkennbar, links steht ein doppelstöckiger Trilithaltar, dessen Deckplatte fehlt. Die oberste Steinreihe der Mauerwand über dem Altar ragt vor, als solle sie den Beginn einer Kuppel bilden – technisch war es damals jedoch noch nicht möglich, einen Raum von ca. 10 m Durchmesser mit einer Steindecke zu versehen; vermutlich waren die Kragsteine als Halterung für eine aus Balken und lehmverschmiertem Astgeflecht gebildete

Decke gedacht. Im Gegensatz zu später entstandenen Tempeln besitzt die Anlage noch eine mittlere Apsis, sie barg wahrscheinlich das Allerheiligste des Tempels und war nur Priestern zugänglich. Vor der zur hinteren Apsis führenden Schwelle sind einige Buchstaben in phönizischer Schrift in den Boden gemeißelt.

Der in seiner Gesamtanlage deutlich kleinere Nordtempel besitzt jedoch ein erheblich größeres vorderes Oval als der Südtempel. Die mittlere Apsis im hinteren Teil existiert nur noch als Nische, hier steht ein rekonstruierter Trilithaltar. Ansonsten ist der Tempel weitgehend leer, allerdings sind auch hier die Orthostaten kunstvoll bearbeitet, einige von ihnen weisen Löcher auf, die zum Einsetzen von Sperrbalken dienten.

Vom Felsvorsprung bei der Kalypso-Grotte hat man eine schöne Sicht auf Gozos Prachtstrand, die Ramla Bay.

Von Xaghra aus fährt man auf beschilderter Straße nordwärts und erreicht oberhalb der Küste auf einem Felsvorsprung die Kalypso-Grotte. In der Höhle hat der Legende nach die verführerische Nymphe Kalypso den homerischen Held Odysseus sieben Jahre lang festgehalten (▹ Malta in Zitaten). Odysseus war, nachdem sein Schiff durch einen Blitzschlag zerstört worden war, neun Tage auf einem Floß über das Meer getrieben worden und landete dann auf der fruchtbaren Insel Ogygia, in der zumindest die Gozitaner zweifelsfrei ihr eigenes Eiland sehen. Erst auf Befehl der Götter ließ die Nymphe Kalypso den sich nach seiner Heimat sehnenden Odysseus auf einem Floß nach Ithaka zurückkehren.

Die Höhle selbst ist nicht allzu beeindruckend, und auch nur für Kletterwillige und mit gutem Schuhwerk Ausgerüstete begehbar, unbedingt lohnend ist jedoch die Aussicht, die sich von der Plattform oberhalb der Höhle ergibt, man überblickt das fruchtbare Ramla-Tal und die vorgelagerte feinsandige Bucht. Ist das Meer relativ ruhig, erkennt man ca. 30 m vom Ufer entfernt eine parallel zur Küstenlinie verlaufende Unterwasserbefestigung. Die Mauer wurde von den Johannitern um 1730 errichtet und sollte Piratenboote an einer ganz bestimmten Linie zum Halten zwingen. An beiden Sei-

Gozo (Fortsetzung)	ten der Bucht hatte man Felslöcher mit Pulver und Steinen angefüllt. Bei einem etwaigen Angriff entzündete man das Pulver, und ein Steinhagel ergoß sich auf die unliebsamen Besucher.
*Ramla Bay	Von der Kalypso-Grotte kann man zu Fuß zur Ramla Bay hinabsteigen (oder aber man fährt ein Stück zurück in Richtung Xaghra und folgt dann der Beschilderung zur Ramla Bay). Hier gibt es den bei weitem schönsten Sandstrand der Insel, wenn nicht gar des ganzen Archipels. Entsprechend dicht bevölkert ist er in den Sommermonaten, doch im Mai und auch wieder ab September wird man an dem knapp 500 m langen und ca. 50 m breiten Strand ein abgeschiedenes traumhaftes Plätzchen finden können. Während der Hauptsaison haben am Strand zwei einfache Restaurants ihre Stühle aufgestellt, Sonnenschirme werden vermietet.
Nadur	Eine Straße führt von der Ramla Bay in südöstlicher Richtung nach Nadur, der mit 3800 Einwohnern zweitgrößten Stadt der Insel. Ihren Namen, der sich von dem arabischen Wort "nadar" (= Aussichtspunkt) herleitet, verdankt sie ihrer Lage auf einer der höchsten Erhebungen Gozos (160 m ü.d.M.). Schon von jeher ist Nadur die wohlhabendste Ortschaft der Insel gewesen, die Einwohner werden daher von den anderen Gozitanern als "die Malteser von Nadur" bezeichnet – was gleichzeitig viel über das Verhältnis zur Nachbarinsel aussagt. Die Pfarrkirche des Ortes wurde im 18. Jh. errichtet und erfuhr im 20. Jh. umfangreiche bauliche Veränderungen.
San Blas Bay	Um die San Blas Bay mit ebenfalls akzeptablem Sandstrand zu erreichen, fährt man vom Ortszentrum in Nadur noch ein Stück nordwärts und stellt sein Auto dann bei den letzten Häusern des Ortes ab. Durch fruchtbare Obstgärten geht es auf zuletzt sehr steilem Weg hinab zur San Blas Bay. Der Strand ist allerdings erheblich schmaler und kürzer als die Ramla Bay, touristische Einrichtungen gibt es hier noch nicht.
Dahlet Qorrot	Einen ganz anderen Charakter hat die ca. 1 km weiter östlich gelegene Bucht Dahlet Qorrot. Hier beherrscht der Fischfang die Szenerie. Neben Kaianlagen und Bootsschuppen gibt es auch einen winzigen Strand, der allerdings wenig einladend wirkt.
Qala	Die Rückfahrt nach Mgarr könnte über Qala erfolgen. Hier steht noch eine gut erhaltene Windmühle aus der zweiten Hälfte des 19. Jh.s. Beeindruckende Blicke hinüber nach Comino und Malta ergeben sich von der Straße, die von Qala aus in südöstlicher Richtung hinab zum Meer führt. Sie endet an der Hondoq Bay mit kurzem künstlich angelegten Sandstrand (sanitäre Einrichtungen, Kiosk).

Gzira   H 6

Lage und Bedeutung	Gzira ist mit seinen 7700 Einwohnern Teil des rund um Valletta entstandenen städtischen Siedlungsgebietes. Nach Norden hin schließt → Sliema übergangslos an Gzira an, nach Süden hin → Msida. Von der zu Gzira gehörenden Küste hat der Tourismus Besitz ergriffen. Eine breite Promenade zieht sich am Meer entlang, etliche Ausflugsschiffe liegen hier vor Anker. Die unteren Räumlichkeiten vieler Wohnhäuser werden für gewerbliche Zwecke genutzt, Reisebüros, Bars und Läden reihen sich aneinander. Den Namen Gzira (= Insel) verdankt die Ortschaft der vorgelagerten kleinen Manoel-Insel, die man über eine Brücke erreicht.

Manoel Island

Fort Manoel	Benannt ist Manoel Island nach Großmeister Manoel de Vilhena, der an der Spitze der Insel 1723 zur Befestigung des Hafengebietes ein ebenfalls

nach ihm benanntes Fort errichten ließ. Zum Teil nutzt es heute der Valletta Yacht Club, der in den Räumlichkeiten ein Restaurant eingerichtet hat.

Eine weitere Attraktion der Manoel-Insel sind die Phoenician Glassblowers. Der Besucher kann den Glasbläsern bei der Arbeit zuschauen und die farbigen Glaswaren anschließend auch erwerben (geöffnet: Mo. bis Fr. 8.00 – 16.30, Sa. 9.00 – 12.30 Uhr).

Die Johanniter benutzten Manoel Island als Isolierstation. Sie gründeten an dem Ufer, das dem Lazzaretto Creek zugewandt ist, 1643 ein Hospital. Es wurde noch bis zur Mitte dieses Jahrhunderts zeitweise genutzt, heute ist das Gebäude jedoch verfallen.

Der die Manoel-Insel südlich umschließende Lazzaretto Creek ist Yachthafen. Hier befinden sich auch die Liegeplätze einer auf Manoel Island ansässigen und zu den Malta Drydocks gehörenden Yachtwerft.

Hagar Qim · Mnajdra   G 8

Hagar Qim (= "Steine des Gebets"; ausgesprochen "hadschar-im") und Mnajdra (= "Ausblick"; ausgesprochen "imnai-dra") gehören zu den bedeutendsten neolithischen Tempelanlagen des maltesischen Archipels. Die Ausgrabungsstätten liegen ca. 4 km südöstlich der Ortschaft Siggiewi inmitten eines noch weitgehend unberührten Geländes oberhalb der felsigen Südküste Maltas. Ein Fußweg führt von Hagar Qim hinab zu dem ca. 300 m entfernten Ausgrabungskomplex von Mnajdra. Geöffnet von Oktober bis 15. Juni: Mo. – Sa. 8.15 bis 17.00, So. 8.15 – 16.15 Uhr; vom 16. Juni bis September: tgl. 7.45 – 14.00 Uhr. Die Eintrittskarte berechtigt zum Besuch beider Tempelanlagen.

Tempelanlage von Hagar Qim – gebaut zu Ehren der Magna Mater

❊❊Tempelanlage von Hagar Qim

Geschichte der Ausgrabungen

Zu ersten Ausgrabungen im Bezirk von Hagar Qim kam es 1839 auf Betreiben des damaligen britischen Gouverneurs. Vollständig freigelegt wurde der Komplex, so wie er sich heute präsentiert, jedoch erst 1909/1910. In den fünfziger Jahren des 20. Jh.s erfolgten Restaurierungs- und erneute Vermessungsarbeiten.

Anlage

Die Archäologen legten drei nicht miteinander verbundene Tempelanlagen frei. Gut erhalten ist nur das mittlere Heiligtum; die spärlichen Überreste der beiden anderen findet man wenige Meter nördlich und östlich davon.
Der Grundriß der etwa 3000 v. Chr. entstandenen Tempelanlage von Hagar Qim unterscheidet sich deutlich von der anderer neolithischer Heiligtümer auf Malta. Hier faßt eine riesige Außenmauer einen Tempel ein, der aus sechs ovalen Räumen besteht, an die sich verschiedene Kammern und Nischen anschließen. Man nimmt an, daß die Außenmauer ursprünglich eine Höhe von 8 m erreichte, unterbrochen wurde sie von mehreren Eingängen. Nur einer dieser Eingänge ist samt der Fassade erhalten.

Hagar Qim

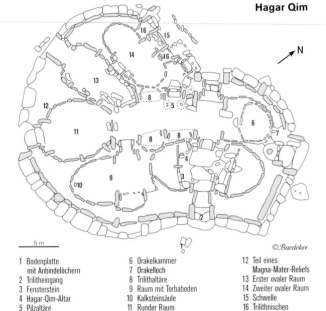

1 Bodenplatte mit Anbindelöchern	6 Orakelkammer	12 Teil eines Magna-Mater-Reliefs
2 Trilitheingang	7 Orakelloch	13 Erster ovaler Raum
3 Fensterstein	8 Trilithaltäre	14 Zweiter ovaler Raum
4 Hagar-Qim-Altar	9 Raum mit Torbaboden	15 Schwelle
5 Pilzaltäre	10 Kalksteinsäule	16 Trilithnischen
	11 Runder Raum	

Die Tempelstätte wurde aus dem relativ weichen Globigerinenkalk geschaffen; besonders zur Meerseite hin zeigt das Gestein deutliche Verwitterungsspuren.

Besichtigung

Die erhaltene, sanft geschwungene Fassade der Sakralanlage ist nach Südosten ausgerichtet. Gebildet wird sie aus einem mächtigen Trilitheingang, an den sich nach jeder Seite hin drei riesige, sorgsam bearbeitete Megalithplatten anschließen. Die Eckplatten haben eine Höhe von 3,50 m und weisen in ihrem oberen Teil Einkerbungen auf, in die querliegende Steine lückenlos eingefügt werden konnten. Entlang der Fassade ziehen sich Bankaltäre, die früher vermutlich die gesamte Außenmauer umgaben.

Noch weit mächtiger als die Steinplatten im Eingangsbereich ist ein Monolith, der den Komplex nach Osten hin begrenzt. Er ist waagerecht in das Mauerwerk eingearbeitet. Mit einer Länge von 6 m, einer Breite von 3 m und einer Höhe von 60 cm ist es der größte Steinblock, den man innerhalb einer neolithischen Tempelanlage freilegte. Unvorstellbar wie dieser ca. 60 t schwere Brocken ohne technische Hilfsmittel bewegt werden konnte. Nach Passieren des Trilitheingangs (unmittelbar davor eine Bodenplatte mit Anbindelöchern für die Opfertiere) gelangt man in einen aus drei Orthostatenpaaren gebildeten Durchgang. Er führt in ein Oval, dessen Ausbuchtungen durch Zwischenwände von dem mittleren Teil abgetrennt sind. Den Durchgang ermöglicht nach jeder Seite hin ein Fensterstein. In sie sind "Steinösen" eingefügt, die als Haltevorrichtungen für einen Ledervorhang oder auch eine Holztür dienten. Im Mittelteil des Raumes stehen mehrere kleine Altäre mit punktförmigen Vertiefungen sowie eine Kopie des berühmten Altars von Hagar Qim (Original im Archäologischen Museum in Valletta). Er ist an vier Seiten mit Pflanzenreliefs verziert. Hinter diesem Altar fand man zahlreiche Magna-Mater-Darstellungen, darunter die "Venus von Malta".

Tempelanlage von Hagar Qim (Fortsetzung)

Altar mit Pflanzenreliefs

Drei Orthostatenpaare leiten über in den nächsten großen Raum. Gegenüber dem Durchgang befand sich ursprünglich das Allerheiligste des Tempels (heute führt hier ein Durchgang ins Freie). Links daneben fallen sogenannte Pilzaltäre auf. Sie besitzen an ihrer Oberfläche einen erhabenen Rand, er sollte verhindern, daß das Blut der Opfertiere auf den Boden floß. Neben und gegenüber den Pilzaltären sind hohe Trilithaltäre in das Mauerwerk eingearbeitet. In der rechten Auslappung des Raumes bilden 18 ca. 1,50 m hohe Orthostaten den unteren Teil der Raumwand. Darüber ruhen zwei bis drei Reihen von waagerecht angeordneten Platten, die nach innen leicht vorkragen. Vor der Wand wurde eine weitere Reihe niedrigerer Steinplatten kreisförmig angeordnet. Auffallend ist zudem ein in einen Wandstein eingearbeitetes ovales Loch. Es mündete in eine kleine Felskammer und wird als Orakelloch gedeutet. Vermutlich sprach eine Priesterin aus dieser Kammer das Orakel, während die Tempelbesucher ihren Worten innerhalb des durch die flachen Steine gebildeten Kreises lauschten.

Am Südende des großen Raumes führen moderne Stufen in einen weiteren nur noch annähernd ovalen Raum, wahrscheinlich rührt der unausgewogene Grundriß von späteren Anbauten her. Gut erhalten ist noch der Bodenbelag des Raumes aus Torba. Die Bedeutung einer an der Südwand stehenden Kalksteinsäule konnte nicht geklärt werden.

An diesen Raum schließt ein anderer mit eher rundlichem Grundriß. Er konnte ursprünglich ebenso wie zwei weitere ovale Sakralräume nur von außen betreten werden. Die auf dem Boden liegenden Steine gehörten wohl zur Fassade. An der Außenmauer des runden Raumes ist ein flaches Magna-Mater-Relief noch undeutlich zu erkennen. In den hinteren ovalen Raum gelangt man über eine 65 cm hohe Schwelle, die von zwei Trilithnischen eingerahmt wird.

✳✳Tempelanlage von Mnajdra

Die ersten Ausgrabungen im Gebiet von Mnajdra wurden 1840 vorgenommen. Allerdings gingen sie unter wenig sachkundiger Leitung vonstatten, die geborgenen Fundstücke wurden nicht mehr untersucht bzw. katalogisiert. Zu erneuten, gründlichen archäologischen Forschungsarbeiten kam es erst wieder in den zwanziger Jahren unter Th. Zammit und in den fünfziger Jahren des 20. Jh.s unter J. D. Evans. Bedauerlicherweise beschmierten 1996 Randalierer die Steinmauern von Mnajdra mit schwarzer Schrift, trotz intensiver Bemühungen gelang es nicht, diese wieder vollständig zu entfernen.

Geschichte der Ausgrabungen

Tempelanlage von Mnajdra (Fortsetzung)

Der Komplex von Mnajdra besteht aus drei nebeneinander liegenden und nicht miteinander verbundenen Tempeln. Jedes Heiligtum umfaßte ursprünglich eine eigene Außenmauer. Vor den Sanktuarien erstreckte sich ein gemeinsamer, mit Platten ausgelegter Vorhof.

Als ältestes der drei Heiligtümer wird der Osttempel angesehen, er ist vermutlich um 3500 v. Chr. entstanden; es folgte der Westtempel und bald darauf der Mitteltempel, dessen Entstehungszeit die Archäologen auf 3000 – 2800 v. Chr. datieren.

Osttempel

Der Osttempel ist der kleinste und am schlechtesten erhaltene Tempel der ganzen Anlage. Er besteht aus nur einem ovalen Sakralraum mit einer zentralen Nische. Original sind nur einige Megalithen des Eingangs und der Zentralnische, Teile der übrigen Mauern wurden rekonstruiert.

Mnajdra

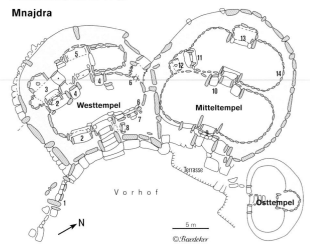

1 Reste der Vorhofmauer
2 Trilithnischen
3 Raum mit drei Doppeltrilithaltären
4 Blockaltäre
5 Hauptnische mit Trilithaltar

6 Orakellöcher
7 Fensterstein
8 von einem Trilithen eingerahmter Fensterstein mit Säulenaltar
9 Fensterstein-Eingang

10 Blockaltar und Orthostat mit Tempelfassade
11 Fensterstein
12 Kammer mit Säulenaltar
13 Trilithaltar
14 Orakelloch

Mitteltempel

Das Niveau des Mitteltempels liegt etwa 1,5 m über dem des Vorhofes. Über eine Terrasse gelangt man zur Eingangsfront des Tempels. Den Zugang bildet ein großer Fensterstein. Zwar gehören Fenstersteine zur Ausstattung der meisten neolithischen Tempelanlagen, doch wurde sie nur in diesem einen Fall als Eingang gewählt. Der von ca. 1 m hohen Orthostatenplatten eingegrenzte erste nierenförmige Raum des Tempels ist inventarlos. Lediglich rechts und links des Durchgangs zum zweiten Raum befinden sich Nischen, in denen jeweils ein etwa 30 cm hoher Blockaltar ruht. Auf einem Orthostaten der linken Nische ist in den Stein die Darstellung einer Tempelfassade eingeritzt. Verhältnismäßig gut erhalten ist der Torbaboden des zweiten ovalen Raumes. Beachtenswert sind hier ferner der Trilithaltar in der zentralen Nische, ein Orakelloch in der rechten Ausbuchtung sowie ein kunstvoll bearbeiteter Fensterstein in der linken Raumhälfte, er führt in eine kleine Kammer mit einem Säulenaltar.

Westtempel

Im Gegensatz zum Mitteltempel ist die halbrunde Fassade des Westtempels, an der sich ein Bankaltar entlangzieht, relativ gut erhalten. Man betritt das Heiligtum durch einen Trilitheingang und gelangt in den 14 m langen und 7 m breiten Hauptraum. In der rechten Apsis liegt das Mauerwerk noch bis zu einer Höhe von 4,30 m aufeinander. Gebildet wird es im unteren Teil aus Orthostatenplatten, auf denen horizontal Steinblöcke ruhen, die nach innen vorkragen und somit den Ansatz zu einer Überdachung geben. Erkennbar sind zwei in die Mauer eingearbeitete Orakellöcher. Eines dieser Löcher führt ebenso wie ein Fensterstein vom Hauptraum in eine größere Kammer zwischen Oval und Außenmauer. Hier fällt eine aufwendig gestaltete Altarnische ins Auge. Ein Fensterstein wird von einem Trilithen eingerahmt, dahinter steht ein Säulenaltar.

Tempelanlage von Mnajdra (Fortsetzung)

In der linken Apsis des Hauptraumes liegen zwei Trilithnischen einander gegenüber. Außergewöhnlich aufwendig ist die hintere gestaltet. Auch hier ist in eine Trilithkonstruktion ein Fensterstein genau eingepaßt. Rechts und links davon erheben sich Orthostaten. Sie sind ebenso wie Fensterstein und die das Trilithgefüge bildenden Steinplatten mit punktförmigen Vertiefungen überzogen. Der Fensterstein führt in einen Raum mit drei Doppeltrilithaltären. Der rechte dieser Altäre bildet die Abgrenzung zum hinteren nierenförmigen Raum des Westtempels.

Von der Tempelanlage Mnajdra hat man eine fantastische Sicht über Maltas Südküste – im Hintergrund das Inselchen Filfla.

Man betritt diesen vom ersten Hauptraum des Tempels aus ebenfalls durch einen Trilithdurchgang, zu dessen beiden Seiten mit Punktornamentik überzogene Blockaltäre stehen. Im Vergleich zu den beiden seitlichen Auslappungen ist die Hauptnische mit dem Trilithaltar nur flach ausgebildet.

Hal Saflieni (Hypogäum)

‣ Paola

Hamrun   H 6

Lage und Bedeutung

Die Stadt Hamrun (11 000 Einwohner) gehört zu dem rund um Valletta entstandenen städtischen Ballungsgebiet. Sie schließt unmittelbar südlich an Floriana an. Die Technische Hochschule von Malta hat hier ihren Sitz.

Ortsbild

Für Touristen bietet Hamrun wenig Interessantes. Entlang der Hauptstraße reihen sich Wohnhäuser, kleine Geschäfte und Handwerksbetriebe aneinander; viele Häuser besitzen die charakteristischen hölzernen Erker. Ein Vergnügen ist es allerdings nicht, hier entlangzuschlendern, häufig schiebt sich eine nicht endenwollende Autoschlange durch den Ort. Auffallend im Ortsbild ist die Anfang des 20. Jh.s errichtete Pfarrkirche St. Cajetan.

Kalkara   J 6

Lage und Bedeutung

Auf der nördlichsten in den Grand Harbour hineinragenden Landzunge breitet sich Kalkara (2800 Einw.) aus. Das einstige Fischerdorf wurde im Zweiten Weltkrieg beinahe völlig zerstört. Nach wie vor ist es Hafen- und Werftplatz für die "Luzzus", die charakteristischen bunten maltesischen Fischerboote, sowie für die "Dghajsas", etwas größere Boote, die im Küstenverkehr eingesetzt werden.

Bighi Hospital

Beherrschend über Kalkara thront am Ende der Landzunge auf der Bighi-Anhöhe das einstige Royal Navy Hospital. Den hier stehenden Palast aus dem 17. Jh. funktionierte Lord Nelson 1805 zu einem Marinehospital um. Später wurden Um- und Anbauten vorgenommen, die Seitenflügel des Gebäudes wurden um 1840 angefügt. Noch im Zweiten Weltkrieg diente

Rinella Movie Park: Die Nachbildung eines Kolumbusschiffes ist mehrmals täglich Veranstaltungsort für die Show "That's Entertainment!".

der klassizistische Bau als Krankenhaus, derweil sind dort Verwaltungseinrichtungen untergebracht.

Kalkara
(Fortsetzung)

Umgebung von Kalkara

Um die Einfahrt in den Grand Harbour zu sichern, errichteten die Johanniter 1670 gegenüber Fort St. Elmo auf einer Landzunge das Fort Ricasoli.
Heute ist das Befestigungsbauwerk weitgehend zerfallen.

Fort Ricasoli

Das wenige hundert Meter südöstlich errichtete Fort Rinella ist ein Befesti-
gungsbau aus der zweiten Hälfte des 19. Jh.s. Es wurde restauriert und
kann besichtigt werden (geöffnet von Oktober bis Mitte Juni: tgl. 10.00 bis
16.00; von Mitte Juni bis September: tgl. 9.30 – 13.00 Uhr). Attraktion des
Forts ist die angeblich größte Kanone der Welt: Das 100-t-Monstrum
mußte seinen militärischen Wert allerdings nie unter Beweis stellen.

Fort Rinella

Unterhaltung für die ganze Familie verspricht seit 1998 der Rinella Movie
Park (geöffnet: Mi. – So. 10.00 – 22.00 Uhr), der rund um das Fort St. Roc-
co angelegt wurde. Der Name verrät es: Hier dreht sich alles um den Film.
Nach Passieren des Eingangstores kann man sich in einigen Ausstellungs-
hallen Requisiten aus diversen Filmstreifen anschauen. Auf dem Gelände
erwarten den Besucher dann mehrere Showvorführungen, in einem geson-
derten Bau wird der Untergang der Titanic simuliert. Zur Stärkung stehen
natürlich Restaurants und Bars zur Verfügung. Eingeschlossen in den Besuch des Movie Parks ist die Besichtigung des angrenzenden Geländes
der Mediterranean Film Studios (MFS). Per Bimmelbahn fährt man hinüber
und bekommt unterwegs Informationen darüber, welch bedeutende Streifen in den seit 35 Jahren bestehenden Studios bereits abgedreht wurden,
darunter "Midnight Express", und "Christoph Columbus". Besonderheit
des Filmgeländes ist das große Wasserbecken, in dem Szenen auf See –
mit dem Meer im Hintergrund – hervorragend abgedreht werden können.
Vom Busbahnhof in Valletta erreicht man das Filmgelände mit dem Bus Nr.
4; zudem gibt es einen direkten Shuttle Bus Service von verschiedenen
Hotels in Bugibba und Sliema.

Rinella Movie Park

Laferla Cross

→ Siggiewi

Lija   G 6

Die Ortschaft Lija (2500 Einw.) bildet gemeinsam mit → Balzan und → Attard
einen geschlossenen Siedlungsraum wenige Kilometer westlich von Valletta, den die Einheimischen als die "Drei Dörfer" bezeichnen.

Lage und
Bedeutung

Ebenso wie heute war die Ortschaft schon in der Vergangenheit ein beliebtes Wohngebiet. Aus dem 18. Jh. haben sich noch einige schöne Landvil-
len erhalten. Am Hauptplatz des Ortes erhebt sich die Pfarrkirche St. Sa-
viour. Giovanni Barbara erbaute die Erlöserkirche 1694 als sein Frühwerk
noch im schlichten Barockstil.

Ortsbild

Im Ortsteil Tal-Mirakli (westlich des Zentrums) steht eine der wundertätigen
Maria geweihte Kirche (Our Lady of Miracles bzw. Tal-Mirakli) genau auf
dem geographischen Mittelpunkt der Insel. In ihrer heutigen Form stammt
sie aus der Mitte des 17. Jh.s. Das Altarbild schuf Mattia Preti im Auftrag
von Großmeister Nicola Cotoner. Er wies Preti an, seinen Schutzpatron und
den seines Bruders Raphael vor einer Madonna mit Kind zu malen.

Our Lady
of Miracles

Luqa   H 7

Lage und
Bedeutung

Im Zentrum von Malta, ca. 6 km südwestlich von Valletta liegt die Ortschaft Luqa (6000 Einw.). Bekannt ist sie vor allem wegen des gleichnamigen internationalen Flughafens (Luqa International Airport), dessen Lande- und Startbahnen sich unmittelbar südlich der Ortschaft erstrecken.
Benannt ist Luqa nach dem Evangelisten Lukas, der zusammen mit Paulus 60 n. Chr. auf Malta gestrandet sein soll und in dieser Gegend predigte.

Church of St. Mary

An der die Ortschaften Luqa und Gudja verbindenden Straße steht kurz vor Gudja eine kleine gotische Marienkirche (St. Marija ta'Bir Miftuh bzw. Church of St. Mary), die bereits im 15. Jh. erbaut wurde. Die Wandmalereien im Innern entstanden im frühen 17. Jahrhundert.

Marfa Ridge   D/E 3/4

Lage und
*Landschaftsbild

Den Nordwestzipfel Maltas nimmt das Marfa Ridge ein, ein von Ost nach West verlaufender flacher Höhenzug. Mit Zeugnissen vergangener Epochen kann diese Region Maltas nicht aufwarten, dafür bietet das noch weitgehend unverbaute Gebiet trotz seiner kargen Vegetation schöne Landschaftseindrücke. Auf dem ca. 5 km langen Kamm des Höhenzugs verläuft eine schmale Straße, von ihr lassen sich an vielen Stellen reizvolle Ausblicke genießen. Nach Norden hin zweigen von der Höhenstraße mehrere befestigte Wege ab, die in kleinen Buchten enden.

Paradise Bay

Zwar bietet die Paradise Bay nicht ganz das, was der Name verspricht, doch ist der knapp 100 m lange Sandstrand für maltesische Verhältnisse ein recht attraktiver Badeplatz. Von dem Parkplatz oberhalb der Paradise Bay führen Stufen hinab zu dem Strand am Fuße der Steilküste. Ein kleines Restaurant bietet Erfrischungen.

Cirkewwa/
Marfa Point

Von Cirkewwa bzw. Marfa Point startet die Fähre nach → Gozo (→ Praktische Informationen, Fähr- und Schiffsverkehr). Kleinere Boote bringen Badegäste hinüber zur Blauen Lagune nach → Comino.

Ramla Bay

Die kleine Ramla Bay wird hauptsächlich von den Gästen des gleichnamigen Hotels aufgesucht, ist jedoch auch öffentlich zugänglich (Tretbootverleih, Windsurfschule).

Armier Bay

Bei Einheimischen und Fremden ist die Armier Bay mit ihrem ca. 100 m langen Sandstrand ein beliebtes Baderevier. Es gibt Restaurants und Umkleidekabinen.

White Tower Bay

Die Container und Bretterbuden an der White Tower Bay machen diese Bucht zu einem wenig reizvollen Ausflugsziel. Der Turm, nach dem die Bucht benannt ist, befindet sich in Privatbesitz.

Marsa   H 6

Lage und
Bedeutung

Am Südende des Grand Harbour breitet sich die Stadt Marsa (5300 Einw.) aus. Die Geschichte des Ortes begann 1860, als die Briten den French Creek zum Sperrgebiet erklärten und den Marsa Creek ausbaggerten, um als Ersatz hier einen Anlegeplatz für Handelsschiffe zu schaffen (Marsa heißt übersetzt "Hafen").
Schnell siedelten sich in der Umgebung Industriebetriebe an, und bis heute ist Marsa eines der wichtigsten Industriegebiete des Inselstaates. Bedeutung hat Marsa zudem als Standort eines ausgedehnten Sportkom-

plexes (Marsa Sports Club) am südwestlichen Ortsrand mit Golfplatz, Pferderennbahn, Fußballplatz, Tennisplätzen und vielem mehr.

Marsaskala

K 7

Am Ende der gleichnamigen fjordartigen Bucht liegt an der Nordostküste Maltas der Fischerort Marsaskala (4700 Einw.), von dem in den letzten Jahren der Tourismus zunehmend Besitz ergriffen hat. Bademöglichkeiten findet man hier vor allem an der südlich gelegenen St. Thomas Bay (Felsterrassen).

Lage und
Bedeutung

Die Häuser des Ortes säumen die langgezogene Marsaskala Bay und dehnen sich mittlerweile auch auf der südlich anschließenden Halbinsel aus. Bisher gibt es nur wenige größere Hotels und Apartmenthäuser, so bietet Marsaskala samt den vielen bunten Fischerboote, die in der geschützten Bucht ankern, ein noch recht typisches Bild. Zwar ist alles nicht ganz so prächtig wie in → Marsaxlokk, dafür geht es hier etwas geruhsamer zu. Doch setzt man auf einen weiteren Ausbau des Tourismus, davon zeugt bereits die Promenade rund um die Marsaskala Bay.

Ortsbild

An der Spitze der Halbinsel zwischen Marsaskala Bay und St. Thomas Bay wurde nach der 1614 erfolgten Landung einer türkischen Truppe, die → Zejtun plünderte, das Fort St. Thomas errichtet. Der trutzige Bau dient heute als Restaurant.

Fort St. Thomas

Marsaxlokk

J 7/8

Mit einem recht malerischen Ambiente kann der an einer Bucht der Ostküste Maltas gelegene Fischerort Marsaxlokk (ausgesprochen: "marsaschlock") aufwarten. Dementsprechend gesellen sich zu seinen 2800 Einwohnern alltäglich eine große Anzahl von einheimischen und ausländischen Tagesgästen. Für sie wird jeden Tag an der Uferpromenade in den Morgen- und frühen Nachmittagsstunden ein Markt abgehalten, auf dem vor allem Bekleidungsartikel, Wäsche, Lederwaren und Souvenirs angeboten werden.
Der "Hafen des warmen Windes", wie Marsaxlokk übersetzt heißt, spielte schon mehrfach in der maltesischen Geschichte eine besondere Rolle: Hier landeten 1565 türkische Truppen, und am 10. Juni 1798 gingen hier französische Streitkräfte an Land. Friedlicher ging es bei dem Zusammentreffen des amerikanischen Präsidenten George Bush mit dem Kremlchef Michail Gorbatschow im Dezember 1989 zu.

Lage und
Bedeutung

Marsaxlokk präsentiert sich mit seinen kleinen typisch maltesischen Häuschen noch recht ursprünglich. Größere Hotels gibt es nicht, so bestimmen nach wie vor die vielen bunten Fischerboote, die Luzzi, im großen Hafenbecken das Bild. Am Bug der Boote ist fast immer ein Auge aufgemalt. Diese Tradition geht auf phönizischen Einfluß zurück, das Auge soll die Fischer vor dem bösen Blick des Teufels beschützen. Den Hintergrund für die malerische Hafenszenerie liefert die Pfarrkirche Our Lady of Pompei.

✳Ortsbild

Umgebung von Marsaxlokk

Nach Nordosten hin begrenzt die Delimara-Halbinsel die Marsaxlokk Bay. An ihrer Westseite trägt ein Kraftwerk nicht gerade zur Verschönerung der Landschaft bei, landschaftlich attraktiver zeigt sich die Ostseite der Halbinsel. Hier kann man sich auf Felsterrassen sonnen oder im glasklaren Wasser baden. Als besonders reizvoll erscheint vielen der Peter's Pool.

Delimara Point

An der Südspitze der Halbinsel errichteten die Briten das Fort Delimara. Es ist teilweise in den Felsen hineingebaut (nicht zugänglich).

Nordöstlich von Marsaxlokk liegt verborgen hinter Mauern, ober- und unterhalb der Straße Zejtun – Delimara die Ausgrabungsstätte von Tas-Silg (in der Regel nicht zugänglich). Archäologen stießen hier auf Überreste eines neolithischen Tempels mit zwei nierenförmigen Räumen; auf seinen Grundmauern entstand in phönizisch-punischer Zeit ein der Astarte (kleinasiatische Fruchtbarkeitsgöttin) geweihter Tempel und in der römischen Epoche ein Heiligtum, in dem Juno verehrt wurde. Reste eines Baptisteriums samt erhaltenem Taufbecken werden auf das 4. Jh. n. Chr. datiert.

An der Spitze der die Bucht von Marsaxlokk nach Süden hin einfassenden Halbinsel steht das St. Lucian's Fort. Es wurde 1611 auf Betreiben des Großmeisters Alof de Wignacourt errichtet. Die Festungsanlage beherbergt heute ein Forschungsinstitut und ist daher für Touristen nicht zugänglich.

Mdina   F 6

Die im Zentrum der Insel gelegene einstige Hauptstadt Mdina (ausgesprochen "emdina") ist eines der lohnendsten Ziele auf Malta. Mit ihren Palästen, Kirchen und Klöstern mutet die Stadt, die heute nur 360 Einwohner hat, noch immer mittelalterlich an. Ein Eindruck, der durch das weitgehende Fehlen von Autoverkehr und die geringe Anzahl von Läden, Cafés und Restaurants verstärkt wird. In vergangenen Jahrhunderten verliehene Titel wie "Città Notabile" (= Edle Stadt) und "Città Vecchia" (= Alte Stadt) haben auch heute ihre Berechtigung.
Weithin sichtbar liegt Mdina auf einem 185 m hohen Ausläufer des Dingli-Plateaus. Nach Osten, Norden und Nordwesten hin boten in der Vergangenheit steil abfallende Felsen Schutz vor unliebsamen Besuchern. Nach Süden und Südwesten hin ist Mdina durch eine hübsch gestaltete Grünzone mit Blumenrabatten, Bänken und einem Café von der neueren Nachbarstadt → Rabat getrennt.

Die strategische Bedeutung der Stadt wußte man sich von jeher nutzbar zu machen. Siedlungsspuren können bereits für die Bronzezeit nachgewiesen werden. Vermutlich umgaben schon die Phönizier um 1000 v. Chr. die von ihnen als "Malet" (= Zufluchtsort) bezeichnete Stadt mit einem Wall. Den Namen wandelten die Römer in "Melita" ab, das sie mit gewaltigen Festungsmauern, die auch den heutigen Nachbarort Rabat einbezogen, sicherten. Etwa dreimal so groß wie heute ist die Stadt damals gewesen. Ihren Namen Mdina (= "die von Mauern umgebene Stadt") erhielt sie von den Arabern, die sich 870 Maltas bemächtigt hatten. Aus strategischen Gründen verkleinerten sie das Stadtgebiet etwa auf die heutige Größe. Die Siedlung vor den Toren Mdinas bestand weiterhin, hatte eine gewisse Eigenständigkeit und wurde als "Rabat" bezeichnet. Während der normannischen Herrschaftsperiode (1090 – 1194) wurden die Umfassungsmauern Mdinas um- bzw. ausgebaut. Sie hielten 1422 dem Angriff von 18 000 Türken stand. Daraufhin ehrte Alfonso von Aragon Mdina mit dem Titel "Città Notabile". Mit der Übernahme Maltas durch die Johanniter sank die Bedeutung Mdinas. Nur von 1530 bis 1532 beherrschten die Johanniter von Mdina aus die Insel, dann verlegten sie ihren Hauptsitz nach Birgu. Eine Rolle spielte die Stadt nochmals während der Großen Belagerung durch die Türken 1565, einige erfolgreiche Vorstöße gegen die türkische Front wurden von hier unternommen und die Nachrichtenübermittlung nach Sizilien organisiert. Wenngleich die Inseladel sich weiterhin auf Mdina konzentrierte, und die Stadt auch Sitz der Università, einer Selbstverwaltungsinsti-

◄ *Mit seinen vielen bunten Luzzi, den traditionellen maltesischen Fischerbooten, bietet der Hafen von Marsaxlokk ein malerisches Bild.*

Mdina

tution des maltesischen Adels, blieb, so setzte doch mit dem Aufblühen der neuen Hauptstadt Valletta Ende des 16. Jh.s ein stetiger Bevölkerungsrückgang ein. Für die Ritter war Mdina die "Città Vecchia", die alte Stadt. Bei einem schweren Erdbeben, das 1693 Sizilien und Malta erschütterte, wurden die meisten Bauten der Stadt zerstört. Für den Wiederaufbau sorgte Großmeister Manoel de Vilhena. Im Juni 1798 ergab sich Mdina zwar kampflos den Franzosen, erhob sich jedoch gegen diese, als sie vor der Plünderung der Kirchen und Klöster nicht Halt machten, und entzündete damit den Widerstand gegen die französischen Besatzungstruppen. Jegliche politische Funktion verlor Mdina, als die Briten 1814 die Università, deren Rechte schon zuvor sehr beschnitten worden waren, auflöste. Bauliche Veränderungen in Mdina wurden kaum noch vorgenommen, das moderne Leben verlagerte sich zunehmend auf die "Vorstadt" Rabat.

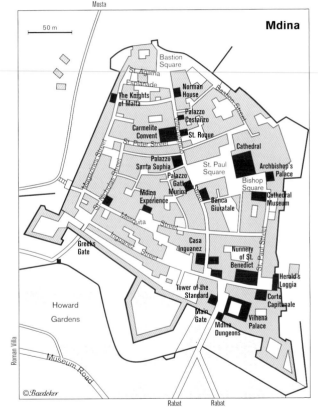

**Stadtbild

Schon von Ferne bietet Mdina mit seinen gewaltigen Festungsmauern, die hoch über der Ebene aufragen, ein erhabenes Bild. Man wird es bei einem Rundgang durch die vom Barock geprägte Stadt bestätigt finden. In gelblichem Kalkstein errichtete Paläste, Kirchen und Klöster sowie enge Gassen bestimmen das Bild und schaffen eine Atmosphäre, in der die Zeit still zu stehen scheint. Schön sind nicht nur die herausragenden Bauten, auch viele kleine Details (z.B. Türklopfer und Fensterverzierungen) erfordern Be-achtung. Drei Zugänge führen in die von einem mächtigen Bastionsgürtel umgebene Stadt. Während das Griechentor und das Haupttor ihr heutiges Aussehen unter Großmeister Vilhena erhielten, wurde der Durchbruch in der westlichen Stadtmauer erst Ende des 19. Jh.s geschaffen, um einen direkten Zugang zur Eisenbahnstation zu erhalten.

Einen Rundgang durch Mdina beginnt man am besten am Main Gate, das man über eine Brücke erreicht. Die Entfernungen sind gering, so lassen sich alle Sehenswürdigkeiten Mdinas problemlos zu Fuß erkunden, doch bieten vor dem Stadttor immer auch einige Kutscher ihre Dienste an.

Stadtbild
(Fortsetzung)

Sehenswertes in Mdina

Das triumphbogenartige Haupttor ließ Großmeister Manuel de Vilhena 1724 erbauen; es ersetzte ein älteres, das man über eine Zugbrücke erreichte und dessen Umrisse noch un-weit des neuen Tores er-kennbar sind. Das Wap-pen Vilhenas prunkt über dem Torbogen. Die Innen-seite des Tores zieren das Wappen der Inguanez, eine der ältesten Adelsfa-milien der Stadt, sowie Statuen des Apostels Paulus und der hl. Publius und Agatha. Bei dem Tor empfingen Abgesandte der Università, einem von dem Adel Maltas gebilde-ten Selbstverwaltungsgre-mium, jeden neu ernann-ten Großmeister des Jo-hanniterordens. Sie über-gaben ihm, nachdem er zuvor die Rechte und Pri-vilegien der Università be-stätigt hatte, symbolisch die Schlüssel zur Stadt.

Mdina: Main Gate

Main Gate

Hinter dem Tor öffnet sich ein kleiner Platz, an dem sich links der Standar-tenturm (Tower of the Standard) aus dem 16. Jh. erhebt. Er fungierte einst als Wacht- und Signalturm, heute ist hier die Polizeistation untergebracht.

Tower of the Standard

Gleich rechts vom Stadttor führen Stufen hinab zum Eingang der Mdina Dungeons. Teilweise erstaunlich realistisch werden in den bereits seit dem Mittelalter bestehenden Kerkern mit Puppen Foltermethoden vergangener Jahrhunderte nachgestellt (geöffnet: tgl. 10.00 – 18.00, im Sommer bis 19.00 Uhr) – nichts für zartbesaitete Gemüter!

Mdina Dungeons

Durch ein Tor betritt man den Ehrenhof des Vilhena Palace. Großmeister Vilhena beauftragte um 1730 Giovanni Barbara mit dem Bau des dekorati-ven barocken Stadtpalastes. Den Ehrenhof umschließt die dreiflügelige Pa-lastanlage mit einer pilasterverzierten Fassade. Die Briten richteten in dem Palast 1908 ein Hospital ein, bis 1956 wurden hier Kranke versorgt; 1973 öffnete das Museum für Naturgeschichte (Natural History Museum; ge-öffnet vom 16. Juni bis September: tgl. 7.45 – 14.00; von Oktober bis 15.

Vilhena Palace/ Natural History Museum

Mdina

Vilhena Palace (Fortsetzung)
Juni: Mo. – Sa. 8.15 – 17.00, So. 8.15 – 16.15 Uhr) in dem Palast seine Pforten. In zahlreichen Räumen werden alle auf bzw. bei den Inseln vorkommenden Insekten, Vögel, Muscheln, Fische und Säugetiere gezeigt. Außerdem gibt es umfangreiche Sammlungen zur Geologie und Mineralogie der Inseln.

Nunnery of St. Benedict
Weiter in nördlicher Richtung gehend, trifft man auf das 1418 gegründete Benediktinerinnenkloster (Nunnery of St. Benedict). Die völlig abgeschieden lebenden Nonnen dürfen das Kloster nie verlassen, diese Regelung galt bis 1974 selbst nach ihrem Tode: Sie wurden in einer Krypta innerhalb der Klostermauern beigesetzt.

Chapel of St. Agatha
Die St.-Agatha-Kapelle an der Villegaignon Street – benannt ist die Hauptstraße Mdinas nach einem französischen Ritter, der die Verteidigung der Stadt gegen die Türken 1551 organisierte – ist in den Bau des Benediktinerinnenklosters integriert. Das ursprünglich 1417 errichtete Gotteshaus wurde 1694 von Lorenzo Gafà umgebaut.

Chapel of St. Benedict
Gleich hinter der St.-Agatha-Kapelle befindet sich die schlichte Klosterkapelle St. Benedikt. Das Altargemälde der Madonna mit Heiligen stammt von Mattia Preti (1613 – 1699).

Casa Inguanez
Gegenüber steht die Casa Inguanez, das Wappen dieser mittlerweile erloschenen Adelsfamilie ist am Stadttor angebracht (siehe S. 127). In dem um 1370 errichteten, später jedoch mehrfach veränderten Bau wohnten Alfonso V. von Aragon 1432 und König Alfonso XIII. von Spanien 1927 während ihres Aufenthaltes auf Malta.

Mdina Experience
Durch die Mesquita Street gelangt man nach links zum gleichnamigen Platz, hier wird im Gebäude Nr. 7 die "Mdina Experience" präsentiert (geöffnet: Mo. – Fr. 10.30 – 16.00, Sa. 10.30 – 14.00 Uhr). Die audiovisuelle Show will die Geschichte Mdinas von den Anfängen bis zur Gegenwart lebendig werden lassen.

Banca Giuratale
Zurück zur Villegaignon Street wird bald rechts die Banca Giuratale passiert. Der Bau wurde ebenfalls von Manoel de Vilhena um 1730 initiiert und diente ehemals als Sitz der Università.

Palazzo Gatto Murina/Tales of the Silent City
Gegenüber informiert im Palazzo Gatto Murina, dessen Ursprünge auf das 14. Jh. zurückgehen, eine weitere Ausstellung über die Geschichte Mdinas (Tales of the Silent City; geöffnet: tgl. 9.30 – 16.30 Uhr).

*Cathedral of St. Peter and Paul
Hinter der Banca Giuratale öffnet sich der St. Paul's Square, dessen Ostseite die Kathedrale (Cathedral; geöffnet: Mo. – Sa. 9.30 – 11.45 und 14.00 bis 17.00, So. 15.00 – 16.30 Uhr) beherrscht. Sie gilt als das Meisterwerk von Lorenzo Gafà, der 1697 mit dem Bau beauftragt wurde. Der im sizilianisch-normannischen Stil errichtete Vorgängerbau aus dem 12. Jh. war durch das Erdbeben 1693 bis auf Sakristei und Chor zerstört worden. Die zurückhaltend barocke Doppelturmfassade des heutigen Sakralbaus wird durch zwei Geschosse und korinthische Pilaster gegliedert. Über dem Mittelteil erhebt sich ein Dreiecksgiebel. Das Hauptportal ziert das Stadtwappen, umrahmt von den Wappen des Großmeisters Perellos y Roccaful (1697 – 1720) und des Bischofs Cocco-Palmieri (1687 – 1713), der die Kathedrale 1702 weihte.
Man betritt die über dem Grundriß eines lateinischen Kreuzes errichtete dreischiffige Kathedrale durch den rechten Seiteneingang. Im Innern wird die Pilasterordnung der Fassade als dekoratives System weitergeführt. Tonnengewölbe, Vierungskuppel, Halbkuppel der Apis und überkuppelte Seitenkapellen veranschaulichen die beliebten Kuppelraumideen der Barockbaukunst. Den Boden der Kathedrale bedecken kunstvolle, in farbiger Marmoreinlegearbeit ausgeführte Grabplatten, der geistliche und weltliche Adel Mdinas ist hier beigesetzt. Die Deckengewölbe schmücken Malereien

der sizilianischen Künstler Vincenzo und Antonio Manno, dargestellt sind Szenen aus dem Leben der Apostel Petrus und Paulus (Ende 18. Jh.), die Kuppel wurde erst 1955 von einem Turiner Künstler ausgemalt.

Cathedral of St. Peter and Paul (Fortsetzung)

Die Sakristeitür aus irischer Mooreiche mit geschnitzten Tiermotiven aus dem nordischen Kulturkreis stammt aus dem 12./13. Jh. und bildete einst das Hauptportal des normannischen Vorgängerbaus. Der Hochaltar ist mit Lapislazuli und Marmor ausgelegt. Das Fresko in der Apsis "Der Schiffbruch des hl. Paulus" ist noch von der Vorgängerkirche erhalten, es stammt von Mattia Preti (1613 – 1699); demselben Künstler wird das Altarbild "Die Bekehrung des hl. Paulus" zugeschrieben. Das Chorgestühl ist ein Werk des 18. Jh.s mit Einlegearbeiten aus dem 19. Jahrhundert. Ferner sind in der Sakramentskapelle eine byzantinische Marienikone und ein Silbertabernakel beachtenswert. Letzteres wurde von dem Florentiner Bildhauer und Goldschmied Benvenuto Cellini (1500 – 1571) geschaffen.

Der an die Südfassade der Kathedrale grenzende Palast des Erzbischofs (Archbishop's Palace) wurde 1722 fertiggestellt.

Archbishop's Palace

Mdina: Gewaltige Mauern umschließen die alte Inselhauptstadt.
Hier der Blick zur Kathedrale.

Gegenüber dem Seiteneingang zur Kathedrale befindet sich der Zugang zum Kathedralenmuseum (geöffnet: Mo. – Fr. 9.00 – 16.30, Sa. 9.00 – 14.00 Uhr; die Eintrittskarte berechtigt auch zum Besuch der St. John's Co-Cathedral in Valletta). Untergebracht ist es in einem zwischen 1733 und 1740 nach Plänen von Giovanni Barbara entstandenen Barockbau, einst Sitz des Priesterseminars. Den Grundstock des Ende des letzten Jahrhunderts gegründeten Museums bildet die Kunstsammlung des Grafen Saverio Marchese (1757 – 1833). Zum Museumsbesitz gehören u.a. Gemälde maltesischer, italienischer und flämischer Meister des 14. – 19. Jh.s, eine Münzsammlung, liturgische Bücher sowie Urkunden. Überraschenderweise besitzt das Museum auch zahlreiche Kupferstiche und Holzschnitte Albrecht Dürers, so eine vollständige Serie von 22 Drucken aus dem "Ma-

Cathedral Museum

Mdina

Cathedral Museum (Fortsetzung)	rienleben" (1511) und 37 Holzschnitte der "Kleinen Passion" (1509 – 1511; bei sechs Darstellungen handelt es sich um Kopien aus dem 16. Jh.). Graphische Werke einiger Schüler Dürers (u.a. Hans Schäufelein und Hans Baldung Grien) sind ebenfalls in dem Museum zu sehen.
Palazzo Santa Sophia	Als das älteste Gebäude Mdinas gilt der Palazzo Santa Sophia an der Villegaignon Street schräg gegenüber der Kathedrale. Das Erdgeschoß des Hauses wurde im sizilianisch-normannischen Stil mit schönen romanischen Bögen im 13. Jh. errichtet (die nachträglich an der Fassade angebrachte Jahreszahl 1233 ist möglicherweise nicht korrekt). Der erste Stock des Palastes wurde erst 1938 ergänzt.
Carmelite Church and Convent	Im weiteren Verlauf der Villegaignon Street passiert man links das zwischen 1630 und 1690 erbaute Karmeliterkloster (Carmelite Convent). Hier nahm 1798 der Aufstand gegen die Franzosen seinen Ausgang, als diese den Kirchenschatz plündern wollten.

Mdina aus der Vogelperspektive

Chapel of St. Roque	Gegenüber dem Karmeliterkloster steht die kleine Kapelle St. Roque. Sie ist dem Schutzpatron gegen Pest und andere Seuchen geweiht und entstand in ihrer heutigen Form 1728.
Palazzo Costanzo/ Medieval Times	Der Palazzo Costanzo in der Villegaignon Street beherbergt im Untergeschoß ein Restaurant mit schattigem Innenhof, im Obergeschoß wird die Ausstellung "Medieval Times" mit 15 nachgestellten Szenen aus dem mittelalterlichen Leben gezeigt (geöffnet: Mo. – Sa. 9.30 – 21.30, So. 9.30 bis 20.00 Uhr).
*Norman House	Das auch unter dem Namen Palazzo Falzon bekannte Normannenhaus (Norman House) gilt als am nördlichen Ende der Villegaignon Street als der besterhaltene mittelalterliche Bau Mdinas. Während das erste Stockwerk erst im ausgehenden 15. Jh. mit Biforienfenstern errichtet wurde, stammen

Teile des Erdgeschosses noch aus einer früheren Bauphase (1095); die Zackenleiste als Fassadenschmuck ist ein normannisches Stilelement.
Das heute von einer Stiftung unterhaltene Gebäude wurde umfassend renoviert und ist der Öffentlichkeit zugänglich (geöffnet: Mo. – Fr. 9.00 bis 13.00 und 16.00 – 17.30 Uhr; ggf. läuten!). Im Innern birgt es eine komplette Einrichtung aus dem 16. – 18. Jh. mit Möbeln, Gemälden, Glas- und Keramikgegenständen sowie Waffen. Recht malerisch nimmt sich der Innenhof aus, der seine heutige Form allerdings erst im ausgehenden 16. Jh. erhielt.

Mdina (Fortsetzung)

Die Villegaignon Street mündet auf den Bastion Square, der mit seinen Bäumen und Bänken und dem überwältigenden Ausblick, der sich von hier auf das Umland ergibt, zum Verweilen einlädt.

Bastion Square

Unweit südwestlich von Bastion Square ist in den einstigen, in die Festungswälle integrierten Pulvermagazinen die Ausstellung "The Knights of Malta" untergebracht (geöffnet: Mo. – Fr. 10.30 – 16.00, Sa. 10.30 – 15.00 Uhr). Mit rund 120 lebensgroßen Personen werden Szenen aus der Ordensgeschichte nachgestellt.

The Knights of Malta

Um den Rundgang durch Mdina fortzusetzen, folgt man nun der entlang der östlichen Stadtmauer verlaufenden Bastion Street, nach wenigen Metern erreicht man die Fontanella Tea Gardens, von der auf den Bastionsmauern angelegten Terrasse des Cafés genießt man nochmals einen prächtigen Blick auf den Inselnorden und -osten. Vorbei an der Kathedrale geht man dann durch die St. Paul Street.

Die St. Paul Street mündet auf einen kleinen Platz, dessen Ostseite ein als Herald's Loggia bezeichneter Bau begrenzt. Von dem Balkon des Gebäudes wurden die Erlasse der Università verkündet.

Herald's Loggia

Die Südseite nimmt der Teil des Vilhena-Palastes (siehe S. 127) ein, der als Gerichtsgebäude (Corte Capitanale) fungierte. Die beiden Figuren über dem Portal symbolisieren Gnade und Gerechtigkeit, andere Assoziationen läßt das darüberstehende Motto "Legibus et Armis" ("mit Gesetzen und Waffen") aufkommen.

Corte Capitanale

Mellieha   E 4

Mit derweil ca. 6000 Einwohnern ist Mellieha größter Ort im Nordwesten Maltas. Im Ortskern findet man zahlreiche Restaurants und Einkaufsmöglichkeiten. Bereits im 15. Jh. gab es hier eine Siedlung, die jedoch wegen häufiger Piratenangriffe im 16. Jh. aufgegeben wurde. Die Neubesiedlung erfolgte erst Mitte des 19. Jh.s.

Lage und Bedeutung

Der recht ursprüngliche Ortskern von Mellieha liegt auf einem steil zur gleichnamigen Bucht hin abfallenden Höhenrücken. In den Randbezirken der Siedlung und vor allem entlang der Mellieha Bay sind jedoch in den letzten Jahren viele neue Hotelbauten und Apartmenthäuser entstanden.
Im Zentrum erhebt sich die weithin sichtbare neobarocke Pfarrkirche, die erst 1948 fertiggestellt wurde. Von der Terrasse bei der Kirche genießt man eine prächtige Sicht auf das Umland.

Ortsbild

Unterhalb der Pfarrkirche befindet sich die vielbesuchte Höhlenkirche St. Marija. In ihr wird ein direkt auf den Fels gemaltes Marienbild verehrt, das nach lokaler Überlieferung bereits im 4. Jh. entstanden sein soll, tatsächlich wohl aber in das 11./12. Jh. zu datieren ist. Schon bevor sich die Johanniter auf Malta niederließen, war diese Stätte ein Wallfahrtsort. Im ursprünglichen Zustand präsentiert sich noch der Altarraum, die Höhlenwände des Langhauses wurden 1644 mit Marmor verkleidet. Die aus dem Fels herausgehauene Sakristei bewahrt zahlreiche Votivgaben.

St. Marija

Umgebung von Mellieha

Mellieha Bay

Unweit nördlich von Mellieha öffnet sich die weite gleichnamige Bay mit einem der längsten und schönsten Sandstrände der Insel. Getrübt werden die Badefreuden allerdings durch die Tatsache, daß die Hauptverkehrsstraße unmittelbar am Strand entlangführt.

Jenseits der Straße dehnt sich das Vogelschutzgebiet von Ghadira aus, das feuchte Areal bietet verschiedenen seltenen Vogelarten ideale Brutbedingungen (nicht zugänglich).

Popeye Village

Popeye Village (geöffnet: tgl. 9.00 – 17.00 bzw. 19.00 Uhr im Sommer), die vielleicht interessanteste Sehenswürdigkeit für Kinder auf Malta, liegt an der Anchor Bay, ca. 3 km nordwestlich von Mellieha. Für die Dreharbeiten

zu dem Comicfilm "Popeye" (Regisseur: Robert Altman, Hauptdarsteller: Robin Williams und Shelly Duvall) entstand hier 1979 ein ganzes Dorf aus buntangemalten Holzhäusern. Das hierfür notwendige Holz wurde extra aus Kanada herangeschafft. Nachdem die Dreharbeiten zu dem Film im Juni 1980 abgeschlossen waren, beschloß man, die Filmkulisse zu einer Touristenattraktion werden zu lassen. Zwar kann man die meisten Häuser nicht betreten, doch werden Kinder mit Begeisterung die Holzveranden oder die auf den Dächern mancher Häuser angelegten Aus-

Popeye Village in der Anchor Bay:
einst Filmkulisse, heute beliebte Attraktion für Kinder

sichtspunkte erklimmen. Wer jedoch nur ein Foto von dem romantischen Fischerdorf machen möchte, für den lohnt das Bezahlen des relativ hohen Eintrittspreises nicht, die beste Sicht bietet sich kostenlos vom Südende der Anchor Bay.

Selmun Palace

In kahler schroffer Felslandschaft erhebt sich östlich über Mellieha der heute zu einer Hotelanlage gehörende Selmun Palace. Domenico Cachia errichtete im Auftrag der Johanniter im 18. Jahrhundert. Er ließ sich bei seinen Bauplänen deutlich vom Verdala Palace inspirieren und schuf einen wehrhaft wirkenden Bau mit Ecktürmen und schräg gebwith schtem Unterbau. Der herrschaftliche Trakt befindet sich im Obergeschoß, das ein Balkon umläuft. Die Ordensritter nutzten den ursprünglich als Sommersitz konzipierten Palast nie selbst, sondern verpachteten ihn samt Umland als Jagddomizil.

Mgarr   E 5

Lage und Allgemeines

Mgarr ist ein kleines Dorf mit 2700 Einwohnern im Nordwesten Maltas. Im Ortszentrum erhebt sich die moderne Kuppelkirche, die aus Spendengeldern der Dorfbewohner finanziert wurde. Touristen kommen allenfalls für einen kurzen Zwischenstopp nach Mgarr, um einen Blick auf die nicht sehr gut erhaltene Tempelanlage Ta Hagrat zu werfen.

"Der Malteser Falke"...

... und "Die Malteser des Falken" – verwirrend, nicht wahr? Des Rätsels Lösung: Bei beiden Titeln handelt es sich um Kriminalromane (jeweils verfilmt), in denen unerschrockene Detektive nach etwas Wertvollem suchen.

Der Roman "The Maltese Falcon" (1930; dt. "Der Malteser Falke", 1974) von Dashiell Hammett erzählt von der Suche nach einem goldenen, über und über mit kostbaren Steinen besetzten Falken, den der Johanniterorden einst Kaiser Karl V. als Geschenk zukommen lassen wollte. Dieser hatte 1530 dem Ritterorden Malta und Tripolis (Nordafrika) als ewiges Lehen vermacht, mit der einzigen Verpflichtung, dem spanischen Hof jährlich zu Allerheiligen als Symbolpreis einen Malteser Fal-

es heißt, eine wertvolle Vogelskulptur. Doch am spanischen Hof kam das kostbare Kleinod nicht an. Lange Zeit galt die Falken-Statuette als verschollen. Erst in den 1920er Jahren tauchte sie in den USA wieder auf, wo ein Gangsterboß, ein undurchsichtiger Einzelgänger und eine junge, hübsche Frau versuchen, die Figur an sich zu reißen. Auch vor Morden wird dabei nicht zurückgeschreckt. Sam Spade, ein kleiner Privatdetektiv, der über einen Routineauftrag in die Suche involviert wird, kann schließlich den Falken an sich bringen, muß aber feststellen, daß er nur eine Fälschung aus Blei aufgespürt hat.

Regisseur John Huston verfilmte 1941 die Detektivgeschichte (dt. "Die Spur des Falken"/"Der Malteserfalke"), wobei er wie in der literarischen Vorlage den Pessimismus, die Desillusion, den Zynismus und die Skrupellosigkeit stark ins Bild setzte, mit denen um die Existenz, um das große Geld gekämpft wird. Mit diesem Filmdebüt machte er sich über Nacht einen Namen und initiierte den "schwarzen Film" des amerikanischen Kinos.

Filmszene aus "Der Malteserfalke" mit Humphrey Bogart, Peter Lorre, Mary Astor und Sidney Greenstreet

Im Jahre 1986 brachte Anthony Horowitz sein Buch "The Falcon's Malteser" auf den Markt.

ken zu überbringen. Nachdem die Ordensritter auf ihren Beutezügen gegen die Sarazenen zu Reichtum gelangt waren, wollten sie Kaiser Karl als Lehenszins nicht einfach einen unbedeutenden Falken senden, sondern schickten ihm, wie

Wie der Untertitel der deutschen Übersetzung "Die Malteser des Falken – Die Parodie auf Bogart, Cagney + Co." (1989) schon ahnen läßt, handelt es sich hierbei um eine Persiflage auf die "schwarze Serie".

Ta Hagrat

Den aus neolithischer Zeit stammenden Tempelkomplex Ta Hagrat (= "Die Steine") erreicht man, wenn man, von Zebbieh kommend, am Ortseingang gleich links hinter der Volksschule abzweigt. Die Ausgrabungsstätte ist eingezäunt und normalerweise nicht zugänglich; der Schlüssel ist beim Archäologischen Museum in Valletta erhältlich. Den meisten Besuchern reicht es jedoch, einen Blick durch das Gittertor zu werfen.

Anlage

Bei den 1923 und 1925 in Mgarr vorgenommenen Ausgrabungsarbeiten wurden zwei nebeneinanderliegende Tempel freigelegt, die um 3600/3500 v. Chr. entstanden und damit zu den ältesten Zeugnissen der Megalithkultur auf Malta gehören (Grundriß S. 52). Die seitlichen Auslappungen des kleineren älteren Tempels sind unregelmäßig gestaltet und lassen an Grabkammern denken, die die Menschen des Neolithikums in den Fels gehauen haben. Die Erscheinungsform des größeren und später entstandenen Heiligtums weist bereits mehr Gemeinsamkeiten mit anderen neolithischen Tempelanlagen auf. Von einem Vorhof führen Stufen zum Trilitheingang, durch den man den rechteckigen mit nur einer einzigen Bodenplatte ausgelegten Mittelraum betritt. An diesen Raum schließen drei unterschiedlich große apsisartige Kammern an. Den Durchgang zu ihnen bilden jeweils Orthostatenpaare. Eine weitere Kammer gleich links des Eingangs wurde vermutlich erst später angebaut.

Mnajdra

→ Hagar Qim · Mnajdra

Mosta   F/G 5/6

Lage und
Bedeutung

Das 15 km südwestlich von Valletta gelegene Mosta ist ein betriebsames Städtchen, ca. 17 000 Menschen leben hier. Da sich in Mosta wichtige Verbindungsstraßen der Insel kreuzen, schieben sich zu den Verkehrsstoßzeiten endlose Wagenkolonnen durch den Ort.

Stadtbild

Noch recht ursprünglich wirkt das Stadtbild von Mosta. Die meisten Geschäfte haben sich rund um den großen Platz bei der Kirche bzw. entlang der Constitution Street (Triq il-Kostituzzoni) angesiedelt. Hier befindet sich auch die zentrale Bushaltestelle.

Sehenswertes in Mosta

*Rotunda · Santa
Marija Assunta

Stolz behaupten die Einwohner Mostas, daß sie die drittgrößte Kuppelkirche Europas besitzen, und in der Tat weist die Kuppel der Maria-Himmelfahrtskirche, meist kurz Rotunda genannt, mit einem Durchmesser von 52 m und einer Höhe von ca. 60 m stattliche Ausmaße auf. Sie entstand zwischen 1833 und 1871. Der Malteser Baumeister Grognet de Vassè ließ sich bei seinem Entwurf vom Pantheon in Rom inspirieren. Die aus sechs ionischen Säulenpaaren gebildete Vorhalle wird (wie dies auch bei seinem Vorbild im 19. Jh. noch der Fall war) von zwei hohen Glockentürmen flankiert. Finanziert wurde der gigantische Sakralbau durch Spenden und freiwillige Mitarbeit der Dorfbewohner. Zudem versuchte man zu sparen: Die Kirche wurde einschließlich der Kuppel ohne Gerüst errichtet.
In dem in den Farben Blau, Weiß und Gold gehaltenen Innenraum (geöffnet: tgl. 9.00 – 12.00 und 15.00 – 17.00 Uhr) finden 12 000 Menschen Platz! Die Malereien in der Kirche stammen von Giuseppe Cali (Anfang 20. Jh.), dargestellt ist das Leben Jesu von der Geburt bis zur Himmelfahrt.

Bau mit wahrhaft gigantischen Ausmaßen: die Rotunda in Mosta

Zur Erinnerung an ein "Wunder" wird in der Sakristei der Kirche eine deutsche Fliegerbombe aus dem Zweiten Weltkrieg aufbewahrt. Während eines Gottesdienstes fielen 1942 drei Bomben auf die Kirche, eine von ihnen durchschlug das Gebäude, explodierte jedoch nicht. Keiner der 300 Gläubigen kam damals zu Schaden.

Mosta
(Fortsetzung)

Am nördlichen Ortsausgang von Mosta (an der Straße nach St. Paul's Bay) wurde ein Abschnitt der Victoria Lines restauriert und in die Grünzone rund um die Salvatore Dimech Crafts & Artisans School integriert. Die Victoria Lines sind eine die gesamte Insel durchziehende Befestigungslinie. Der buchtenreiche Nordzipfel der Insel Malta konnte schwer verteidigt werden. Um mögliche Angreifer dennoch abwehren zu können, legten die Briten um 1880 auf dem Kamm eines Höhenzugs einen Befestigungsgürtel an. Er reichte von der Fomm ir-Rih Bay im Nordwesten Maltas bis zur Nordostküste bei Madliena. Mehrere Forts und ein Geschützgraben sicherten den Verteidigungswall.

Victoria Lines

Das wenige hundert Meter östlich der genannten Kunstakademie gelegene Fort Mosta ist eine der Ende des 19. Jh.s entlang der Victoria Lines errichteten Befestigungsanlagen. Heute dient das Fort als Kaserne, zudem hat hier die Polizeihundestaffel ihren Sitz. Im Rahmen von Führungen ist das Fort dennoch zugänglich (tgl. 9.30, 10.30, 11.30 Uhr). Der Besuch des Forts schließt die Besichtigung einer kleinen frühchristlichen Grabanlage sowie eines Vorratsspeichers aus der Bronzezeit ein.

Fort Mosta

Msida

H 6

Den Südwestzipfel des Marsamxett Harbour bildet das Msida Creek, an dessen Ufern die gleichnamige Stadt liegt. Msida (6800 Einw.) ist zum

Lage und
Bedeutung

Msida
(Fortsetzung)

einen Wohnstadt für Arbeiter und Angestellte der um Valletta angesiedelten Betriebe, zum anderen ist es Sitz der 1769 gegründeten Universität, die 1969 die auf dem Tal-Qroqq-Hügel neu errichteten Gebäude bezog.

Ortsbild

Reizvoll ist die Atmosphäre in Msida vor allem am Hafen. Hier liegen zahlreiche luxuriöse Yachten vor Anker. Den Hintergrund für die Hafenkulisse bildet die im 19. Jh. errichtete Pfarrkirche St. Joseph. Sehenswert ist zudem das Waschhaus aus dem 18. Jh. an der Birkirkara Road. Die Bogenhalle wurde von dem deutschen Johanniter-Ritter Guttenberg aus Mitgefühl mit den Frauen finanziert, die bei Sonne und Regen am Brunnen Ghajn tal-Hasselin ihre Wäsche waschen mußten.
Als ausgesprochen nobles Wohnviertel gilt die an der Grenze zu ↗ Gzira gelegene Halbinsel Ta'Xbiex. Bei einem Bummel durch die ruhigen, vielfach begrünten Straßen sieht man etliche prächtige Villen, einige von ihnen sind heute Botschafterresidenzen.

Umgebung von Msida

Pietà

Zwischen Msida und Floriana breiten sich die Häuser von Pietà aus. Am Pietà Creek legt die Fähre nach Gozo ab. Unweit südlich der Anlegestelle findet man die kleine Kapelle "Our Lady of Sorrows". Sie wurde im späten 16. Jh. errichtet.

Naxxar   G 5

Lage und
Bedeutung

Im Zentrum Maltas liegt knapp 10 km südwestlich von Valletta der Ort Naxxar (ausgesprochen "naschar"; 9700 Einw.). Die von der Landwirtschaft geprägte Siedlung wird zunehmend zum begehrten Wohngebiet für Familien, denen die Mieten in Sliema und anderen Küstenstädten zu teuer sind.
Großes Treiben herrscht in Naxxar alljährlich in den ersten beiden Juliwochen, wenn hier die Internationale Handelsmesse stattfindet (Malta International Trade).

Sehenswertes in Naxxar

Our Lady of
Victories

Die Ursprünge der im Ortszentrum aufragenden Pfarrkirche Our Lady of Victories gehen auf das Jahre 1616 zurück. Anfang des 20. Jh.s wurden der Kirche zwei Seitenschiffe angefügt sowie eine überdimensionale Fassade vorgesetzt.

Palazzo Parisio

Auffallend im Ortsbild ist ferner gegenüber der Kirche der Palazzo Parisio, der in der ersten Hälfte des 18. Jh.s unter Großmeister Vilhena errichtet wurde. Der im Privatbesitz befindliche Palast kann im Rahmen von Führungen besichtigt werden (Di., Do., Fr. 9.00 – 13.00 Uhr).

San Pawl
Tat-Targa

In dem nördlich des Zentrums gelegenen Ortsteil San Pawl Tat-Targa (was übersetzt soviel bedeutet wie "Der hl. Paulus auf der Treppe") steht eine Kapelle aus dem 17. Jh.; sie erinnert ebenso wie eine 1770 aufgestellte Statue daran, daß der Apostel Paulus hier gepredigt haben soll (↗ Baedeker Special, S. 144/145). Der Legende nach tat er dies so laut, daß man es bis hinüber nach Gozo hören konnte.
Aus der Epoche der Johanniter haben sich zwei in der Nähe aufragende Wachttürme erhalten: Gauci's Tower und Captain's Tower (beide sind in Privatbesitz und können nicht besichtigt werden).

Cart Ruts

Am Ortsausgang von San Pawl Tat-Targa findet man links der nach Bugibba führenden Straße gut erhaltene Karrenspuren aus der Bronzezeit.

Paola

Seinen Namen erhielt die 5 km südöstlich von Valletta gelegene Ortschaft Paola von dem französischen Großmeister Antonie de Paule. Er veranlaßte im 17. Jh. die Gründung des heute 9300 Einwohner zählenden Städtchens. Besucher kommen nach Paola, um hier im Ortsteil Hal Saflieni ein einzigartiges Höhlenlabyrinth, das sogenannte Hypogäum, zu besuchen. Nur wenige Gehminuten entfernt befindet sich der Tempelkomplex von → Tarxien, mit dem Paola heute einen geschlossenen Siedlungsraum bildet.

Lage und Bedeutung

✱✱Hypogäum von Hal Saflieni

In der Burial Street liegt der Zugang zum Hypogäum von Hal Saflieni. Die unterirdischen Kulträume gelten als eine der bedeutendsten Sehenswürdigkeiten von Malta. Sie wurden 1980 von der UNESCO zum "Weltkulturerbe" erklärt. Durch den starken Besucherandrang verschlechterte sich das Höhlenklima im Hypogäum drastisch, die hohe Luftfeuchtigkeit ließ an den Wänden Flechten gedeihen. Seit Jahren werden nun schon Restaurierungsarbeiten vorgenommen; die Wiedereröffnung des Hypogäums ist zur Jahrtausendwende angekündigt.
Der Eingangsraum zum Hypogäum wird gleichzeitig als kleines Museum genutzt. Hier befindet sich ein Modell des Höhlenkomplexes. Bei den ausgestellten Fundstücken handelt es sich überwiegend um Kopien.

Derzeit geschlossen

Das Hypogäum ist ein sich auf einer Fläche von 500 m² über drei miteinander verbundene Ebenen erstreckendes Höhlenlabyrinth. Es reicht bis in eine Tiefe von annähernd 11 m hinab und besteht aus 33 Räumen, Nischen und Kammern. Sie wurden mit einfachen Werkzeugen aus dem hier anstehenden, relativ weichen Globigerinenkalk herausgehauen.
Zunächst entstand das oberste Stockwerk. Die Wände der einfachen Grabkammern wurden meist nur oberflächlich geglättet. Als "Hauptetage" kann das zweite Stockwerk mit seinen kunstvoll gestalteten Kulträumen angesehen werden. Unregelmäßige Stufen führen hinab in die dritte Ebene. Auffallend ist, daß fast alle Räume des Hypogäums oval oder nahezu rund sind, es gibt generell keine geraden Linien, selbst die Decken sind leicht gewölbt. Die Räume des Hypogäums waren großenteils ockerrot gefärbt, einige Säle wiesen auch meist rote Zeichen und Ornamente auf. Die einstige Wand- und Deckenbemalung ist an einigen Stellen noch erkennbar. Die Rotfarbe wird allgemein als Symbol der Wiedergeburt gedeutet.

Anlage

Alle Funde und Erscheinungsformen im Hypogäum deuten darauf hin, daß der angelegte Höhlenkomplex in direktem Zusammenhang mit den oberirdischen Megalithbauten steht. Die ersten Höhlen wurden vermutlich um 3800 v. Chr. aus dem Fels gehauen, benutzt wurde das Hypogäum bis zum Ende der Megalithkultur auf Malta (um 2500 v. Chr.).
Man fand im Hypogäum die Skelettreste von mehr als 7000 Menschen, einzelne Knochenfunde lassen jedoch vermuten, daß hier insgesamt über 30 000 Menschen beigesetzt wurden. Auffallend ist, daß von allen Skeletten nur eines mit Sicherheit von einem Mann stammte. Diese Tatsache legt die Vermutung nahe, daß das Hypogäum nur die Begräbnisstätte einer bestimmten Kaste war, vermutlich wurden hier die Priesterinnen der verschiedenen Tempelstätten beigesetzt.
Allerdings beschränkte sich die Funktion des Hypogäums nicht auf die einer Nekropole. Die größeren kunstvoll geschmückten Räume der mittleren Ebene dienten Kultzwecken. Verehrt wurde vermutlich die Magna Mater, die Schöpferin allen Lebens, die zugleich die Verstorbenen wieder in ihren Schoß aufnahm.

Entstehung und Bedeutung

Bei den Ausschachtungsarbeiten für den Bau einer zu einem Wohnhaus gehörenden Zisterne stieß man 1902 zufällig auf das Hypogäum. Mit syste-

Ausgrabungen

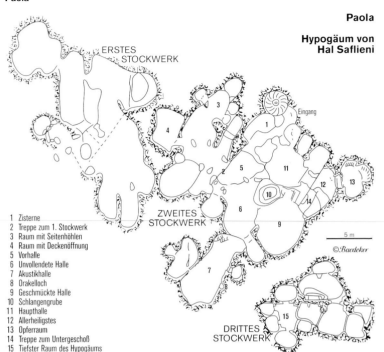

ERSTES
STOCKWERK

3

Eingang

1

4

5 11

13

12

10

14

6

ZWEITES
STOCKWERK

9

5 m

©Baedeker

7

8

DRITTES
STOCKWERK

15

1 Zisterne
2 Treppe zum 1. Stockwerk
3 Raum mit Seitenhöhlen
4 Raum mit Deckenöffnung
5 Vorhalle
6 Unvollendete Halle
7 Akustikhalle
8 Orakelloch
9 Geschmückte Halle
10 Schlangengrube
11 Haupthalle
12 Allerheiligstes
13 Opferraum
14 Treppe zum Untergeschoß
15 Tiefster Raum des Hypogäums

Hypogäum von
Hal Saflieni
(Fortsetzung)

matischen Ausgrabungen wurde 1903 begonnen, sie konnten 1911 im wesentlichen abgeschlossen werden. Ans Tageslicht befördert wurden bei den Grabungen nicht allein Skelett- und Knochenreste. Man fand auch diverse Keramikwaren, Schmuck, Amulette u.ä., Gegenstände, die den Toten mitgegeben wurden, sowie Votivgaben. Zu den berühmtesten Funden gehört die Figur der "Schlafenden", die heute im Archäologischen Museum von Valletta aufbewahrt wird. Die kleine rotbemalte Terrakottaplastik stellt vermutlich eine Priesterin dar, die auf einer Liege ruht, um im Tempelschlaf, einem noch in der Antike praktizierten Ritus, Weisungen der göttlichen Macht zu erhalten.

Besichtigung

Eine moderne Wendeltreppe führt den Besucher in die mittlere Ebene des Höhlensystems (das erste Stockwerk – vgl. oben – ist nicht zugänglich). Durch einen Gang betritt man zunächst eine Vorhalle und von hier die Unvollendete Halle.

Unvollendete Halle

Nur einige der Wände in der sogenannten Unvollendeten Halle sind mit Werkzeugen geglättet worden, an anderen sieht man noch Bohrlöcher und Spuren spitzer Werkzeuge – vermutlich sollte die Halle vergrößert werden.

Haupthalle

Von der Unvollendeten Halle betritt man die nahezu runde Haupthalle. Der Blick fällt auf die leicht erhöhte Nachahmung einer oberirdischen Tempelfassade mit einem Trilitheingang. Eine Seitenwand der Haupthalle wird durch zwei Reihen übereinander angeordneter Nischen gegliedert, die andere Seitenwand weist zwei Öffnungen auf, einer der imitierten Trilith-Durchgänge führt in die Geschmückte Halle.

Um den Rundgang fortzusetzen, geht man jedoch am besten zurück in die Unvollendete Halle und von hier über Stufen hinunter in die Akustikhalle. Wände und vor allem die Decke des 8 m langen und bis zu 2,40 m hohen Raumes zieren ockerfarbene Spiral- und Rankenmuster. Vielleicht Sinnbilder des ewigen Kreislaufs von Werden und Vergehen. In der linken Seitenwand der Akustikhalle befindet sich 1,35 m über dem Bodenniveau eine allgemein als "Orakelloch" bezeichnete Nische. Spricht man mit sehr tiefer Stimme in die Nische hinein, so schallt ein lauteres Echo als in jedem anderen Raum des Hypogäums zurück. Ob dieser Schalleffekt, der besonders in der Haupthalle zum Tragen kommt, jedoch tatsächlich die Annahme rechtfertigt, daß hier Orakelsprüche verkündet wurden, ist fraglich.

Akustikhalle

Ebenfalls von der Unvollendeten Halle gelangt man in die Geschmückte Halle. Die farbigen Zeichnungen, denen die Halle ihren Namen verdankt, sind heute kaum mehr erkennbar. Die nahezu runde Halle hat einen Durchmesser von 5,5 m. An der Nordseite der Halle bilden lochmusterverzierte Pilaster den Durchgang zur "Schlangengrube". Zwar spielten Schlangen in allen frühen Kulturen eine Rolle bei Fruchtbarkeitsriten, doch kann nicht bewiesen werden, daß in der sich nach oben verengenden Grube tatsächlich Schlangen gehalten wurden.

Geschmückte Halle

Ein Korridor verbindet die Geschmückte Halle mit dem "Allerheiligsten" des Hypogäums. Hier ist zum Schein eine vollständige, konkav gewölbte Tempelfassade aus dem Stein herausgemeißelt worden. Den zentralen Trilitheingang flankieren zwei Nischen. Über dem gesamten Ensemble lagert waagerecht eine vorkragende Steinplatte. Ebenso wie bei den oberirdischen Tempeln findet sich auch hier vor dem Eingang ein Paar in den Boden gegrabener Löcher, die dazu dienten, Opfertiere anzubinden oder Trankopfer aufzunehmen. Bei der Freilegung des Hypogäums waren diese Löcher mit genau passenden "Stöpseln" (Ziegenhörner) verschlossen.

Allerheiligstes

Der Eingang der Tempelscheinfassade führt in den nierenförmigen Opferraum. Die Nische gegenüber dem Eingang wurde vermutlich als Altar benutzt. Darauf weist u.a. das im oberen Bereich angebrachte Loch hin, hier wurden die Tiere vor der Opferung angebunden.

Opferraum

Vom Allerheiligsten führt eine Treppe mit völlig ungleichmäßigen Stufen hinab in das unterste Geschoß des Hypogäums. Die letzte endete ursprünglich (heute wurde hier ein moderner Durchgang angelegt) unvorhergesehen über einer etwa 2 m tiefen Kammer, in die ein unwillkommener Eindringling unweigerlich hätte hinabstürzen müssen. Wer sich jedoch auskannte, konnte sich von der letzten Stufe unmittelbar nach rechts wenden und so die nächste Grube erreichen.

Drittes Stockwerk

Das dritte Stockwerk besteht nur aus mehreren durch 2 m hohe Zwischenwände voneinander abgeteilten Räumen, die ebenfalls mit roter Farbe bemalt waren. Bei den Ausgrabungsarbeiten fand man hier keinerlei Skelette, möglicherweise wurde diese unterste Ebene des Hypogäums als Aufbewahrungsort für Getreide genutzt. Andere Forscher gehen vor allem wegen der Wandbemalung davon aus, daß hier neuer Raum für weitere Beisetzungen geschaffen werden sollte.

Popeye Village

→ Mellieha

Qawra

→ St. Paul's Bay

Qormi   G/H 6

Lage und Bedeutung	Den südwestlichen Rand des städtischen Ballungsgebietes um Valletta bildet Qormi (18 000 Einw.). Noch im ausgehenden Mittelalter lag der Ort unmittelbar am Grand Harbour, dann versumpfte das Gebiet allmählich und wurde schließlich trockengelegt. Die Johanniter nannten Qormi "Casal Fornaro", weil hier fast alle Bäcker der Insel ansässig waren ("forno" heißt "Backofen"). Diese Tradition hat sich bis heute fortgesetzt, noch immer ist Qormi das anerkannte Zentrum für Back- und Teigwaren auf der Insel.
Ortsbild	In dem engen Gassengewirr von Qormi findet man zahlreiche Häuser mit hübsch verzierten Steinbalkonen. Die meisten stammen aus dem 19. Jahrhundert. Bereits 1589 errichtet wurde jedoch der Palazzo Stagno, der sich ebenfalls durch ansehnliche Steinmetzarbeiten auszeichnet. Die Pfarrkirche ist dem hl. Georg geweiht, sie wurde 1456 erbaut und 1584 erweitert. Die Fassade zieren dorische Pilaster, im Innern ist das kassettierte Gewölbe beachtenswert.

Qrendi   G 7/8

Lage und Bedeutung	Qrendi ist ein kleines Dorf mit 2300 Einwohnern im Süden Maltas nahe der neolithischen Tempelanlagen von → Hagar Qim und Mnajdra. Zusammen mit dem benachbarten Mqabba ist es Zentrum für den Abbau des Globigerinenkalksteins. Solange dieser in Vergangenheit und Gegenwart meistverwendete Baustoff auf Malta nicht mit der Luft in Berührung kommt, ist er feucht und weich, an der Luft erhärtet er jedoch rasch. Interessant ist es, einmal einen Blick hinab in die meist rechteckigen Gruben zu werfen, in denen das Gestein abgebaut und geschnitten wird.
Ortsbild	Die Hauptstraße durchläuft die noch sehr ländlich wirkende Siedlung Qrendi in Nord-Süd-Richtung. Westlich der Straße erhebt sich der Gwarena Tower oder Cavalier Tower. Der unter Großmeister Martin de Redin (1657 bis 1660) erbaute Turm besitzt als einziger auf Malta einen achteckigen Grundriß. Von den drei Kirchen des Ortes ist St. Catherine Tat-Torba an der Mqabba Road wegen ihrer eigenartigen barocken Fassade, die 1625 dem älteren Langhaus vorgesetzt wurde, die eindrucksvollste.
Il-Maqluba	Am Ortsausgang in Richtung → Blue Grotto führt bei einer kleinen Kapelle ein Weg links an einer als "Il-Maqluba" bezeichneten ca. 50 m tiefen und 100 m breiten Senke. Entstanden ist sie durch den Einsturz unter dem Fels liegender Höhlen.

Rabat   F 6

Lage und Bedeutung	Das auf dem südwestlichen Hochplateau Maltas gelegene Rabat (13 000 Einw.) ist Nachbarstadt der einstigen ehrwürdigen Kapitale → Mdina. Es kann zwar nicht mit einem derart geschlossenen prächtigen Stadtbild aufwarten wie diese, hat aber dennoch einige Sehenswürdigkeiten zu bieten und beeindruckt auch durch das pulsierende Leben, das sich hier im Gegensatz zu Mdina abspielt.
Geschichte	In römischer Zeit umschloß eine gemeinsame Stadtmauer Mdina und Teile des heutigen Rabat. Außerhalb dieser Mauer setzten Juden und Christen ihre Toten bei. Nachdem die Araber 870 beide Städte voneinander getrennt hatten, zerfiel die Stadtmauer allmählich. Im 14. und 15. Jh. errichteten zahlreiche Glaubensorden ihre Klöster in der Umgebung Rabats. Die

Bauten der Dominikaner, Augustiner und Franziskaner sind teilweise noch heute erhalten.

Der Gegensatz zwischen Mdina und Rabat könnte kaum größer sein. Rabat ist eine moderne Stadt mit zahlreichen Läden, Handwerksbetrieben, und buntem Markttreiben. Längst ist Rabat über die antiken Stadtgrenzen hinausgewachsen, über den frühchristlichen Katakomben dehnen sich heute Wohnviertel aus.

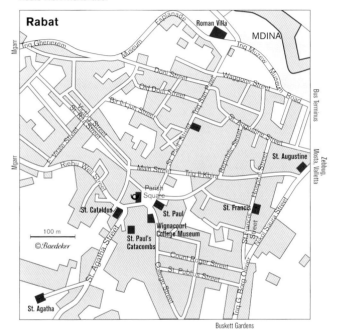

Sehenswertes in Rabat

Am Rande der Parkanlagen, die Mdina und Rabat miteinander verbinden, befindet sich in der Museum Esplanade die Römische Villa (Roman Villa; geöffnet von Oktober bis Mitte Juni: Mo. – Sa. 8.15 – 17.00, So. 8.15 bis 16.15; von Mitte Juni bis September: tgl. 7.45 – 14.00 Uhr). Dabei handelt es sich um ein Museumsgebäude, über den Fundamenten eines römischen Hauses 1925 in neoklassizistischem Stil errichtet wurde. Bereits 1881 hatte man Reste eines römischen Stadthauses entdeckt, freigelegt wurden sie zwischen 1920 und 1924.

Im Erdgeschoß des Museums sind verschiedene Keramik- und Glasgegenstände, Architekturfragmente, Grabsteine sowie eine Olivenpresse ausgestellt. Eine Treppe führt hinab ins Untergeschoß, wo die Fundamente der römischen Villa besichtigt werden können. Sie war um einen offenen Innenhof mit Säulenumgang (Peristyl) gebaut worden. Noch recht gut erhalten ist der Mosaikboden des Atriums. Das Zentrum bildet ein auf dem Rand einer Schale sitzendes Taubenpaar, die sie umgebenden Mosaikornamente täuschen optisch Tiefe vor. Mosaikreste finden sich auch im angrenzenden Vestibulum (Empfangsraum) und im Triclinium (Speise-

Rabat

Roman Villa (Fortsetzung)

raum). In einem weiteren Raum des Untergeschosses werden Grabsteine gezeigt, die von einem arabischen Friedhof stammen, der später über dem römischen Haus angelegt wurde.

St. Paul's Church/ St. Paul's Grotto

Von der Römischen Villa führt die St. Paul's Street zur gleichnamigen Kirche. Das Gotteshaus wurde über den Resten eines Vorgängerbaus im ausgehenden 17. Jh. unter Leitung von Lorenzo Gafà errichtet, später aber mehrfach umgebaut, die Fassade (18. Jh.) wird F. Bonnamici zugeschrieben. Gafà integrierte in den Bau die bereits 1617 von dem hier als Eremit lebenden Giovanni Beneguas errichtete St.-Publius-Kapelle (man betritt sie über den rechten Seiteneingang der Kirche). Das Altarbild in der St.-Publius-Kapelle stammt von Mattia Preti, links vom Hauptaltar befindet sich in einer vergitterten Nische ein aus Gold gearbeiteter Arm, der eine Reliquie des Apostels Paulus enthalten soll.

Von der Kapelle gelangt man hinab in die Krypta und die danebenliegende Paulusgrotte. Die örtlichen Touristenführer berichten hier wortreich, daß der Apostel Paulus in der Grotte kurze Zeit gefangengehalten wurde (‣ *Baedeker Special*, S. 144/145).

Wignacourt College Museum

Im Wignacourt College Museum neben der St. Paul's Church werden Kunstschätze des Johanniterordens gezeigt, darunter Gemälde aus der Schule Caravaggios, alte Karten, Münzen, Majoliken, römische und punische Keramikgegenstände (geöffnet: Mo. – Sa. 10.00 – 15.00 Uhr). Untergebracht ist das Museum in einem Gebäude, das Großmeister Wignacourt Anfang des 17. Jh.s als Kirchenkolleg errichten ließ.

St. Cataldus Catacombs

Bei den St.-Kataldus-Katakomben gegenüber der St. Paul's Church handelt es sich um eine kleine Familiengrabanlage unterhalb einer Kapelle.

*St. Paul's Catacombs

Unweit südwestlich der Kirche erreicht man in der St. Agatha Street die St.-Paulus-Katakomben (St. Paul's Catacombs; geöffnet von Oktober bis

Paulus-Katakomben: die größte unterirdische Grabanlage von Rabat

Rabat

Eingang

Kapelle

Haupt-halle

Hauptgalerien

10 m

St. Paul's Catacombs

©Baedeker

Mitte Juni: Mo. – Sa. 8.15 bis 17.00, So. 8.15 – 16.15; von Mitte Juni bis September: tgl. 7.45 – 14.00 Uhr). Man nimmt an, daß hier zwischen dem 4. und 6. Jh. n. Chr. Bestattungen stattfanden.

Eine über der ursprünglichen angelegte neue Treppe führt hinab in die Haupthalle der Katakombe. Hier sind in ausgehauenen Nischenwölbungen wie in vielen anderen maltesischen Katakomben noch zwei sogenannte Agape-Tische erkennbar. Das sind aus dem Fels gehauene runde Steinflächen, die ein erhöhter Rand umläuft. An den Tischen wurden im Rahmen von Abschieds- oder Gedächtnisfeiern Totenmahle abgehalten. Die Teilnehmer ruhten beim Essen auf den abgeschrägten Steinflächen rings um den Tisch. (Andere Forscher gehen davon aus, daß wegen des starken Verwesungsgeruchs ein längerer Aufenthalt in den Katakomben nicht möglich war und deshalb auf den Agape-Tischen nur den Toten Speise und Trank dargebracht wurden.)

Zwei Stufen trennen den Hauptraum von der etwas tiefer gelegenen Kapelle. Zudem führen von der Haupthalle zahlreiche Gänge in die weitverzweigten Gräbergalerien, die auf unterschiedlichen Ebenen angelegt wurden. Vermutlich entstand die Katakombe nicht systematisch, sondern wurde je nach Bedarf weiter ausgebaut.

Einige spärliche, kaum noch erkennbare Farbreste an den Wänden lassen vermuten, daß die Grabanlage einstmals mit Fresken verziert war. Die Namen der Verstorbenen standen vermutlich auf den einzelnen Gräbern. Für Frischluftzufuhr sorgten Luftschächte und für Helligkeit Öllampen. Reste der Rußspuren finden sich noch an den Wänden der Gänge. Als die Katakombe Ende des 19. Jh.s systematisch freigelegt wurde, war sie vollständig leer, vermutlich war sie schon Jahrhunderte zuvor geplündert worden.

Bei einem Rundgang durch die Hauptgalerien (einige der Nebengalerien sind heute aus Sicherheitsgründen gesperrt) wird man die verschiedenen Arten von Gräbern kennenlernen. Häufig vorkommender Typus ist der des Loculi-Grabes. Dabei handelt es sich um viereckige, horizontal in die Wand gehauene Nischen, die mit einem Stein verschlossen wurden. Vorwiegend Kinder wurden in derartigen Gräbern beigesetzt. Ebenfalls zahlreich sind Baldachin-Gräber. Viereckige Felsblöcke wurden dafür so behauen, daß sich der obere Teil des Felsens nun bogenförmig über dem eigentlichen Grab wölbt. Dieses besteht meist aus zwei, aber auch drei oder vier Einzelgräbern unterschiedlicher Größe, die jeweils eine Kopfstütze aufweisen. Eine weitere, allerdings nur sehr selten vertretene Variante ist das Satteldach-Grab (auch Sarkophag-Grab), es war wahrscheinlich hochgestellten Persönlichkeiten vorbehalten. Über diesem Grabtypus wölbt sich ebenfalls ein "Baldachin", direkt über dem Grab wurde jedoch ein Satteldach in den Felsen gehauen. Die Öffnung der Grabkammer befindet sich im Felssockel.

Weitere Katakomben, eine der hl. Agatha geweihte Kirche und ein angeschlossenes Museum (geöffnet von Oktober bis Juni: Mo. – Fr. 9.00 bis

War Paulus auf Malta?

Für die Malteser ist es eine unumstößliche Tatsache: Im Herbst 59 n. Chr. landete der Apostel Paulus auf Malta und brachte der Insel das Christentum. Als Beleg hierfür dienen ihnen die Kapitel 27 – 28 von Lukas Apostelgeschichte.

Darin heißt es, daß Paulus als Gefangener der Römer nach Rom gebracht werden sollte, um sich vor dem Kaiser gegen die Anschuldigungen der Hohepriester von Jerusalem zu verantworten. Während der Fahrt von Kreta nach Italien geriet sein Schiff in einen schweren Sturm und strandete nach zweiwöchiger Irrfahrt auf hoher See schließlich auf einem Riff vor der Insel

gen wegen des einsetzenden Regens und der Kälte erwärmen konnten, zündeten die hilfsbereiten Inselbewohner ein Feuer an. "Als nun Paulus ein Bündel Reisig zusammenraffte und auf das Feuer legte, fuhr infolge der Hitze eine Natter heraus und biß sich an seiner Hand fest" (Apg 28,3). Dieser Vorgang erschreckte die Insulaner. Sie argwöhnten: "Dieser Mensch ist ganz gewiß ein Mörder, den Dike (griechische Göttin, für das Rechtswesen zuständig; in vielen Übersetzungen mit "Rache" übersetzt) nicht leben läßt, obschon er dem Meer entkommen ist" (Apg 28,4). Doch als dem Apostel nichts geschah, schlug die Meinung der abergläubischen Inselbewohner um, und sie hielten ihn für einen Gott.

In jener Gegend hatte der "erste Beamte der Insel", Publius, ein Anwesen. Dieser gewährte den Schiffbrüchigen drei Tage lang Gastfreundschaft. Paulus heilte dessen Vater, der an Sumpffieber erkrankt war, woraufhin auch andere Kranke zur Heilung herbeikamen. Nach drei Monaten bestiegen die Schiffbrüchigen ein alexandrinisches Schiff, von den Insulanern aus großer Dankbarkeit mit allem Nötigen reichlich versorgt.

St. Paul's Church in Rabat: einer der vielen Orte auf Malta, die mit dem vermeintlichen Aufenthalt des Apostels Paulus auf der Mittelmeerinsel in Zusammenhang stehen.

"Melite" und zerbarst. Der Apostel, andere Mitgefangene, römische Soldaten und Matrosen sowie weitere Passagiere konnten sich an Land retten, wie sie von den Bewohnern der Insel (Lukas bezeichnet sie als "Barbaren") freundlich aufgenommen wurden. Damit sich die Schiffbrüchi-

Bis vor kurzem waren sich Theologen beider Konfessionen einig, daß mit Melite nur Malta gemeint sein konnte (im Mittelalter gab man zeitweise der süddalmatinischen Insel Mljet den Vorzug). Nach Malteser Lesart hatte Paulus alle Inselbewohner nach nur dreimonatigem Aufenthalt zum Christentum bekehrt und den römischen

Und Paulus schaut zu – Kirchen und Straßen von Floriana sind aus Anlaß des Patronatsfestes festlich geschmückt.

Statthalter Publius zum ersten Bischof der Insel ernannt. In der St. Paul's Bay, dem vermeintlichen Ort des Schiffbruchs und des Schlangenwunders, errichteten die Malteser aus Dankbarkeit dem Apostel auf einem kleinen Inselchen eine weiße, 12 m hohe Statue – eine von unzähligen Stätten auf der Insel, die an den Heiligen erinnern.

Im Jahre 1987 versuchte der historische Geograph Heinz Warnecke in seinem Buch "Die tatsächliche Romfahrt des Apostels Paulus" zu beweisen, daß Paulus nicht auf Malta, sondern auf der westgriechischen Insel Kephallonia gelandet sei. Gegen Malta würden u.a. die Strömungs- und Klimaverhältnisse im südlichen Mittelmeer sprechen (so triebe ein von Kreta lossegelndes Schiff unter dem Einfluß der herbstlichen Zyklonen unweigerlich in die westgriechische Inselwelt); die Malteser besaßen das römische Bürgerrecht und könnten daher keineswegs als "Barbaren" bezeichnet werden; die von der Bevölkerung verehrte Dike hat in der römischen Mythologie keine Entsprechung; auf Malta gab es mangels stehender Gewässer nie das Sumpffieber, das

sich der Vater von Publius zugezogen hatte, und schon gar keine Giftschlangen. Viele Professoren nannten die Kephallonia-Theorie anerkennend ein "Jahrhundert-Ereignis der Theologie". Auf Malta hingegen fand diese These kaum Akzeptanz; zu stolz ist man darauf, sein Christentum direkt auf den Apostel Paulus zurückführen zu können, und es gibt einfach zu viele mit dem Geschehen verbundene heilige Orte, als daß man sich von dieser Legende trennen möchte.

Mittlerweile haben vor allem katholische Theologen Warneckes Theorie angezweifelt. So seien die von Lukas überlieferten geographischen Daten auf viele mediterrane Küsten anzuwenden; als "Barbaren" galten damals alle anderssprachigen Völker; im Lauf der Jahrhunderte könnten klimatische Veränderungen aufgetreten sein usw. Eine Lösung des wissenschaftlichen Streits scheint also nicht in Sicht. Nun, solange unter Theologen ungeklärt bleibt, mit welcher Insel "Melite" gemeint sein könnte, steht für die meisten Malteser, allen voran die Nationale Tourismusbehörde von Malta, unumstößlich fest: Paulus war auf Malta!

Rabat (Fortsetzung)	12.00 und 13.00 – 17.00, Sa. 9.00 – 13.00; von Juli bis September: Mo. – Fr. 9.00 – 17.00, Sa. 9.00 – 13.00 Uhr) lohnen in der Fortsetzung der St. Agatha Street einen Besuch. Bekannt ist der Komplex vor allem wegen seiner Fresken.

In der Krypta unter der heutigen Kirche soll sich die hl. Agatha während ihrer Flucht vor den Verfolgungen des römischen Kaisers Decius versteckt haben. Man fand hier drei Schichten von Fresken, die ältesten (links unten beim Eingang) werden auf das 4./5. Jh. n. Chr. datiert, drei Heiligenbilder in byzantinischem Stil entstanden im 12. Jh., alle übrigen werden Salvatore d'Antonio zugeschrieben, der sie 1480 schuf; viele zeigen die hl. Agatha.

Von der Krypta führen zwei Gänge in die Galerien der Katakombe. Erhalten sind hier noch Fresken aus dem 4. – 6. Jh., man erkennt eine Taube mit Ölzweig, Pfauen, einen Lorbeerkranz sowie eine Muschel. Daneben findet sich auch die Abbildung der Menora, demnach haben sowohl Christen als auch Juden ihre Toten in den Katakomben beigesetzt.

Das der Nekropole angeschlossene Museum birgt neben weiteren sakralen und archäologischen Exponaten im Hauptraum eine große Sammlung von Tongefäßen aus dem 4. und 3. Jh. v. Chr., in einem anderen Saal wird eine Sammlung mittelalterlicher steinerner Votivtafeln aufbewahrt, die einst einen Bilderfries in der 1504 erbauten St.-Agatha-Kirche bildeten.

St. Augustine Church	Die Augustinerkirche im nordöstlichen Stadtgebiet von Rabat wurde 1571 von Gerolamo Cassar, dem Architekten, der zwei Jahre später die Konventskirche des Johanniterordens schuf, errichtet. Das in vier Abschnitte unterteilte Langhaus wird von einer getäfelten Spitztonne überwölbt.

Santa Venera   H 6

Lage und Bedeutung	Das ca. 4 km südwestlich von Valletta gelegene Santa Venera (6200 Einw.) ist mit dem größeren Hamrun zu einer gemeinsamen Siedlung zusammengewachsen. Die Ortschaft hat an der von Hamrun nach Attard führenden Straße zwei Sehenswürdigkeiten zu bieten.

Sehenswertes in Santa Venera

Casa Leoni	Die Casa Leoni (oder auch Palazzo Leone) ist ein schöner Landsitz, den sich Großmeister Manuel de Vilhena 1730 errichten ließ. An den Palast schließt ein für das 18. Jh. typisch gestalteter Garten an.
Wignacourt-Aquädukt	Ein Teilstück des Wignacourt-Aquädukts verläuft unmittelbar an der Straße Attard – Santa Venera. In Auftrag gegeben und größtenteils auch finanziert wurde der Aquädukt von Großmeister Alof de Wignacourt zu Beginn des 17. Jh.s. Der Betrieb konnte 1615 aufgenommen werden. Von einer Quelle bei Dingli wurde das Wasser unterirdisch bis Attard, dann über den Wignacourt-Aquädukt bis nach Hamrun und von dort wieder unterirdisch bis zum Fort St. Elmo in Valletta geleitet.

Senglea   J 6

Lage und Bedeutung	Senglea (3500 Einw.) breitet sich auf einer in den Grand Harbour hineinreichenden Landzunge gegenüber von Valletta aus. Zusammen mit → Vittoriosa und → Cospicua bildet die Stadt den von den Maltesern als "Three Cities" bezeichneten Siedlungsraum. Hier leben überwiegend die Arbeiter der nahen Werft- und Industriebetriebe.
Geschichte	Nachdem die Johanniterritter ihr Hauptquartier nach Birgu (heute Vittoriosa) verlegt hatten, waren sie bestrebt, diesen Ort nach allen Seiten hin

Wignacourt-Aquädukt bei Santa Venera

durch Befestigungsbauten zu sichern. Der Großmeister Claude de la Sengle, nach ihm ist die Stadt heute benannt (früher hieß sie "L'Isla"), ließ daher auf der Birgu gegenüberliegenden Halbinsel 1554 das Fort St. Michael errichten. Nach der Großen Belagerung durch die Türken vergrößerte sich die Ansiedlung nach einem streng eingehaltenen schachbrettartigen Plan. Bedingt durch die nahen Hafen- und Industrieanlagen war Senglea im Zweiten Weltkrieg ein bevorzugtes Angriffsziel der deutschen und italienischen Luftwaffe. Die Bausubstanz wurde nahezu vollständig zerstört. Ohne den vorherigen Charakter der Stadt zu verändern, machte man sich schon bald nach Kriegsende an den Wiederaufbau.

Senglea
(Fortsetzung)

Bedeutende Bauten gibt es in Senglea nicht, das Stadtbild bestimmen relativ hohe schlichte, ja nüchterne Wohnhäuser. So verwundert es nicht, daß man in Senglea auf Touristen nicht eingestellt ist, es gibt weder Hotels noch größere Restaurants.
Einen Besuch lohnt jedoch die "Vedette", ein Aussichtspunkt an der äußersten Landspitze der Halbinsel. Auf dem Weg dorthin kommt man am Main Square an der nach dem Zweiten Weltkrieg errichteten Pfarrkirche Our Lady of Victory vorbei. Dann erreicht man die innerhalb eines kleinen Gartens gelegene Vedette. Von diesem Beobachtungsposten, der einst zum Fort St. Michael gehörte, genießt man einen hervorragenden Blick auf den Grand Harbour und hinüber nach Valletta. Auf die Wachsamkeit der Posten weisen die Steinverzierungen der Vedette, zwei Augen und zwei Ohren, hin; der Pelikan ist Symbol für die aufopfernde christliche Liebe.

Ortsbild

Siggiewi

G 7

Im Süden Maltas, ca. 10 km südwestlich von Valletta liegt die von der Landwirtschaft geprägte Ortschaft Siggiewi (7100 Einw.).

Lage und
Bedeutung

Sehenswertes in Siggiewi

St. Nikolaw

Weithin sichtbar ist die im Zentrum aufragende Pfarrkirche St. Nikolaus. Der in der zweiten Hälfte des 17. Jh.s unter Leitung von Lorenzo Gafà errichtete Bau besitzt eine auf ausgesprochen hohem Tambour ruhende Kuppel. Die neoklassizistische Fassade wurde dem Sakralbau im 19. Jh. vorgesetzt. Das Innere zeigt aber noch die ursprüngliche barocke Ausstattung mit römischen und sizilianischen Stileinflüssen.

Umgebung von Siggiewi

Laferla Cross

Fährt man von Siggiewi in südwestlicher Richtung auf der zu den Dingli-Klippen führenden Straße, so sieht man schon bald links das auf einer der höchsten Erhebungen der Insel (229 m ü. d. M.) errichtete Laferla Cross. Die Anfahrt dorthin ist ausgeschildert. Die letzten 300 m legt man zu Fuß zurück. Das 12,5 m hohe Gipfelkreuz wurde 1903 aufgestellt. Man hat von hier eine prächtige Aussicht auf weite Teile der Insel. Besonders schön ist der Blick in den frühen Abendstunden, wenn Valletta vom Licht der untergehenden Sonne beschienen wird.

Inquisitor's Palace

Noch ein wenig weiter der Straße zu den Dingli-Klippen folgend, taucht links am Hang der Sommerpalast des Inquisitors auf (sein Hauptpalast befand sich in → Vittoriosa). Er wurde zwischen 1625 und 1627 errichtet, die kleine Kapelle wurde 1760 angebaut. Reizvoll ist vor allem die Lage des Palastes und die Aussicht, die man von hier genießt. Eine Innenbesichtigung ist nicht möglich.

Ghar Lapsi

Eine gut ausgebaute Straße führt von Siggiewi in südlicher Richtung nach Ghar Lapsi. Die Felsbucht ist ein vor allem bei Einheimischen beliebter Badeplatz. Man kann sich am kurzen Kiesstrand oder auf Betonplatten sonnen. Oberhalb der auch bei Tauchern beliebten Bucht lockt das einfache Lokal "Lapsi View" Ausflügler an.

Skorba

→ Zebbieh

Sliema   H/J 5/6

Lage und Bedeutung

Auf einer westlich von Valletta ins Meer hineinragenden Halbinsel breitet sich Sliema aus. Nach Süden hin schließt sich übergangslos → Gzira an, nach Norden hin folgt → St. Julian's. Mit seinen ca. 12 500 Einwohnern ist Sliema einer der größeren Orte Maltas. Er ist das bevorzugte Wohngebiet für Besserverdienende und ist zugleich auch eines der bedeutendsten Touristenzentren des Archipels. Wer sich für einen Urlaub in Sliema entscheidet, sollte sich der Tatsache bewußt sein, daß den Besucher hier eine großstädtische Atmosphäre erwartet. Das Unterhaltungsangebot ist umfassend, Ruhe wird man jedoch in dem Ort, dessen Name übersetzt "Friede" bedeutet, kaum finden.

Stadtbild

Sliema ist eine moderne, erst Ende des 19. Jh.s entstandene Stadt. So bestimmen heute relativ nüchterne hohe Mietshäuser das Bild. Historische Gebäude gibt es bis auf den St. Julian's Tower, der auf Veranlassung des Großmeisters Martin de Redin zwischen 1657 und 1660 errichtet wurde, und das Tigne Fort nicht. Letzteres legten die Johanniter zur Befestigung des Marsamxett Harbour 1761 auf der Spitze der Landzunge an. Das "Il-Fortizza" genannte Befestigungsbauwerk am Sliema Point entstand erst

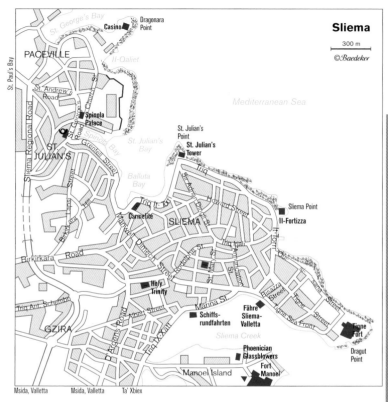

Sliema

300 m

©Baedeker

Sliema
(Fortsetzung)

unter britischer Herrschaft; heute beherbergt der Bau ein Restaurant. Der Tourismus konzentriert sich in Sliema vorwiegend auf die Küstenstraßen Tower Road und Marina Street. Hier gibt es zahlreiche Hotels unterschiedlicher Preiskategorien, unzählige Bars und Restaurants, Souvenirshops und Reisebüros. Zum Bummeln und Verweilen lädt vor allem die breite Promenade entlang des Sliema Creek ein, man passiert dabei die Anlegestellen zahlreicher Ausflugsboote. Haupteinkaufsstraßen von Sliema sind das Südende der Tower Road sowie die Bisazza Street.

Sandstrände gibt es im Küstenbereich von Sliema nicht. Wer sich nicht durch den an der Küste entlangflutenden dichten Autoverkehr gestört fühlt, sonnt sich auf Felsterrassen (vor allem entlang der Qui-si-sana Street).

St. Julian's

H 5

Lage und
Bedeutung

Das ca. 6 km westlich von Valletta gelegene einstige Fischerdorf St. Julian's (maltesisch: San Giljan; 7000 Einw.;) bildet zusammen mit dem nach Südosten hin angrenzenden → Sliema eines der Haupttouristenzentren von Malta. Richtig zum Leben erwacht der Ort erst in den Abendstunden, besonders im nördlichen Ortsteil Paceville gibt es eine Fülle von Restaurants, Bars und Diskotheken und nicht zuletzt ein Spielkasino.

St. Julian's
(Fortsetzung)
*Ortsbild

Recht malerisch nimmt sich der Ortskern von St. Julian's am Ende der Spinola Bay aus. Zahlreiche bunte Fischerboote dümpeln im Hafenbecken, von den Terrassen einiger Restaurants kann man die Szenerie in Ruhe auf sich wirken lassen.

Sehenswert ist der nahegelegene Spinola Palace (an der Spinola Street/ Ecke St. George's Road). Vor dem 1688 errichteten Bau erstreckt sich ein von Mauern eingefaßter hübscher kleiner Garten. In den Kellergewölben des Palastes wurde ein Restaurant eingerichtet.

Die Einheimischen treffen sich in den Abendstunden mit Vorliebe an dem Platz bei der Balluta Bay, die die Grenze zu Sliema bildet. Die Südseite der Bucht beherrscht das Karmeliterkloster mit seiner neugotischen Kirche.

Rund um die Spinola Bay zeigt sich St. Julian's von seiner hübschesten Seite.

Strände

Die Felsstrände von St. Julian's gehören fast ausnahmslos zum Areal der großen Hotels. Nicht-Hotelgäste sind hier zwar in der Regel auch willkommen, allerdings gegen ein stattliches Entgelt! An der St. George's Bay im nördlichen Ortsbereich gibt es einen kleinen Sandstrand, an dem die vielbefahrene Küstenstraße jedoch direkt entlang führt.

St. Paul's Bay   F/G 4

Lage und
Bedeutung

Ein Siedlungsgürtel umrahmt die St. Paul's Bay im Norden Maltas. Er zieht sich von dem Ort Xemxija (ausgesprochen "schemschija") am Südende der Bucht über St. Paul's Bay (maltesisch: San Pawl il-Bahar) und Bugibba (ausgesprochen "budschibba") bis nach Qawra (ausgesprochen "aura") am Ende der Landzunge, die zwischen St. Paul's Bay und Salina Bay ins Meer hineinragt. Dieser gesamte Bereich (häufig unter dem Ortsnamen St. Paul's Bay zusammengefaßt) bildet neben St. Julian's und Sliema das zweite große Fremdenverkehrszentrum auf Malta. Zu den ca. 7000 Ein-

wohnern kommen in der Hauptsaison noch einmal ca. 10 000 Urlauber. Bedeutung (Fortsetzung)
Dementsprechend gibt es hier Hotels aller Preisklassen, unzählige Restaurants, Bars und Pubs. Mit seinen zahlreichen Diskotheken und Nachtclubs ist Bugibba nach St. Julian's die zweite Anlaufstelle für Nachtschwärmer auf Malta. Für ein umfassendes Sportangebot ist entlang der gesamten Bucht gesorgt.

Die Touristenstädte rund um die St. Paul's Bay sind relativ nüchterne An- Ortsbild
sammlungen von Appartementhäusern und Hotels. Über einen gewachsenen Ortskern samt eines kleinen Fischerhafens verfügt lediglich San Pawl il-Bahar. Manche Teile von Bugibba und Qawra vermitteln außerhalb der Hauptsaison einen trostlosen Eindruck. Einige der nicht ständig bewohnten Appartementhäuser wirken verwahrlost; auf größere Grünanlagen verzichteten die Stadtplaner generell und schufen statt dessen immer neue riesige Touristenghettos. Als Zentrum des Siedlungskomplexes gilt die unmittelbar am Meer gelegene Pjazza Tal-Bajja (Bay Square) in Bugibba.

Delphinshow im Freizeitpark Mediterraneo (siehe S. 153)

Rund um die St. Paul's Bay gibt es keinen attraktiven Sandstrand, gebadet Strände
wird auf Felsterrassen in San Pawl il-Bahar sowie an dem winzigen Sandstreifen vor der Pjazza Tal-Bajja. Schnell zu erreichen sind von hier jedoch die schönsten Strände Maltas, die Golden Bay und die Ghajn Tuffieha Bay sowie die Mellieha Bay (▸ Praktische Informationen, Strände).

Sehenswertes in St. Paul's Bay

Im Ortskern von San Pawl il-Bahar (St. Paul's Bay) steht die dem heiligen St. Paul's Bay
Paulus geweihte Pfarrkirche. Ca. 200 m davon entfernt ragt an der Küste der Wignacourt Tower auf. Der auf Veranlassung des Großmeisters Wignacourt (1601 – 1622) errichtete Wachturm wurde restauriert (zugänglich nur am ersten Sonntag jeden Monats 10.00 – 12.00 Uhr).

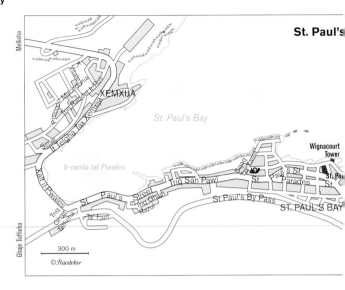

St. Paul's

Bugibba

Im Garten der Hotelanlage "New Dolmen" befinden sich die Reste eines neolithischen Tempels, der fälschlicherweise als Dolmen bezeichnet wird. Von der kleinen Anlage überdauerte ein Teil der konkaven Fassade die Jahrtausende. Ein aus vier Orthostaten gebildeter Eingang führt in den Tempel, dessen einstiger Grundriß anhand des Torbabodens noch teilweise nachvollzogen werden kann. Besonders eindrucksvoll präsentieren sich die Tempelüberreste in den Abendstunden, wenn sie angestrahlt werden.

Qawra

Am Nordzipfel der Landzunge zwischen St. Paul's Bay und Salina Bay steht der Qawra Tower, ebenfalls ein Johanniter-Wachturm aus dem 17. Jahrhundert.
In der Salina Bay wurde schon im Mittelalter Salz gewonnen. Auch heute noch läßt man in den Salzpfannen in den Sommermonaten das Meerwasser verdunsten und entnimmt dann den weißen Rohstoff.

Umgebung von St. Paul's Bay

Kennedy Memorial Grove

Nahe dem südlichen Ortsausgang von Bugibba und Qawra wurde zu Ehren des ermordeten 35. amerikanischen Präsidenten John F. Kennedy (1917 – 1963) der Kennedy Memorial Grove angelegt. Ein Gedenkstein bewahrt einen Ausspruch Kennedys: "Frage nicht, was Dein Land für Dich tun kann, sondern frage, was Du für Dein Land tun kannst." Das kleine "Wäldchen" mit seinen Olivenbäumen und Oleanderbüschen ist an Wochenenden beliebter Picknickort der einheimischen Bevölkerung.

Tal Qadi

Etwa auf der Höhe des Kennedy Memorial Grove zweigt von der um die St. Paul's Bay herumführende Hauptstraße ein Feldweg in südlicher Richtung zur Kapelle St. Michael's ab. Nach 500 m auf diesem Weg hält man sich rechts und erreicht die inmitten der Landschaft gelegene, schlecht erhaltene, neolithische Tempelanlage Tal Qadi (keine Beschilderung!). Daß auch dieser Tempel einst aus zwei ovalen Sakralräumen bestand, ist nur noch andeutungsweise erkennbar.

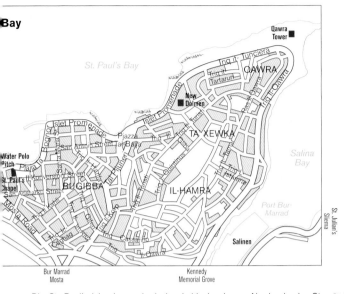

Bay

Qawra Tower

St. Paul's Bay

QAWRA

New Dolmen

Islet Promenade

Piazza

TA'XEWKA

Salina Bay

Water Polo Pitch

St. Paul's Chapel

BUGIBBA

IL-HAMRA

Port Bur-Marrad

St. Julian's Sliema

Salinen

Bur Marrad Mosta

Kennedy Memorial Grove

Die St. Paul's Islands, zwei winzige kahle Inseln am Nordende der St. Paul's Bay, sollen die Felsriffe sein, an denen das Schiff des Apostel Paulus während seiner Romfahrt 59 n. Chr. zerschellte (→ *Baedeker Special*, S. 144/145). An das legendäre Ereignis erinnert eine weithin sichtbare 12 m hohe Statue, die 1845 auf einer der beiden Inseln aufgestellt wurde.

St. Paul's Islands

Folgt man der um die Salina Bay herumführenden Küstenstraße weiter in östlicher Richtung, so erreicht man bei der Ortschaft Bahar Ic-Caghaq den unmittelbar am Meer gelegenen Freizeitpark Mediterraneo (geöffnet: tgl. 10.00 – 14.00 und 15.00 – 18.30, sonntags und im Sommer tgl. bis 19.30 Uhr). Der Name verrät es: Hier dreht sich alles um Wassertiere. Höhepunkte des Besuchs sind zwei (nicht allzu spektakuläre) Shows) mit Delphinen und Seelöwen (Abb. S. 151). Weitere Meeresbewohner können im Aquarium besichtigt werden.

Mediterraneo

Tarxien

J 7

Das nur ca. 6 km südöstlich von Valletta gelegene Tarxien (7400 Einw.) bildet zusammen mit der Ortschaft → Paola einen geschlossenen Siedlungsraum. Der Ortsname – "Tirxa" bedeutet "große Steinplatte" – weist bereits darauf hin, daß sich hier inmitten des Häusermeeres eine der bedeutendsten neolithischen Tempelanlagen des maltesischen Archipels befindet.
Nur wenige Straßenzüge von der Tempelanlage entfernt, erreicht man das Hypogäum von Hal Saflieni (→ Paola).

Lage und Bedeutung

✳✳Tempelanlage von Tarxien

Bei den Tarxien-Tempeln (geöffnet von Oktober bis 15. Juni: Mo. – Sa. 8.15 bis 17.00, So. 8.15 – 16.15 Uhr; vom 16. Juni bis September: tgl. 7.45 bis

Bedeutung, Öffnungszeiten

Tarxien

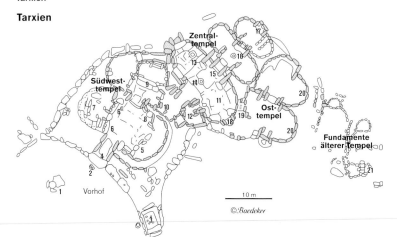

1 Zisterne
2 Bodenplatte mit
   Anbindelöchern
3 Altar für
   Trankopfer
4 Trilitheingang
5 Magna-Mater-
   Kolossalstatue

6 Altäre mit
   Spiralmotiven
7 Altäre mit
   Tierprozessionen
8 Altar mit
   Pfropfstein
9 Schwellenaltar mit
   Spiralmotiven

10 Durchgang zum
    Zentraltempel
11 Vorhof
12 Raum mit Tierreliefs
13 Knickwandgefäß
14 Brandopferschale
15 Steinplatte mit
    Spiralmotiven

16 Steinschale
17 Allerheiligstes des
    Zentraltempels
18 Durchgang zum
    Osttempel
19 Treppe
20 Orakellöcher
21 Trilithnische

Bedeutung (Fortsetzung)	14.00 Uhr) handelt es sich um die besterhaltene neolithische Kultanlage Maltas. Die letzten Tempel in diesem Areal entstanden erst zwischen 3000 und 2500 v. Chr. und bilden damit den Höhepunkt der Megalithbaukunst auf Malta. Dementsprechend waren diese Tempel besonders reich verziert. Zwar wurden alle kunstvollen Steinplatten, Altäre und kleineren Fundstücke nach den Ausgrabungen dem Archäologischen Museum von Valletta überstellt, doch ersetzte man sie an ihrem einstigen Standort durch gelungene Kopien. So ist der Besuch des Heiligtums von Tarxien auch heute ein Erlebnis. Man betritt die Tempelanlage durch ein kleines Museum, in dem überwiegend Kopien der Tarxien-Funde ausgestellt sind.
Geschichte der Ausgrabungen	Wegen der riesigen Steine, die sich in diesem Areal befanden, unternahm man 1915 in Tarxien erstmals Probegrabungen. Die Archäologen stießen dabei in einer oberen Schicht auf Reste eines Urnenfeldfriedhofes aus der Bronzezeit. Diese Schicht wurde wegen der darunter befindlichen bedeutenden Reste der Megalithkultur vollständig abgetragen. Einen vorläufigen Abschluß fanden die Grabungen 1919; bis 1964 wurden jedoch mehrfach kleine Ausgrabungen unternommen.
Anlage	Der Tempelkomplex von Tarxien besteht aus drei gut erhaltenen, miteinander verbundenen Tempeln und drei weiteren Heiligtümern, von denen allerdings nur spärliche Überreste die Zeiten überdauerten. Während die drei gut erhaltenen Megalithanlagen auf den Zeitraum von 3000 bis 2500 v. Chr. zu datieren sind (als erster von ihnen wurde der Osttempel gebaut, dann der Südwesttempel und schließlich der Zentraltempel), entstanden die älteren Tempel zwischen 3800 und 3000 v. Chr. Wegen der Größe der Gesamtanlage und der Monumentalität der Bauten ist zu vermuten, daß sich in Tarxien das religiöse und wirtschaftliche Zentrum der maltesischen

Megalithkultur befand. Es ist anzunehmen, daß es hier ehemals weitere Bauten gab, die eine "Tempelstadt" bildeten. Das Baumaterial dieser Heiligtümer wurde in späteren Jahrhunderten abgetragen und an anderer Stelle erneut benutzt. Lediglich die Grundmauern der einst gigantischen Sakralanlage überdauerten die Jahrhunderte. Doch gibt ein in Tarxien gefundenes Kalksteinmodell darüber Aufschluß, wie die Heiligtümer ausgesehen haben müssen.

Vom Eingang gelangt man zunächst zu dem als vorletzter des Gesamtkomplexes entstandenen Südwesttempel. Auf dem Platz vor dem Tempel wurden die Reste einer Zisterne freigelegt; zudem sieht man hier mehrere Steinkugeln, die als Transportwalzen für die tonnenschweren Megalithplatten verwendet wurden.

Dank der vorgelagerten Bankaltäre ist der Verlauf der konkaven Tempelfassade noch gut erkennbar. Sie endete nach Osten hin in einer Nische, deren Bodenplatte mit fünf unregelmäßig großen Löchern durchbohrt ist. Sie waren dazu bestimmt, Trankopfer aufzunehmen. Bei der sechsten Vertiefung am Rand, die nur flach in den Stein eingefügt ist, handelt es sich um einen sogenannten Potros, in den Gäropfer gelegt wurden.

Durch den rekonstruierten Trilitheingang (direkt davor eine Platte mit zwei Löchern, die zum Anbinden von Opfertieren dienten) betritt man den ersten ovalen Sakralraum des Tempels. Nach beiden Seiten hin trennen Altarreihen den mittleren Raumteil von den apsisartigen Ausbuchtungen. Auf einem flachen, mit eiförmigen Verzierungen geschmückten Steinblock in der rechten Ausbuchtung steht die kolossale Magna-Mater-Statue (Abb. S. 55), die die Archäologen bei den Ausgrabungen an dieser Stelle fanden. Erhalten ist nur der untere Teil der ehemals fast 3 m hohen Statue. In der linken Ausbuchtung wurden neben mit Spiralen und anderen Motiven verzierten Altären auch jene gefunden, auf denen "Tierprozessionen" darge-

Das Allerheiligste im Südwesttempel von Tarxien mit gut erhaltener Trilithnische. Zugang zu diesem Tempelbereich hatten vermutlich nur die Priesterinnen.

stellt sind. Die Tierreliefs zeigen Ziegen, Schafe und ein Schwein; es handelt sich vermutlich um Opfertiere.

Zu beiden Seiten des Durchgangs in den zweiten Sakralraum fallen besonders kunstvoll gestaltete Altäre auf. In den Sockel des rechten, mit Spiralmotiven verzierten Altars ist ein Loch eingelassen, das durch einen Pfropfstein verschlossen wird. In dem ausgehöhlten Stein fand man die Reste verkohlter Tierknochen. Über dem Altarsockel ruht ein Fensterstein, dessen Öffnung mit der Aushöhlung im Sockel in Verbindung steht.

Der Mittelteil des zweiten nierenförmigen Raums ist im Gegensatz zu den beiden seitlichen Apsiden mit Bodenplatten ausgelegt. Vor dem Allerheiligsten liegt ein über 3 m langer, mit Spiralmotiven verzierter Schwellenaltar. Er führt in den erhöhten zentralen Raum des Tempels mit einer gut erhaltenen Trilithnische. An den Innenseiten von zwei der den Altar begrenzenden Orthostaten sind noch eingeritzte Zeichnungen erkennbar. Die rechte Ausbuchtung des zweiten nierenförmigen Sakralraums ist der Durchgangsraum zum Zentraltempel. Bevor dieser errichtet wurde, standen hier vermutlich auch Altäre.

Zentraltempel

Im Gegensatz zu allen anderen freigelegten Tempeln auf Malta und Gozo besteht der Grundriß des Zentraltempels aus drei nierenförmigen Räumen. Verschiedene Merkmale weisen darauf hin, daß der erste der drei Räume die Funktion eines Vorhofes hatte. Im Gegensatz zu den beiden hinteren Räumen ist der Hof mit Megalithplatten ausgelegt; die Außenmauern bilden etwa gleich große Orthostatenplatten. Mehrere Trilithnischen wurden in das Mauerwerk eingefügt. Unbedingt beachten sollte man die Nische rechts vom Eingang zum Vorhof. Sie führt in einen kleinen Raum, an dessen hinterer Wand in einen Stein das Relief zweier Stiere und einer Sau mit ihren Ferkeln (Sinnbilder der Fruchtbarkeit) eingefügt ist. Im Zentrum des Vorhofes steht eine Steinschale, die für Brandopfer genutzt wurde. Vor dem Zugang zum zweiten nierenförmigen Raum des Tempels bildet eine 82 cm hohe Steinplatte eine deutliche Abgrenzung zwischen Vorhof und eigentlichem Tempel. Verziert ist sie mit zwei Spiralmotiven, die als bewachende Augen der Magna Mater gedeutet werden und jeglichen Eindringling fernhalten sollen. Rechts und links des Eingangs zum zweiten Tempelraum steht jeweils ein Blockaltar. Vor dem nördlichen fällt ein großes Knickwandgefäß ins Auge, das aus einem einzigen Stein gehauen wurde. Welchem Zweck das Gefäß diente, ist nicht klar, möglicherweise enthielt es Wasser für rituelle Waschungen oder nahm das Blut der Opfertiere auf.

Hinter der mit den zwei Spiralen verzierten Steinplatte säumen mächtige Orthostaten den Durchgang zum ersten Tempelhauptraum. Bis auf eine Steinschale in der Mitte ist er leer. Deutlich kleiner als dieser Raum ist der daran anschließende hintere Raum des Tempels mit einer auffallend flachen Nische für das Allerheiligste. Die die Außenwände des Raumes bildenden Orthostaten sind leicht nach innen geneigt. Sie erwecken zusammen mit den darüber lagernden, vorkragenden Quersteinen den Eindruck eines Gewölbeansatzes.

Osttempel

Vom Vorhof des Zentraltempels gelangt man in den Osttempel, den ältesten der drei miteinander verbundenen Tempel. Noch bevor man ihn betritt, sieht man zwischen beiden Tempeln eine aufwärts führende Treppe, über sie gelangte vielleicht die Priesterschaft in die heiligen Räume des Zentraltempels. Auch der Osttempel besaß ursprünglich zwei nierenförmige Räume, deren westliche Auslappungen wurden jedoch beim Bau des Zentraltempels in Mitleidenschaft gezogen und sind nur noch im Ansatz erkennbar. Erhalten blieb jedoch der ursprüngliche Bodenbelag aus gemahlenem und mit Wasser vermischtem Globigerinenkalk (Torbaboden). Beide Tempelräume haben in den östlichen Apsiden Orakellöcher.

Weitere Tempel

Östlich der drei miteinander verbundenen Tempel befinden sich die spärlichen Überreste von drei weiteren, älteren Heiligtümern. Für den Nichtarchäologen sind die erhaltenen Fundamente und Schwellen nur schwierig zuzuordnen.

Valletta

Valletta, die amtlich il-Belt Valletta genannte, von den wohl mächtigsten Befestigungsanlagen der Welt umgebene Hauptstadt der Inselrepublik Malta erstreckt sich in strategisch günstiger Lage auf der bis zu 60 m hohen Halbinsel Sciberras an der Nordostküste Maltas. Die 3 km lange und bis zu 700 m breite Landzunge trennt die zwei größten und wirtschaftlich bedeutendsten Häfen des Landes, Marsamxett Harbour und Grand Harbour, voneinander, deren tief ins Landesinnere reichende Buchten die Stadt im Norden, Osten und Süden umschließen. Sie gelten als günstigste und schönste Naturhäfen Europas.

Lage und Bedeutung

In Valletta selbst leben nur ca. 7200 Menschen. Die Stadt wird jedoch halbkreisförmig von einem Kranz mehrerer Kleinstädte umgeben, die zusammen mit der Hauptstadt die Agglomeration Valletta bilden. Für den Ortsunkundigen ist meist nicht erkennbar, wo die eine Stadt endet, und die nächste beginnt. Der Malteser unterscheidet jedoch genau. Das Ost- und Südufer des Grand Harbour säumen die fließend ineinander übergehenden

Valletta bietet nicht nur vom Meer aus ein erhabenes Bild. Die einstige Residenz der Johanniterritter ist ein einziges Freilichtmuseum.

Häuserzeilen von → Kalkara, → Vittoriosa, → Cospicua, → Senglea, → Paola und → Marsa, an die sich nach Nordwesten, entlang der Bucht von Marsamxett Harbour, die Stadtgebiete von Pietà, → Msida, Ta'Xbiex, → Gzira und → Sliema anschließen. Vorstadt von Valletta ist → Floriana, das sich mit der Hauptstadt die Sciberras-Halbinsel teilt.

Als Hauptstadt des maltesischen Archipels ist Valletta mit allen Verwaltungsfunktionen des Landes ausgestattet. Hier haben u.a. das Parlament und der höchste Gerichtshof als wichtigste Institutionen ihren Sitz. Gleichzeitig ist Valletta auch der kulturelle Mittelpunkt der Inselrepublik mit Opern-, Konzert- und Theateraufführungen. Neben dem Bischofssitz und der 1769 gegründeten Universität sind besonders das Malta College of

Arts, Science and Technology, das Malta Cultural Institute, die Agrarian Society, das Observatorium sowie mehrere höhere Schulen hervorzuheben.

Die Stadtregion Valletta mit ihren beiden Häfen ist das wirtschaftliche Zentrum der maltesischen Inseln. Größter Arbeitgeber ist die Marinewerft, in deren fünf Trockendocks Passagierschiffe gebaut und überholt sowie Tanker bis zu 300 000 t repariert und gereinigt werden. Der Betrieb beschäftigt mehr als 5000 Personen. Der Grand Harbour, über den fast der gesamte Handels- und Passagierverkehr des Landes abgewickelt wird, besitzt einen für Schiffe bis zu 92 000 BRT ausgebauten Tiefwasserkai mit einem 12 500 t fassenden Getreidesilo und zahlreichen Transitschuppen.

Zwar spielen die beiden Häfen nach wie vor eine dominierende Rolle im Wirtschaftsleben, doch kommt daneben vor allem der Nahrungsmittel-, der chemischen und Textilindustrie sowie dem Maschinenbau eine gewisse Bedeutung zu. Die meisten Betriebe wurden in Marsa am inneren Zipfel des Grand Harbour angesiedelt.

Die Gründung Vallettas war eng mit den Ereignissen der großen Belagerung Maltas durch die Türken von Mai bis September 1565 verknüpt. Zwar gelang es dem zahlenmäßig weit unterlegenen Johanniterorden, die Angreifer zurückzuschlagen, aber man hatte erkannt, daß der Wiederaufbau der zerstörten bzw. stark beschädigten Befestigungsanlagen von Fort St. Elmo an der Spitze des damals noch unbesiedelten Mount Sciberras, von Fort St. Angelo vor dem Ordenssitz Birgu (das heutige Vittoriosa) und von Fort St. Michael auf der Halbinsel des heutigen Senglea nicht ausreichen würde, um einem abermaligen Angriff der Türken standzuhalten. Der damalige Großmeister Jean Parisot de la Valette gründete deshalb am 28. März 1566 zum besseren Schutz des Grand Harbour die nach ihm benannte Stadt Valletta. Als strategisch günstigste Stelle erwies sich der Mount Sciberras oberhalb von Fort St. Elmo. Die Pläne wurden von Francesco Laparelli da Cortona (1521 – 1570), einem der besten Festungsbaumeister seiner Zeit, erstellt. Papst Pius IV. hatte ihn nach Malta beordert, um sich auf diese Weise dem Ritterorden erkenntlich zu zeigen. Laparelli konnte aufgrund der aus allen Teilen Europas eingehenden Spenden auf einen älteren Plan zurückgreifen, der vorher aus finanziellen Gründen verworfen worden war. Zunächst wurde die Sciberras-Halbinsel teilweise eingeebnet, dann machte man sich daran, die Festungsmauern rund um das Stadtareal zu errichten. Da man ständig einen neuen Angriff der Türken befürchtete, wurden die Arbeiten schnell vorangetrieben, ca. 8000 Sklaven und Lohnarbeiter waren täglich mit dem Aufbau beschäftigt. Als Laparelli nach drei Jahren Malta wieder verließ, waren die Befestigungsanlagen weitgehend fertiggestellt, Wohnhäuser und öffentliche Gebäude innerhalb der Festungsmauern existierten jedoch noch nicht, wohl aber Pläne und Anweisungen, nach denen sie errichtet werden sollten. Um das Werden der Stadt voranzutreiben, mußte ein Grundstück zehn Monate nach dem Kauf bebaut werden, innerhalb von drei Jahren sollte der Bau vollendet sein. Straßen durften nicht durch Mauervorsprünge der Häuser oder auch durch Vorgärten verengt werden, jedes Haus mußte eine eigene Zisterne und einen Anschluß an die Kanalisation besitzen. Am weiteren Aufbau Vallettas war entscheidend der Gehilfe Laparellis, Gerolamo Cassar, beteiligt. Von ihm stammen die im Renaissancestil errichteten sieben Ritterherbergen (Auberges) der Stadt, von denen heute nur noch vier erhalten sind, der Großmeisterpalast und die St. John's Co-Cathedral.

Die meisten Bauwerke des alten Valletta entstanden jedoch in der um 1650 von Italien auf Malta übergreifenden Stilepoche des Barock. Bekannteste Baumeister dieser Zeit waren Lorenzo Gafà (1630 – 1704), Giovanni Barbara (1660 – 1730), Giuseppe Bonnici (1707 bis ca. 1780) und Domenico Cachia (1710 – 1790). Letzterer gestaltete im Auftrag der Ordensritter die von Cassar erbaute Auberge de Castille um, deren prunkvolle Fassade ein-

Arabisches Erbe: Die Balkons und Erker in den Straßen ▶
von Valletta haben ihr Vorbild im Orient.

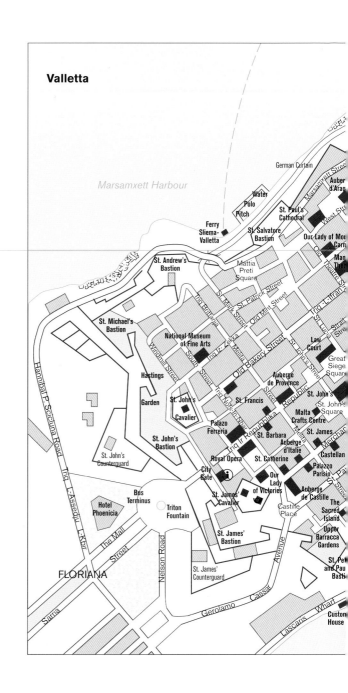

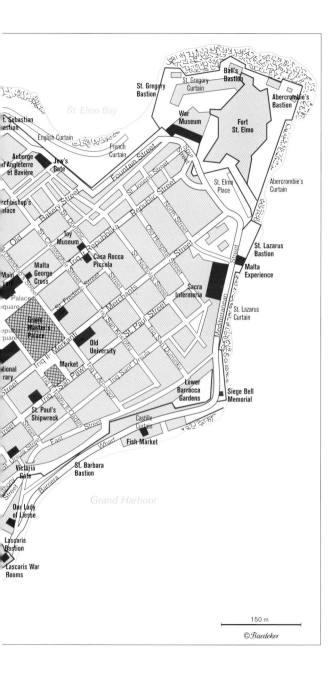

St. Elmo Bay

St. Gregory
Bastion

St. Gregory
Curtain

Ball's
Bastion

Abercrombie's
Bastion

War
Museum

Fort
St. Elmo

t. Sebastian
astion

English Curtain

French
Curtain

Auberge
d'Angleterre
et Bavière

Jew's
Gate

Fountain Street

St. Joseph Street

Spur Street

St. Elmo
Place

Abercrombie's
Curtain

rchbishop's
alace

Bakery Street

St. Dominic

Republic Street

North Street

St. Christopher

Old Hospital Street

Old

St. Nicholas Street

St. Lazarus
Bastion

Malta
Experience

Toy
Museum

Republika

Casa Rocca
Piccola

Strait Street

Mediterranean Street

Malta
George
Cross

Main
uard

Palace
quare

epublic
quare

Grand
Master's
Palace

St. Frederick Street

Merchants

St. Paul Street

Inq San Rokku

Triq San Duminku

Sacra
Infermeria

St. Lazarus
Curtain

tional
rary

Street

Triq il-Merkanti

Old
University

Market

Triq San Pawl

Triq l-Acjon

Triq Sant Ursula

Lower
Barracca
Gardens

Siege Bell
Memorial

St. Paul's
Shipwreck

Triq Palma l-Qadim

East

Wharf

Street

Castille
Curtain

Fish Market

St. Ursula Street

Victoria
Gate

St. Barbara
Bastion

Barriera

nthony
treet

Our Lady
of Liesse

Grand Harbour

Lascaris
Bastion

Lascaris War
Rooms

150 m

©Baedeker

druckvoll den Wohlstand Vallettas zur Spätzeit des Johanniterordens dokumentiert. Diese Ära ging jedoch unter dem deutschen Großmeister Ferdinand von Hompesch (seit 1797) zu Ende. Er übergab Napoleon die gesamte Stadt kampflos, als dieser 1798 während seines Ägyptenfeldzugs mit der französischen Flotte im Grand Harbour landete. Am 18. Juni mußten alle Mitglieder des Ordens Malta verlassen. Die Herrschaft der Franzosen währte nur zwei Jahre; denn 1800 besetzten die Engländer Valletta. Im Vertrag von Paris (1814) erhielt Großbritannien die gesamte Inselgruppe als Kronkolonie zugesprochen. Bis zur Mitte des 20. Jh.s war der Hafen Vallettas einer der wichtigsten englischen Flottenstützpunkte. Im Zweiten Weltkrieg wurde die Stadt bei Luftangriffen der Achsenmächte erheblich in Mitleidenschaft gezogen, ca. 85% der Bausubstanz wurde zerstört. In den folgenden Jahrzehnten wurden mit britischer Hilfe fast alle Gebäude nach alten Plänen neu errichtet.

**Stadtbild

Bis heute hat Valletta viel von seinem ursprünglichen Charakter bewahren können. Mit seinen gewaltigen Befestigungsbauwerken, den zahlreichen, überwiegend im Barockstil errichteten Kirchen und Palästen gibt die Stadt noch heute einen Eindruck von Prunk und Wohlstand, die hier zur Zeit der Ordensritter herrschten.

Die von hohen Festungsmauern umgürtete Stadt gilt als erste auf dem Reißbrett entstandene Stadt der Neuzeit. Die Straßen sind schachbrettartig angelegt: Neun Verkehrsadern durchziehen Valletta in Längsrichtung, das Gefälle der zwölf Querstraßen wird vielfach durch Treppen überbrückt. Hauptgeschäftsstraße und Flaniermeile ist die Republic Street, in der parallel dazu verlaufenden Merchants Street gibt es zahlreiche weitere Läden, in den Vormittagsstunden findet hier täglich (außer sonntags) ein Straßenmarkt statt.

Befestigungs-
anlagen

Die zwischen 1566 und 1571 entstandenen Befestigungsanlagen Vallettas galten mit ihrem ausgeklügelten System aus Vorwerken, Bastionen, Kavalieren und Kurtinen lange Zeit als uneinnehmbar. Zur Landseite hin legten die Johanniter vier Bastionen an (von Nord nach Süd: St. Michael's, St. John's, St. James' und St. Peter and Paul's) in Verbindung mit äußerst kurzen Kurtinen (Teile eines Walles zwischen zwei Bastionen) und vorgelagerten, extrem tiefen Trockengräben. Hinter den Bastionen befinden sich die Kavaliere (St. John's und St. James' Cavalier) höher als jene gebaut mit guter Sicht auf das Vorgelände. Sie flankieren einen der insgesamt drei Durchgänge des Bastionsgürtels, das City Gate. Nach Süden zum Grand Harbour entstanden unter vorzüglicher Ausnutzung des Felsterrains die Lascaris Bastion, St. Barbara Bastion, Lower Barracca Bastion und die St. Lazarus Bastion, die alle mit Kurtinen (engl. Curtains) verbunden wurden. Benannt wurden sie nach der jeweiligen Zunge des Ordens, die die Verteidigung übernehmen mußte (French Curtain, German Curtain etc.). Den Durchlaß bildet das Victoria Gate. Nach Norden zur Marsamxett-Hafenseite wurden ebenfalls unter Einbeziehung des Naturfels die Bastionen St. Andrew, St. Salvatore, St. Sebastian und St. Gregory errichtet, mit Kurtinen verbunden und mit einem Durchgang versehen, dem Jew's Gate. Die Landspitze wird vom sternförmigen Fort St. Elmo bewacht. Etwa 150 Bronzekanonen mit großer Reichweite standen gegen Ende des 16. Jh.s auf den Befestigungsanlagen Vallettas schußbereit, wobei die westlichen auf den Kavalieren postierten Kanonen sogar die gesamte Stadtfläche bis zum Fort St. Elmo und darüber hinaus zum Meer unter Beschuß nehmen konnten.

Sehenswertes in Valletta

Hinweis

Für alle Reisenden, die mit dem Bus nach Valletta kommen, ist zwangsläufig der westlich der Hauptstadt, noch in der Vorstadt → Floriana gelegene Busbahnhof beim Tritonenbrunnen (Triton Fountain) Ausgangspunkt für die Stadterkundung. Zudem sind nahe diesem Platz zahlreiche Parkmöglichkeiten gegeben, so daß es sich empfiehlt, einen Stadtrundgang durch Valletta generell hier zu beginnen.

Hinweis
(Fortsetzung)

Das City Gate, der Hauptzugang nach Valletta, ist ein moderner, erst 1968 entstandener Bau. Der erheblich kleinere Vorgängerbau (Porta Reale) mußte aus verkehrstechnischen Gründen weichen.

City Gate

Am City Gate nimmt die Republic Street, die Hauptstraße Vallettas, mit zahlreichen repräsentativen Bauten ihren Ausgang. Während der Geschäftsöffnungszeiten herrscht reges Treiben (für den Autoverkehr ist sie nur in den frühen Nachmittagsstunden freigegeben!).

Republic Street

Gleich rechts hinter dem Stadttor erstreckt sich der nach Südwesten hin von Arkaden eingefaßte Freedom Square. Hier befinden sich die Touristeninformation und an der Außenwand des St. James' Cavalier ein 1614 von Großmeister Wignacourt gestifteter Brunnen.

Freedom Square

Nach Nordosten hin begrenzt den Platz die Ruine des ehemaligen Opernhauses (Royal Opera House). Das 1866 fertiggestellte Gebäude, brannte 1873 aus, wurde wieder aufgebaut und bei einem Luftangriff 1942 zerstört. Da die neoklassizistische Architektur des Opernhauses wenig ins Stadtbild Vallettas paßte, verzichtete man danach auf einen zweiten Wiederaufbau.

Royal Opera House

Gegenüber der Ruine des Opernhauses erhebt sich der Palazzo Ferreria (bzw. Francia Palace). Der maltesische Baumeister Giuseppe Bonavia errichtete den Stadtpalast 1877. Er steht an der Stelle, an der sich früher das Arsenal des Johanniterordens "Il Ferreria" (= Eisenkammer) befand. Heute sind Läden und Verwaltungseinrichtungen in dem Palast untergebracht.

Palazzo Ferreria

Wenige Häuser weiter steht auf der rechten Seite der Republic Street die Kirche St. Barbara. Sie wurde 1739 als Kirche der Landsmannschaft der Provence von Giuseppe Bonnici auf ovalem Grundriß errichtet.

St. Barbara

Die Franziskuskirche gegenüber wurde 1598 erbaut, 1681 im Stil des Barock umgestaltet und später noch mehrfach verändert. Das Deckenbild stammt von dem Malteser Giuseppe Cali (19. Jh.).

St. Francis

Den folgenden Häuserblock nimmt die Auberge de Provence ein, in der seit 1960 das Nationalmuseum für Archäologie (National Museum of Archaeology; geöffnet vom 16. Juni bis September: tgl. 7.45 – 13.30; von Oktober bis 15. Juni: Mo. – Sa. 8.15 – 17.00, So. 8.15 – 16.15 Uhr) untergebracht ist. Das repräsentative Gebäude wurde 1571 – 1576 von Gerolamo Cassar als Herberge für die Ritter aus der Provence erbaut. Die Fassade zieren Pilaster; die Fassadenmitte betonen vorgestellte Säulen mit Gebälk, flankiert von Fenstern mit Dreiecks- und Segmentgiebeln. Die typischen bossierten Eckeinfassungen des Baus sind ein Zitat aus der Festungsbaukunst.
Eindrucksvoll ist jedoch nicht nur das Gebäude selbst, mindestens ebenso bedeutend sind die Museumssammlungen, die den Zeitrahmen von 5000 v. Chr. bis ins 17. Jh. n. Chr. umfassen. Mitte der neunziger Jahre wurden grundlegende Renovierungs- und Umbauarbeiten in Angriff genommen. Mittlerweile ist die im Erdgeschoß untergebrachte Sammlung mit Exponaten aus der neolithischen Epoche wieder zugänglich. Das Obergeschoß mit Sammlungen aus phönizischer, punischer und römischer Zeit soll Ende 1999 wiedereröffnet werden. Erst Ende 2000 werden die Umbauarbeiten in den für Wechselausstellungen vorgesehenen Räumlichkeiten im Untergeschoß abgeschlossen sein.
Nahezu sämtliche Funde aus den Megalithtempeln des Archipels wurden in den Räumen im Erdgeschoß zusammengetragen. Die ältesten Exponate stammen aus Ghar Dalam, sie werden auf 5200 v. Chr. datiert. Die jüngsten Zeugnisse der Megalithkultur entstanden um 2500 v. Chr. Das Nationalmuseum besitzt eine umfangreiche Sammlung von großformatigen Architek-

**Auberge de Provence/ National Museum of Archaeology

turbruchstücken und vielen Altären aus verschiedenen Tempelanlagen der Megalithepoche. Zu den bedeutendsten Ausstellungsstücken gehört der berühmte Säulenaltar aus Hagar Qim, den punktartige Vertiefungen überziehen und der an seinen vier Seiten blütenlose Stauden zeigt, die lebensbaumartig aus einem Gefäß hervorwachsen. Besonders interessant ist die Sammlung von Magna-Mater-Figuren. Hierzu gehört die wohl älteste Kolossalstatue der Welt, eine überdimensionale Magna-Mater-Darstellung, die man in Tarxien fand. Die Figur, von der nur das Unterteil erhalten ist, hatte ursprünglich eine Höhe von ca. 3 m. Diese Figur weist ebenso wie die vielen kleinen, in einem Schaukasten ausgestellten Magna-Mater-Figuren üppige Proportionen auf. Obwohl jegliche Geschlechtsmerkmale fehlen, wirken die Figuren doch eindeutig weiblich. Bei allen Figuren fehlt der Kopf, an einigen deutet ein Loch im Nackenbereich darauf hin, daß hier als Extrateil ein Kopf angefügt werden konnte. Ein kleiner Nebenraum bewahrt "Die Schlafende", eine auf einer Liege ruhende Magna-Mater-Figur. Sie wurde im Hypogäum gefunden und gilt als der bekannteste neolithische Fund Maltas. An der nur 7 cm hohen und 12 cm langen Figur sind Reste einer Bemalung mit Ocker erkennbar. Fast ebenso berühmt ist die "Venus von Malta", eine 12,9 cm hohe Tonfigur ohne Kopf, die meisterhaft modelliert ist. Die vie-

Die "Schlafende" len weiterer Fundstücke, vor allem diverses Scherbenmaterial, Keramik, Werkzeug und Schmuck, werden ergänzt durch Modelle von Tempelanlagen und Schaubilder.

Sobald das Obergeschoß wieder zugänglich ist, sollte man hier den sogenannten Cippus beachten, ein dem Gott Melkart geweihter Doppelgebetsstein (die zweite Hälfte befindet sich im Louvre), der Mitte des 17. Jh.s bei Marsaxlokk entdeckt wurde. Die Inschrift am Sockel ist sowohl in griechischen als auch phönizischen Buchstaben abgefaßt, daher konnte mit ihrer Hilfe das phönizische Alphabet entschlüsselt werden.

Um den Stadtrundgang fortzusetzen, biegt man von der Republic Street rechts in die St. John's Street ab und erreicht schon nach wenigen Metern das Hauptportal der St. John's Co-Cathedral (Johanneskathedrale; geöffnet: Mo. – Fr. 9.30 – 12.45 und 13.30 – 17.15, Sa. 9.30 – 12.40 und 16.00 – 17.00 Uhr). Der französische Großmeister Jean l'Evêque de la Cassière stiftete den Sakralbau als Konventskirche des Johanniterordens. Geweiht wurde sie dem Schutzpatron des Ordens: Johannes dem Täufer. Für den zwischen 1573 und 1577 entstandenen Bau zeichnet der Malteser Gerolamo Cassar verantwortlich. Als Grundriß wählte er ein einfaches Rechteck mit Seitenlängen von 58 bzw. 39 m. Die Sakristei wurde 1598 angebaut, das Oratorium 1603. Seit der Mitte des 17. Jh.s flankieren zweigeschossige Seitenflügel die Kirche, 1736 schließlich folgten die Korridore beidseits des Längsschiffes. Papst Pius VII. erhob das nach dem Abzug der Ordensritter verwaiste Gotteshaus 1816 zur "Co-Cathedral" d.h. zur Schwesterkathedrale der Kathedrale von Mdina.

Die von zwei Türmen flankierte Renaissancefassade wirkt äußerst schlicht. Von dem Balkon über dem Hauptportal zeigten sich die Ordensgroßmeister nach ihrer Wahl den Rittern.

In krassem Gegensatz zum kargen Äußeren steht das prächtig ausgeschmückte Innere der Kathedrale. Die Großmeister des Johanniterordens und die einzelnen Landsmannschaften setzten ihren Ehrgeiz darein, ihre Ordenskirche mit kostbaren Kunstwerken auszustatten. Napoleon plünderte die Kirche 1798 vollständig, nur ein Bruchteil der wertvollen Gemälde und Skulpturen konnte später zurückgekauft werden, doch was übrigblieb, ist eindrucksvoll genug. Den Boden der Kathedrale bedecken 375 mit Marmorintarsien geschmückte Grabplatten. Auf ihnen sind nicht nur Namen, Wappen und Lebensdaten der hier beigesetzten Ritter des Johanniter- bzw. Malteserordens festgehalten, sondern vielfach auch deren besondere Taten. Seine letzte Ruhestätte fand hier auch Mattia Preti (beim ersten Stützpfeiler links vom Eingang), der die Deckenmalereien im Auftrag der

Großmeister Raphael und Nicola Cotoner, aber auf eigene Kosten als Dank für seine Aufnahme in den Orden ausführte. Zwischen 1662 und 1667 bemalte er die sechs Felder des Tonnengewölbes mit 18 Szenen aus dem Leben Johannes des Täufers. Ungewöhnlich ist die von Preti angewandte Technik: Er malte mit Öl direkt auf den Kalkstein, dadurch glänzen die Farben stärker als bei der Freskomalerei. Von Preti stammen auch die Entwürfe für die vergoldeten Reliefarbeiten, die Wände und Pfeiler überziehen. Die meisten Motive stehen in engem Zusammenhang zum Orden (Helme, Wappen, Malteserkreuz), ergänzt durch pflanzliche Ornamente und Fabeltiere.

St. John's
Co-Cathedral
(Fortsetzung)

Valletta   St. John's Co-Cathedral

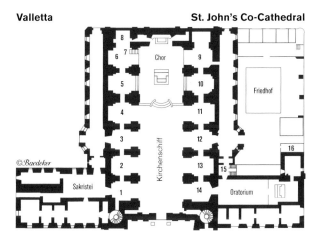

1 Durchgang zur Sakristei
2 Kapelle von Deutschland
3 Durchgang zum Anbau
4 Kapelle von Italien
5 Kapelle von Frankreich
6 Kapelle der Provence
7 Treppe zur Krypta
8 Kapelle der englisch-
  bayerischen Zunge
9 Sakramentskapelle
10 Kapelle der Auvergne
11 Kapelle von Aragon,
   Katalonien und Navarra
12 Zugang zum Museum
13 Kapelle von Kastilien
   und Portugal
14 Durchgang zum
   Oratorium
15 Aufgang zu weiteren
   Museumsräumen
16 Andenkenladen

Den etwas erhöhten Chorraum grenzt eine Balustrade aus farbigem Marmor (17. Jh.) vom übrigen Kirchenschiff ab. Hinter dem prachtvollen, aus Marmor und Lapislazuli gefertigten Hochaltar (1688) steht eine überlebensgroße weiße Marmorgruppe, die die Taufe Christi darstellt. Der Bildhauer Melchiore Gafà (1636 – 1667) wollte sie ursprünglich in Bronze fertigen; Gafà verstarb jedoch bald nach der Annahme des Auftrags. Sein Kollege Giuseppe Mazzuoli (1644 – 1725) führte das Projekt fort, nun allerdings in Marmor. Das Chorgestühl, das im ausgehenden 16. Jh. geschaffen wurde, ziert vergoldetes Schnitzwerk.

Im Jahre 1604 wurde den einzelnen Zungen des Ordens eine Seitenkapelle der Kirche zugewiesen. Da die englische Landsmannschaft damals im Orden nicht aktiv vertreten war, überließ man ihr erst 1754 die Reliquienkapelle zur gemeinsamen Nutzung mit der bayerischen Zunge. Die Landsmannschaften konkurrierten untereinander darin, besonders wertvolle Kunstwerke in ihren Kapellen zu sammeln. Auch die Grabmäler der in den Kapellen beigesetzten Großmeister wurden aufwendig gestaltet. Zu den eindrucksvollsten gehören das von Manuel de Vilhena (1722 – 1736) in der Kapelle von Kastilien und Portugal sowie das von Nicola Cotoner in der Kapelle von Aragon, Katalonien und Navarra. Diese dem hl. Georg geweihte Kapelle besitzt ein Altarbild Mattia Pretis ("Der hl. Georg auf dem

Valletta

St. John's
Co-Cathedral
(Fortsetzung)

Pferd"), der Maler schuf es 1656 kurz vor seiner Ankunft auf Malta. Die den Hl. Drei Königen geweihte deutsche Kapelle blieb im Zweiten Weltkrieg nahezu unversehrt, so kann man hier noch die originale spätbarocke Ausstattung bewundern.

In der Krypta befinden sich die Sarkophage von zwölf Großmeistern, darunter auch das Grabdenkmal von Philippe Villiers de l'Isle Adam, der den Johanniterorden von Rhodos nach Malta führte, und das Grabmal von Jean Parisot de la Valette, dem Gründer Vallettas. Als einziger "Nicht-Großmeister" wurde hier der Engländer Sir Oliver Starkey beigesetzt, ein Sekretär des Großmeisters La Valette.

*St. John's
Co-Cathedral
Museum

Das Oratorium der Kathedrale gehört ebenso wie verschiedene Räume des angebauten Seitenflügels zum St. John's Co-Cathedral Museum (zu betreten vom Kircheninneren; geöffnet: Mo. – Fr. 9.30 – 12.30 und 13.30 bis 16.30, Sa. 9.30 – 12.30 Uhr; die Eintrittskarte berechtigt auch zum Besuch des Kathedral-Museums in Mdina).

Im Oratorium findet man ein Meisterwerk von Michelangelo da Caravaggio (1571/3 – 1610) "Die Enthauptung Johannes des Täufers". Der 1607 nach Malta geflohene Künstler stiftete es nach seiner Aufnahme in den Johanniterorden 1608 als Dankesgabe. Eindrucksvoll ist die szenische Dramaturgie der Enthauptung des Johannes. Die Beobachter rechts im Hintergrund heften ihre Blicke ebenso auf den blutend am Boden liegenden Täufer wie die halbkreisförmig links umherstehenden Beteiligten, deren ausgestreckte Arme auf das Haupt des Täufers in der unteren Bildmitte zeigen, das der Henker gerade mit einem Messer vom Rumpf trennen will. Krasser Realismus in Verbindung mit kräftiger Farbgebung (das Rot des Lendentuchs lenkt z.B. sofort auf die Hinrichtung des Täufers) und effektvolles Licht- und Schattenspiel zeichnen die Malerei Caravaggios aus. Ferner sind hier wertvolle Gemälde von Preti ausgestellt, u.a. "Kreuzigung Christi", "Ecce Homo" und "Dornenkrönung". In den übrigen Räumen des 1968 gegründeten Museums sind ein weiteres Gemälde von Caravaggio, das Porträt des Kir-

St. John's Co-Cathedral: außen schlicht, innen äußerst prunkvoll

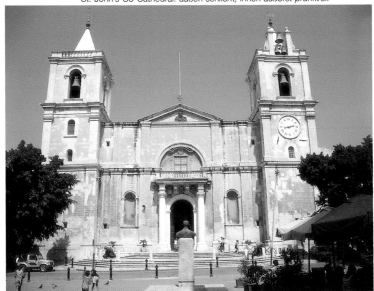

chenlehrers "Hl. Hieronymus", und neben Reliquien, Meßgewändern und Chorbüchern vor allem 28 flämische Wandteppiche zu bewundern. Sie entstanden zwischen 1697 und 1700. Einige von ihnen wurden nach Vorlagen von Rubens und Poussin geschaffen und stellen Allegorien des christlichen Glaubens dar.

St. John's Co-Cathedral Museum (Fortsetzung)

Im Malta Crafts Centre, gegenüber der Kathedrale, kann man sich einen Überblick über maltesisches Kunsthandwerk verschaffen (˃ Praktische Informationen, Kunsthandwerk).

Malta Crafts Centre

Die Westfront der Kathedrale begrenzt der Great Siege Square. Der Name des Platzes erinnert ebenso wie das hier stehende neoklassizistische Denkmal (Monument of the Great Siege) von Antonio Sciortino an die Große Belagerung. Die Figuren des Denkmals symbolisieren Tapferkeit, Freiheit und Glauben – die Ideale der Johanniter.

Great Siege Square

Gegenüber der Seitenfassade von St. John's Cathedral erhebt sich der Justizpalast (Law Court). Errichtet wurde der neoklassizistische Bau erst Mitte der sechziger Jahre dieses Jahrhunderts. Zuvor befand sich an dieser Stelle die Auberge d'Auvergne, die im letzten Weltkrieg jedoch nahezu vollständig zerstört wurde.

Law Court

Wenige Meter weiter passiert die Republic Street den gleichnamigen Platz. Der Platz der Republik bildet mit seinen reizvollen Straßencafés das eigentliche Zentrum von Valletta. Früher hieß er Queen's Square, heute erinnert noch das Denkmal der Queen Victoria an die britische Herrschaft.

Republic Square

Kulisse für die Straßencafés bildet das Gebäude der Nationalbibliothek (National Library, meist kurz als "Bibliotheca" bezeichnet). Es wurde im ausgehenden 18. Jh. errichtet, die Gründung der Bibliothek geht jedoch auf das Jahr 1555 zurück, sie sollte den Kaplänen des Johanniterordens dienen. Die Bestände wurden zunächst in Räumlichkeiten bei der St. John's Co-Cathedral untergebracht. Durch Schenkungen vergrößerte sich der seit 1750 der Öffentlichkeit zugängliche Bibliotheksbesitz schnell: Die Bibliothek konnte Ende des 18. Jh.s bereits ca. 80 000 Bände ihr eigen nennen. Doch plünderten Napoleons Soldaten auch hier, nach dem Abzug der Franzosen waren nur noch 30 000 Bände vorhanden. Wiedereröffnet wurde die Bibliothek in dem neuen Gebäude 1812. Heute bewahrt die National Library etwa 300 000 Bände, darunter ca. 10 000 Handschriften und Urkunden zur Geschichte des Ordens bzw. des Inselstaates. Einige besonders wichtige Dokumente können im Hauptsaal des Obergeschosses ständig eingesehen werden. Ausgestellt sind in dem 41 m langen und 12,5 m breiten Saal, der sich noch in seinem ursprünglichen Zustand präsentiert, u.a. die Bulle vom 15. Februar 1113, mit der Papst Paschalis II. den Johanniterorden als selbständige Organisation anerkannte, sowie die Urkunde, mit der Kaiser Karl V. 1530 die Insel Malta den Johanniterrittern als Lehen übergab.

National Library

Unmittelbar nordöstlich des Republic Square liegt der Großmeisterpalast (Grand Master's Palace). Ursprünglich beabsichtigte man, den Palast an der Stelle der heutigen Auberge de Castille, dem höchsten Punkt Vallettas, zu errichten, entschied sich dann jedoch für diesen Platz im Herzen der Stadt. Mit dem Bau wurde 1571 nach Plänen von Gerolamo Cassar begonnen, der Architekt hatte den Auftrag, ein an dieser Stelle stehendes Haus in den Palast zu integrieren. Schon 1574 konnte der Renaissancebau bezogen werden. Sein heutiges Aussehen erhielt der Großmeistersitz jedoch erst Mitte des 18. Jh.s, als die beiden barocken Portale sowie die Holzbalkone an der Hauptfassade angefügt wurden. Bis 1798 residierten in dem Palast alle Großmeister des Ordens. Auch die britischen Gouverneure verwalteten von hier aus das Inselreich. Heute beherbergt der Palast das maltesische Parlament und ist Amtssitz des Staatspräsidenten. Dennoch können die Räumlichkeiten teilweise besichtigt werden.

*Grand Master's Palace

Fünf Eingänge führen in den Palast, der sich über einem rechteckigen Grundriß von 96 bzw. 81 m Seitenlänge erhebt. Während sich ein Eingang in der Mitte jeder Seitenfassade befindet, setzen an der der Republic Street zugewandten Hauptfassade zwei barocke Portale Akzente. Durch das linke Tor gelangt man in den Neptunshof (Neptune's Court), den länglicheren der beiden Innenhöfe. Bis Ende des 19. Jh.s befanden sich hier die Pferdeställe, ein Wandbrunnen mit dem Wappen Großmeister Perellos (1697 – 1720) fungierte als Tränke. Benannt ist der Hof nach der Bronzestatue Neptuns, die Großmeister Alof de Wignacourt (1601 – 1622) ursprünglich am Fischmarkt aufstellen ließ. Ihren heutigen Standort erhielt die nach einem Original von Giambologna geschaffene Statue 1861. Ein Durchgang führt vom Neptunshof nach rechts in den Prince Alfred's Court, so benannt zur Erinnerung an den ersten Besuch des Sohnes von Queen Victoria 1858 auf Malta. Ins Auge fällt hier die von Großmeister Manuel Pinto de Fonseca (1741 – 1773) gestiftete Turmuhr, zwei türkisch gekleidete Figuren schlagen die Stunden.

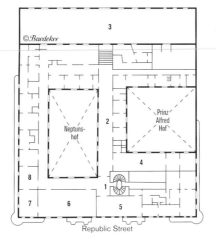

Valletta
Grand Master's
Palace
Großmeisterpalast
OBERGESCHOSS

1 Eingangskorridor
2 Rüstungskorridor
3 Parlament
(ehemals Arsenal)
4 Ratssaal
5 Staatsspeisesaal
6 Großer Ratssaal
7 Botschaftersaal
(Roter Saal)
8 Gelber Saal

Im Neptunshof befindet sich der Zugang zu den Prunkräumen des Obergeschosses (Piano Nobile, State Rooms). Sie dienen dem maltesischen Präsidenten heute für Repräsentationspflichten, können aber, sofern sie nicht gerade für Staatsempfänge benötigt werden, im Rahmen von englischsprachigen Führungen besichtigt werden (geöffnet: Mo. – Sa. 9.00 bis 15.00, im Sommer nur bis 13.00 Uhr). Man betritt zunächst den Armoury Corridor, an dessen einem Ende sich der Eingang zum einstigen Arsenal (heute Parlament) befindet. An der Innenwand hängen Porträts von Großmeistern. In der Council Chamber bzw. Tapestry Hall wurden die Ratssitzungen des Ordens abgehalten. Bevor das maltesische Parlament 1976 in das einstige Arsenal umzog, tagte es in diesem Saal. Seinen zweiten Namen "Tapestry Hall" verdankt der Raum den hier hängenden einst kostbaren Gobelins. Die Wandteppiche zeigen exotische Szenen aus Afrika, der damals noch wenig bekannten Karibik und aus Südamerika. Gefertigt wurden sie im Auftrag von Großmeister Ramon Perellos Anfang des 18. Jh.s in der Hofweberei des französischen Königs Ludwig XIV. In einem Fries über den Wandteppichen sind Seeschlachten des Ordens dargestellt. Im Großen Ratssaal (Hall of the Supreme Council bzw. Hall of St. Michael and St. George) werden in den zwölf Feldern des Frieses in chronologischer Reihenfolge Begebenheiten der Großen Türkenbelagerung festgehalten. Matteo Perez d'Aleccio schuf sie 1576 – 1581 nach Augenzeugenberichten.

Eine Tür führt vom Großen Ratssaal in den Botschaftersaal (Ambassador's Room), weil die Wände mit rotem Damast bespannt sind, auch Roter Saal genannt. Diesen Saal zieren ein Fries, der acht Szenen aus der Ordensgeschichte zeigt, außerdem mehrere Porträts europäischer Monarchen. Im Gelben Saal (Yellow Room) sind beachtenswert der Fries, auf dem frühe Ereignisse der Ordensgeschichte dargestellt sind, sowie die Gemälde von José de Ribeira: "Jakob bei den Schafen" und "Der Traum Josephs". Im Speisesaal hängen Porträts britischer Monarchen.

Grand Master's Palace (Fortsetzung)

Seit 1976 ist die Rüstkammer (Palace Armoury; geöffnet vom 16. Juni bis September: tgl. 8.30 – 14.00; von Oktober bis 15. Juni: Mo. – Sa. 8.30 bis 17.00, So. 8.30 – 16.00 Uhr) in den einstigen Pferdeställen des Großmeisterpalastes untergebracht (Zugang über den Neptunshof). Nach einem Erlaß von 1555 gingen beim Tode eines Ritters seine Rüstung und alle Waffen in den Ordensbesitz über. So verfügte der Orden bald über ausreichend Kriegsrüstungen, um mehrere zehntausend Mann auszustatten. Erhalten sind heute noch ca. 5800 Waffen und Ausrüstungsgegenstände der Ordensritter. Sie stammen aus vielen Teilen Europas, zu sehen sind zudem

Palace Armoury

Council Chamber oder Tapestry Hall im Großmeisterpalast: Hier wurden die Ratssitzungen des Johanniterordens abgehalten.

einige Beutestücke der Ordensritter (türkische Wappen und Schilde). Vielleicht eindrucksvollstes Exponat ist die mit Goldeinlage versehene Paraderüstung von Großmeister Alof de Wignacourt (1601 – 1622), die in Mailand gefertigt wurde.

Die Hauptwache (Main Guard) aus dem 17. Jh. erhielt ihr heutiges Aussehen mit dem klassizistischen Portikus im 19. Jh.; zur Zeit der Ordensritter war hier die Leibwache des Großmeisters untergebracht.

Main Guard

Ein Gebäude gegenüber der Seitenfassade der Hauptwache ist Veranstaltungsort zweier Multivisionsshows. "Malta George Cross" dokumentiert

Malta George Cross

Valletta

Malta George Cross (Fortsetzung)
Valletta Experience

mit Originalfilmmaterial die Schlacht um Malta und die Belagerung der Mittelmeerinsel durch die Achsenmächte. Das George Cross wurde den Maltesern 1942 als Auszeichnung für ihre Tapferkeit verliehen. Im Wechsel dazu wird "The Valletta Experience" gezeigt, eine nostalgische Reise durch die Stadtgeschichte (Malta George Cross: Mo. – Fr. 11.00, 13.00, 15.00, Sa., So. 11.00 Uhr; Valletta Experience: Mo. – Fr. 12.00, 14.00, Sa., So. 10.00 und 12.00 Uhr).

*Casa Rocca Piccola

Im weiteren Verlauf der Republic Street (Nr. 74) bietet die Casa Rocca Piccola die einzigartige Chance, einen Einblick in die Wohnkultur einer maltesischen Adelsfamilie zu bekommen. Die im 16. Jh. errichtet Casa Rocca Piccola befindet sich in Privatbesitz, wird von der Familie de Piro bewohnt, ist aber dennoch im Rahmen von unterhaltsamen Führungen zugänglich (Führungen: Mo. – Sa. 10.00, 11.00, 12.00 und 13.00 Uhr).

Manoel Theatre: Hinter unscheinbarer Fassade verbirgt sich ein prächtiger Theaterraum. Schauspielaufführungen und Konzerte stehen auf dem Spielplan.

Toy Museum

Schräg gegenüber der Casa Rocca Piccola verteilen sich die Exponate eines Spielzeugmuseums über drei Stockwerke.

Old Bakery Street

Man biegt nun in die St. Dominic Street ein, ihre übernächste Querstraße ist die Old Bakery Street. Dort befand sich einst die Bäckerei der Johanniter – daher der Name. Heute wirkt die Straße mit ihren überwiegend älteren Wohnhäusern samt den charakteristischen Balkonen recht reizvoll.

Manoel Theatre

Die Old Bakery Street kreuzt die Old Theatre Street. Hier steht das Manoel Theatre. Der Bau wurde im Auftrag von Großmeister Manuel de Vilhena 1731 errichtet, damit ist das Manoel-Theater eines der ältesten, noch regelmäßig bespielten Theatergebäude Europas. Das zunächst "Öffentliches Theater", später "Königliches Theater" genannte Haus bekam seinen heutigen Namen erst 1866. Nach dem Zweiten Weltkrieg kaufte der Staat den

zwischenzeitlich in Privatbesitz befindlichen und nach Eröffnung des Großen Opernhauses mehr und mehr verwahrlosten Bau zurück. Es erfolgte
eine umfassende Restaurierung; seit 1960 finden im Manoel-Theater wieder Aufführungen statt. Der prunkvolle ovale Innenraum erhielt sein heutiges Aussehen 1844. Er bietet mit seinen vier Rängen 720 Personen Platz
(Führungen durch das Theater und ein kleines Theatermuseum: Mo. – Fr.
10.30 und 11.30, Sa. 11.30 Uhr).

Manoel Theatre
(Fortsetzung)

Die wenige Meter weiter nordwestlich stehende Karmeliterkirche (Our Lady
of Mount Carmel; geöffnet: tgl. 6.00 – 12.00 und 16.00 – 19.30 Uhr) bildet
wegen ihrer riesigen Kuppel einen markanten Punkt in der Silhouette Vallettas. Ursprünglich stand an dieser Stelle eine 1570 von Cassar errichtete
Kirche. Sie wurde im letzten Weltkrieg derart zerstört, daß man sich Ende
der fünfziger Jahre zu einem Neubau entschloß.

Our Lady of Mount
Carmel

An der Stelle der einstigen Auberge d'Allemagne am Independence Square erhebt sich die anglikanische Pauluskathedrale (St. Paul's Anglican Cathedral; geöffnet: Mo. – Fr. 8.00 – 12.00 Uhr). Die Kirche, deren hoher
spitzer Glockenturm eines der Wahrzeichen Vallettas ist, wurde 1839 bis
1842 auf Betreiben der britischen Königinwitwe Adelaide errichtet. Sie ver-
mißte bei einem Besuch 1839 auf der Mittelmeerinsel ein Gotteshaus ihrer
Konfession. Die neoklassizistische Innenausstattung ist ausgewogen und
gefällig.

St. Paul's Anglican
Cathedral

Die gegenüberliegende Auberge d'Aragon ist die älteste (1571) der sieben
von Gerolamo Cassar entworfenen Ritterherbergen und neben der Auberge de Provence die einzige weitgehend (der dorische Portikus wurde
später angefügt) im ursprünglichen Zustand erhaltene. Heute ist die Auberge d'Aragon Sitz des Wirtschaftsministeriums.

Auberge d'Aragon

In der Archbishop's Street fällt gleich links das repräsentative Erzbischöf-
liche Palais auf. Das Erdgeschoß des Palastes entstand bereits 1624. Das
Obergeschoß sowie die heutige Fassadengestaltung wurden erst Mitte
dieses Jahrhunderts hinzugefügt. Dies erklärt sich aus der Tatsache, daß
die Bischöfe zwar das Recht hatten, in Valletta zu residieren, ihnen die
Ordensritter hier allerdings keine weiteren Privilegien zugestanden. So zogen es die Bischöfe vor, ihren Verwaltungssitz in Mdina einzurichten.

Archbishop's
Palace

Der Old Mint Street nach Nordosten folgend, erreicht man die Auberge
d'Angleterre et Bavière, deren Hauptfassade der St. Elmo Bay zugewandt
ist. Der große schlichte Barockbau wurde im ausgehenden 17. Jh. errichtet. Im Jahre 1784 erwarb ihn die neugegründete englisch-bayrische
Landsmannschaft.

Auberge d'Angle-
terre et Bavière

Entlang den Festungsmauern von Valletta schlendert man zur Spitze der
Sciberras-Halbinsel mit dem Fort St. Elmo. Schon die Phönizier hatten an
dieser strategisch bedeutsamen Stelle eine Befestigungsanlage errichtet,
die später von den Römern übernommen wurde. Im 14./15. Jh. stand hier
ein Fort mit einer kleinen Kapelle, die dem hl. Elmo, dem Schutzpatron der
Seefahrer, geweiht war.
Die Johanniterritter bauten die Befestigungsanlagen zur Sicherung der Einfahrt in den Grand Harbour 1552 aus. Dennoch konnten sie nicht verhindern, daß die Türken 1565 das Fort einnahmen. Vorausgegangen waren
einen Monat dauernde heftige Kämpfe, bis zum letzten Mann verteidigten
die Johanniter das Fort und fügten dabei den Türken erhebliche Verluste
zu. Nach der Gründung von Valletta wurde das Fort wieder aufgebaut und
im 17. Jh. noch weiter befestigt. Von 1798 bis 1800 in der Hand der Franzosen, nutzten es seit 1800 die Briten als Kaserne. Strategische Bedeutung
hatte es erneut im Zweiten Weltkrieg, als italienische U-Boot-Angriffe von
hier abgewehrt werden konnten. Heute ist das Fort St. Elmo Sitz der "Malta Police Academy", dennoch ist das Fort im Rahmen von Führungen zugänglich (Sa. 13.00 – 17.00, So. 9.00 – 17.00 Uhr).

Fort St. Elmo

An jedem zweiten Sonntag im Monat findet im Fort eine historische Parade (In Guardia) statt, ein etwa einstündiges Spektakel, in dem sich die rund 90 Teilnehmer in Kostümen und Rüstungen der Johanniterzeit zeigen.

Fort St. Elmo (Fortsetzung)

In einem Teil des Forts ist seit 1975 das Nationale Kriegsmuseum (National War Museum; geöffnet von Oktober bis 15. Juni: Mo. – Sa. 8.15 – 17.00, So. 8.15 – 16.15; vom 16. Juni bis September: tgl. 7.45 – 14.00 Uhr) untergebracht. Ausgestellt sind Waffen und sonstiges Kriegsgerät des 19. und 20. Jh.s. Zahlreiche Fotos und Dokumente erinnern an die "Zweite Belagerung" Maltas zwischen 1940 und 1943. Der Stolz des Museums aber ist das George Cross, das der britische König Georg VI. dem maltesischen Volk wegen seiner Tapferkeit im Zweiten Weltkrieg 1942 verlieh.
Vor dem Fort fallen erhöht liegende runde Steinplatten ins Auge, es handelt sich dabei um Verschlußsteine zu unterirdischen Schächten, die als Getreidespeicher fungierten.

National War Museum

Wenige Schritte südlich des Forts befindet sich das unter Großmeister Jean l'Evêque de la Cassière (1572–1581) von einem unbekannten Baumeister errichtete Hospital der Ordensritter, die Sacra Infermeria. Ihre Längsfront ist der Mediterranean Street und somit dem Grand Harbour zugewandt. Kranke und Verwundete konnten von den im Hafen ankernden Schiffen schnell hierher gebracht werden. Die Sacra Infermeria der Johanniter war in ganz Europa berühmt. Von überallher kamen Reisende, um sich die hellen und freundlichen Krankensäle anzuschauen und sich von den für die damalige Zeit einmaligen Hygienevorschriften zu überzeugen (→ *Baedeker Special*, S. 174/175). Das von den Briten zunächst als Militärhospital, dann als Polizei-Hauptquartier genutzte Gebäude wurde im Zweiten Weltkrieg schwer beschädigt. Nach dem Wiederaufbau richtete man in dem riesigen Hospital ein internationales Konferenzzentrum (Mediterranean Conference Centre) ein, das 1979 eröffnet wurde. Ein Brand zerstörte 1987 die Haupthalle nahezu vollständig. In noch modernerer und vergrößerter Form konnte das Konferenzzentrum 1989 wieder seiner Bestimmung übergeben werden. Die sechs Tagungsräume bieten zwischen 70 und 1500 Konferenzteilnehmern Platz.
Im Untergeschoß der Sacra Infermeria kann die Ausstellung "The Knights Hospitallers" (geöffnet: Mo. – Fr. 9.30 – 16.30, Sa., So. 9.30 – 13.30 Uhr) besichtigt werden. Lebensgroße Figuren stellen Szenen aus der Ordensgeschichte nach.

*Sacra Infermeria

In einem Gebäude gegenüber der Sacra Infermeria wird die Multivisionsshow "Malta Experience" gezeigt (Mo. – Fr. 11.00, 12.00, 13.00, 14.00, 15.00, 16.00; Sa., So. 11.00, 12.00 und 13.00 Uhr). In ca. 45 Minuten bekommt der Besucher anhand von mehr als 1000 Dias, Musikuntermalung und einem erklärenden Text, den man über Kopfhörer auch in Deutsch verfolgen kann, einen Überblick über die maltesische Geschichte.

Malta Experience

Die südlich des Hospitals gelegenen Lower Barracca Gardens, die den Johanniterrittern als Exerzierfeld dienten, sollte man wegen des fantastischen Blicks auf den Grand Harbour besuchen. Im Zentrum der hübschen Grünanlage steht ein zum Gedenken an Sir Alexander Ball errichteter neoklassizistischer Säulenbau. Ball war der Kommandant der britischen Schiffe, die die Blockade gegen die Franzosen 1798 – 1800 durchführten. Später zum ersten britischen Hochkommissar von Malta ernannt, starb er 1809 auf der Insel und wurde im Fort St. Elmo beigesetzt.

*Lower Barracca Gardens

Unterhalb der Lower Barracca Gardens wurde von Königin Elisabeth II. und dem maltesischen Staatspräsidenten im Mai 1992 ein Denkmal enthüllt. Es erinnert an die Opfer des Zweiten Weltkrieges und an den 50. Jahrestag der Verleihung des George Cross (vgl. 37).

Siege Bell Memorial

◄ *Historische Parade "In Guardia" im Fort St. Elmo: ein farbenprächtiges Spektakel mit Uniformen und Waffen aus der Ritterzeit*

Dienst an den "Herren Kranken"

Ein Reisender meinte zynisch, der prachtvolle Marmorfußboden könne nicht die zu kleinen Fenster ersetzen und damit den ekelhaften Gestank vergessen lassen. Andere Besucher der Insel hingegen bestaunten die Bauweise des Hospitals von Valletta und die dort herrschende Sauberkeit, wie der britische Schiffspfarrer Henry Teonge, der sich 1674 auf Malta aufhielt: "Das Hospital ist ein weitläufiges Gebäude, in welchem Kranke und Verletzte liegen. Es ist so breit, daß in der Mitte desselben zwölf Mann nebeneinander gehen können. Auf beiden Seiten stehen Betten mit Eisenpfosten, sie sind mit weißen Vorhängen, Laken und Überdecken versehen und werden äußerst sauber, rein und frisch gehalten ... ."

Obwohl sich die Johanniter im Laufe der Zeit immer mehr zu einem kriegerischen Orden entwickelt hatten und die Ordensmeister sich auf Gemälden zusehends gern in königlicher Aufmachung verewigen ließen, hielten die Ritter dennoch weiterhin an den strengen Gründungsvorschriften fest, vergaßen sie nie den eigentlichen Zweck ihres Daseins: die Krankenpflege, den Dienst an den "Herren Kranken". Schon gleich nach der Landung auf Malta 1530 hatten sie in Birgu (heute Vittoriosa) ein kleines Krankenhaus gebaut, obgleich die Kassenbestände des Ordens infolge des langen Umherziehens erheblich geschrumpft waren. Zwei Jahre später begann man mit dem Bau eines neuen Hospitals, das, nach dem Vorbild der Hospitäler in Jerusalem und Rhodos errichtet, 1578 als eines der größten Krankenhäuser seiner Zeit eingeweiht wurde: die "Sacra Infermeria di Malta". Erbaut wurde das Krankenhaus an der zum Hafen abfallenden Steilküste des Monte Sciberras, entsprechend der Topographie in mehreren Terrassen; einen Teil des Gebäudes brach man aus dem

weichen Stein heraus, mit den so gewonnenen Steinblöcken wurden die oberen Stockwerke errichtet. Das unterste Stockwerk war mit dem Grand Harbour durch einen gedeckten Gang verbunden, so daß man Verwundete und Kranke ohne Umweg vom Schiff in den Behandlungsraum bringen konnte.

Der große, 1662 – 1668 durch einen Anbau erweiterte Krankensaal war 165 m lang, 11 m breit und fast 10 m hoch. Die Höhe des Saals stellte ein wichtiges Kriterium dar, denn bei Sommertemperaturen von bis zu 40 °C konnte man Räume nur kühl halten, indem man deren Decke möglichst hoch einzog. Der Fußboden war mit Marmorplatten bedeckt; hohe Fenster sorgten für frische Luft und für Helligkeit, ohne daß die Patienten geblendet wurden; und Gobelins an den Wänden, deren Bilder von der Geschichte des Ordens erzählten, förderten an kalten Tagen die Wärme. Das Hospital verfügte nach und nach über insgesamt 800 Betten, wovon die 300 im großen Saal mit Betthimmel ausgestattet waren, die man im Sommer durch Moskitonetze ersetzte. Verblüfft stellten Inselbesucher fest, daß die Kranken in Einzelbetten lagen, was bis ins 19. Jh. hinein als kaum praktizierter Luxus galt, und daß sie von silbernen Tellern speisten, was nichts mit Pomp zu tun hatte, sondern aus hygienischen Gründen geschah; in Zeiten, als es um die Ordensfinanzen schlechter bestellt war, benutzte man Zink statt Silber. Das Essen wurde den Patienten von den Rittern selbst gereicht; auf diese Weise mußte jeder Ordensritter einmal pro Woche einen Tag Dienst im Krankenhaus ableisten, "persönlich den Herren Kranken dienen", wie ein Beschluß von 1629 es forderte, wobei jede Zunge ihren festgelegten Wochentag hatte. Selbst der Ordensmeister blieb von dieser Regelung nicht ausgenommen und betrat, immer freitags, das Hospital nur als pflegender Bruder – nachdem er vorher alle Zeichen seiner Würde abgelegt hatte.

Das Gebäude umfaßte verschiedene Krankenabteilungen: Schwerkranke wurden von leichteren Fällen getrennt, Sterbende in einigen kleinen Räumen untergebracht; für ansteckende Krankheiten standen Isolationsräume zur Verfügung; es gab sogar, ungewöhnlich für jene Zeit, eine Abteilung für Geisteskranke, die man aufopfernd versorgte. Nach 1700 wurden dem Hospital noch ein Frauenkrankenhaus, eine Augenklinik und ein Quarantänelazarett angeschlossen. Nicht nur Katholiken waren Nutznießer der Kranken-

ne Kosten junge Malteser an Universitäten, vor allem nach Italien; 1676 beschloß die Ordensführung den Bau einer eigenen medizinischen Hochschule, die dann aufgrund ihres hohen Ansehens von Studenten vieler Länder aufgesucht wurde.
Die abendländische Medizin befand sich in dieser Zeit noch auf einer relativ niedrigen Stufe, auch die Anästhesie steckte noch in den Kinderschuhen. Betäubt wurden zu operierende Patienten mit den Dämpfen einer Lösung aus Alkohol, Opium, Mohn und anderen Drogen oder – im Notfall – mit einem einfachen, aber effektiven Mittel: mit einem Hammerschlag. Eines der wichtigsten Mittel zur Behandlung von Wunden, Blutungen und Ruhr war ein schwarzer Pilz, der auf dem Fungus Rock vor der Küste von Gozo wuchs. 1968 stellte das British Naval Hospital in Bighi auf Malta infolge einer wissenschaftlichen Untersuchung jedoch fest, daß dieser Pilz, der wegen seiner dunklen Farbe dem geronnenen Blut ähnelt und wohl deshalb als Allheilmittel angewandt wurde, medizinisch betrachtet vollkommen wertlos sei.

Eine Nachbildung des großen Krankensaales kann man sich im Untergeschoß der Sacra Infermeria in Valletta anschauen.

pflege, auch Vertreter anderer christlicher Konfessionen sowie Juden und Moslems durften hier auf Pflege hoffen. Ein Klassensystem bestand dennoch: In den Genuß von Sonderbehandlungen gelangten nur Ordensmitglieder und Personen gehobenen Standes.

Der professionelle Krankendienst wurde von drei Ärzten und drei Chirurgen ausgeführt, die jeder zwei Assistenten hatten, sowie von drei Apothekern. Den Pflegedienst teilten sich Ordensritter und Frauen; grobe Arbeiten mußten Sklaven verrichten. Eine medizinische Ausbildung war die Voraussetzung, um im Hospital von Valletta als Arzt tätig werden zu können. Anfangs schickte der Orden auf eige-

Die Johanniter beschränkten ihren Gesundheitsdienst nicht nur auf das Hospital. Das große Krankenhaus versorgte die kleineren Hospitäler auf Malta und Gozo mit Ärzten, die dort einige Zeit lang Dienst verrichten mußten. Auch verließ kein Schiff des Ordens die Insel ohne Arzt und ärztliches Personal; vor allem auf den engen Galeeren achteten die Ordensritter streng auf die Einhaltung von Sauberkeits- und Hygienevorschriften. Und schließlich fühlten sich die Ritter auch außerhalb ihrer Hoheitsgewässer zur Hospitalität verpflichtet und versorgten u.a. 1693 die erdbebengeschädigte Stadt Augusta auf Sizilien mit Medikamenten, Kleidung und Verpflegung. Kurz, sie waren im Mittelmeer das, "was man heute als internationale Hilfstruppe bezeichnen würde" (E. Bradford).

Valletta

Old University

Von den Lower Barracca Gardens folgt man der Dominic Street nach Nordwesten und biegt dann links in die Merchants Street ab. Hier erhebt sich auf der linken Seite der ehemalige Universitätsbau. Gegründet wurde die Universität von Malta 1592 als Jesuitenkolleg mit den Fachbereichen Theologie, Philosophie und Literatur. Nach Ausweisung der Jesuiten 1769 gliederte Großmeister Manuel Pinto de Fonseca dem Kolleg weitere Fachbereiche an und erhob es zur Universität. Deren Hauptsitz wurde zwar 1969 nach → Msida verlegt, doch sind in dem alten Bau auch weiterhin Universitätseinrichtungen untergebracht. Zu dem Komplex gehört die Chiesa de Gesù. Die Jesuitenkirche wurde zwischen 1596 und 1604 erbaut, die Fassade entstand in ihrer heutigen Form Mitte des 18. Jh.s.

St. Paul's Shipwreck Church

Die Merchants Street weitergehend, passiert man die Markthalle (1859 errichtet) und gelangt dann links abbiegend zur St. Paul's Shipwreck Church. Die ursprünglich von Gerolamo Cassar erbaute Kirche wurde 1629 nach Plänen von Lorenzo Gafà neu gestaltet. Die Fassade erhielt ihr heutiges Aussehen erst Ende des 19. Jh.s. Das Altarbild zeigt den Schiffbruch des hl. Paulus an den Gestaden Maltas (→ *Baedeker Special*, S. 144/145); die holzgeschnitzte Figur des Heiligen wird Melchiore Gafà (1657) zugeschrieben.

Castellania

Das Gebäude mit der Hausnummer 15 in der Merchants Street ist die Castellania. Großmeister Manuel Pinto de Fonseca gab 1748 Giuseppe Bonnici den Auftrag zur Errichtung eines Gerichtsgebäudes mit darunterliegenden Gefängniszellen. Heute befindet sich in dem Bau das Gesundheitsministerium. An der symmetrischen zweigeschossigen Fassade fallen über dem Portal die allegorischen Figuren der Gerechtigkeit und Wahrheit von Maestro Gian aus Sizilien auf.

St. James

Schräg gegenüber der Castellania steht die Kirche St. James. Die Kapelle der kastilischen Landsmannschaft wurde 1710 an der Stelle eines Vorgängerbaus aus dem Jahre 1612 errichtet. Das Titularbild mit dem hl. Jakobus in der Kirche malte Palladini (16. Jh.).

Auberge d'Italie

Einige Schritte weiter erreicht man auf derselben Straßenseite die Auberge d'Italie, die 1574 nach Plänen von Gerolamo Cassar errichtet wurde. In späterer Zeit erfolgten jedoch mehrfach Umbauten, so sind die barocken Stilelemente an der Fassade eine Zutat des 17. Jh.s. Möglicherweise wurde auch das oberste Stockwerk erst unter Großmeister Gregorio Caraffa (1680 – 1690) aufgesetzt, dessen Bronzebüste das rustizierte Portal schmückt.

Palazzo Parisio

Gegenüber der Auberge d'Italie weist eine marmorne Tafel am Palazzo Parisio darauf hin, daß Napoleon in diesem Palast 1798 einige Tage wohnte. Der um einen Innenhof herumgebaute Palast wurde 1760 errichtet. Heute ist er Sitz des Außenministeriums.

St. Catherine

An die Auberge d'Italie schließt die der hl. Katharina geweihte Kirche der italienischen Landsmannschaft an. Ihre Hauptfassade ist dem Victory Square zugewandt. Architekt der Kirche war Gerolamo Cassar (1576), die Fassade wurde im frühen 18. Jh. neu gestaltet. Das Bild über dem Hauptaltar von Mattia Preti stellt den Leidensweg der hl. Katharina dar.

Our Lady of Victories

Die gegenüberliegende Seite des Platzes flankiert die Kirche Our Lady of Victories (Ta Vittoria). Sie entstand als erster Bau nach der Großen Belagerung von 1565 genau an der Stelle, an der der Grundstein zur Stadt Valletta gelegt wurde. Ihr heutiges Aussehen erhielt die Fassade im ausgehenden 17. Jh.; Großmeister Ramon Perellos ließ im Giebelfeld der Kirche die Büste von Papst Innozenz XI. anbringen, um sich so für die Vermittlungsdienste des Papstes bei einem Streit mit dem Bischof zu bedanken.
Neben der Kirche steht das Denkmal von Sir Paul Boffa (gest. 1966), dem ersten Premierminister der Labour Party nach dem Zweiten Weltkrieg.

Unmittelbar südlich der beiden Kirchen dehnt sich der Castille Place aus, den die Auberge de Castille, Léon et Portugal beherrscht. Die Pläne für die Herberge der Ritter aus Kastilien, Léon und Portugal stammen ursprünglich von Gerolamo Cassar, doch wurde der Bau von Domenico Cachia auf Veranlassung des Großmeisters Manuel Pinto de Fonseca (1741 – 1773) meisterhaft umgestaltet und barockisiert. Dominierendes Element der zweigeschossigen Fassade ist das von alten Kanonen und zwei Säulenpaaren flankierte Portal, zu dem eine großzügig gestaltete Freitreppe hinaufführt. An den Autraggeber des Baus erinnert die Büste über dem Eingang sowie das Wappen Pinto de Fonsecas über dem Mittelfenster. In dem um einen Innenhof herum angelegten Bau war früher das britische Militärhauptquartier untergebracht; heute ist die Auberge Amtssitz des maltesischen Premierministers.

Das Denkmal inmitten der kleinen Parkanlage vor der Auberge zeigt Manwell Dimech (1860 – 1921), der als Pionier der Sozialistischen Bewegung Maltas gilt. Die Skulptur wurde 1975 hier aufgestellt.

**Auberge de Castille, Léon et Portugal

Die einstige Auberge de Castille, Léon et Portugal ist heute Sitz des maltesischen Premierministers.

Weiter in südöstlicher Richtung gehend, erreicht man die auf der St. Peter and Paul's Bastion angelegten Upper Barracca Gardens. Von der Terrasse der hübschen Parkanlage genießt man einen prächtigen Blick über den Grand Harbour und The Three Cities. Angelegt Ende des 16. Jh.s als Übungsplatz der Ritter der italienischen Landsmannschaft, sind die Upper Barracca Gardens seit dem 18. Jh. eine öffentliche Gartenanlage. Der Arkadenbau aus dem Jahre 1661 war ursprünglich überdacht. Auf Anordnung des Großmeisters Ximenes wurde das Dach jedoch 1775 nach der "Revolte der Priester" (vgl. S. 34) entfernt, um künftig hier aufrührerische Versammlungen zu verhindern. Von den Statuen und Denkmälern in der Anlage sei besonders auf die von dem Malteser Bildhauer Antonio Sciortino geschaffene Skulpturengruppe "Les Gavroches" (Die Gassenjungen) hingewiesen.

*Upper Barracca Gardens

Valletta

The Sacred Island

In einem Gebäude neben dem Zugang zu den Upper Barracca Gardens informiert die Multivisionsshow "The Sacred Island" über die Religiosität der Malteser (Mo. – Fr. 10.00, 11.30, 13.00, 14.30 und 16.00, Sa. 10.00, 11.30 und 13.00, So. 10.00 und 11.30 Uhr).

Our Lady of Liesse

Die rote Kuppel unterhalb der Upper Barracca Gardens gehört zur Kirche Our Lady of Liesse. Der im Jahre 1620 errichtete Bau wurde 1740 erneuert, er birgt das Gnadenbild Unserer lieben Frau von Liesse.

Lascaris War Rooms

In der Lascaris Bastion befand sich die britische Kommandozentrale während des Zweiten Weltkriegs. Die Originaleinrichtung in dem Befehlsstand ist erhalten, lebensgroße Personen lassen hier die Jahre der "Zweiten Großen Belagerung" lebendig werden. Während des Besichtigungsrundgangs erhält man per Kopfhörer auch in deutscher Sprache Informationen zu den Kriegsereignissen (geöffnet: Mo. – Fr. 9.30 – 16.00, Sa., So. 9.30 – 13.00 Uhr).

Custom's House

Westlich der Lascaris Bastion steht das Zollhaus (Custom's House), das 1774 von Giuseppe Bonnici errichtet wurde. Die Mauern des Gebäudes sind bis zu 4 m dick.

*National Museum of Fine Arts

Man kann nun zurück zur Republic Street gehen und durch das City Gate Valletta wieder verlassen. Lohnend ist jedoch noch eine Besichtigung des Nationalmuseums der Schönen Künste in der South Street (geöffnet von Oktober bis 15. Juni: Mo. – Sa. 8.15 – 17.00, So. 8.15 – 16.15; vom 16. Juni bis September: tgl. 7.45 – 14.00 Uhr). Untergebracht ist das Kunstmuseum in einem 1761 – 1763 errichteten Palast, der zum Teil als Gästehaus des Ordens diente und in dem in den letzten Jahren der Ordensherrschaft auf Malta der Sekretär des Großmeisters wohnte. Seit 1821 residierte hier der Oberbefehlshaber der britischen Mittelmeerflotte, und das Gebäude wurde fortan als Admirality House bezeichnet. Nachdem es 1961 in den Besitz der maltesischen Regierung übergegangen war, wurden Restaurierungsarbeiten vorgenommen. Das Kunstmuseum wurde 1974 eröffnet.

Der Rundgang durch das Museum beginnt im Obergeschoß, die Gemälde sind in chronologischer Reihenfolge ausgestellt. Die ersten beiden Räume sind der florentinisch/toskanischen Malerei des 14. und 15. Jh.s gewidmet. In den weiteren Räumen des Obergeschosses werden vorwiegend Arbeiten aus dem 16. und 17. Jh. gezeigt, darunter aus der Schule von Jan van Scorel "Porträt einer Dame", von Tintoretto "Mann in Rüstung", von Guido Reni "Christus mit dem Kreuz" sowie mehrere Werke von Mattia Preti. Ein besonderer Raum ist dem Malteser Bildhauer Antonio Sciortino (1879 bis 1947) gewidmet. Im Erdgeschoß wird der Rundgang in Raum 14 fortgesetzt. Ausgestellt sind hier Arbeiten des Franzosen Antoine de Favray (1706 – 1798), der zahlreiche Porträts von Großmeistern und anderen hochgestellten Mitgliedern des Ordens schuf. Aus historischen Gesichtspunkten interessant sind vor allem die Stadtansichten Vallettas und Hafenszenen von Louis du Cros (1748 – 1810) in Raum 19. Die Räume 20 bis 24 sind Malteser Künstlern des 17. – 20. Jh.s vorbehalten.

Im Untergeschoß des Museums werden Kunst- und Gebrauchsgegenstände ausgestellt, die in direktem Zusammenhang mit der Ordensherrschaft stehen. Zu sehen sind hier u.a. eine Sammlung von Silbergeschirr aus dem 18. Jh., auf dem den Kranken im Hospital das Essen serviert wurde, ferner Modelle von Ordensschiffen, Münzen, Maße und Gewichte sowie eine kleine Waffensammlung.

Hastings Garden

Zum Abschluß des Stadtrundgangs durch Valletta kann man den Hastings Garden besuchen, so benannt nach dem ehemaligen britischen Gouverneur General Marquess of Hastings (1824 – 1826). Von hier bietet sich ein ausgezeichneter Blick über Vallettas Vorstadt → Floriana.

Vorbei an den gewaltigen Mauern des St. John's Cavalier, in dem die Botschaft des souveränen Malteserordens ihren Sitz hat, gelangt man dann wieder zum City Gate.

Vittoriosa

Die von Kalkara Creek und Dockyard Creek eingegrenzte und weit in den Grand Harbour hineinragende Landzunge nimmt die Stadt Vittoriosa (3000 Einw.) ein. Sie gehört ebenso wie → Senglea und → Cospicua zu den "Three Cities", die die Malteser auch häufig unter dem Begriff "Cottonera" zusammenfassen. Im Gegensatz zu den beiden benachbarten Siedlungen ist Vittoriosa jedoch nicht nur reine Wohnstadt, sondern ist wegen ihrer historischen Bauwerke auch für Touristen interessant. Es gibt hier allerdings keine Hotels und Restaurants, lediglich einige einfache Bars bieten Erfrischungen an. Daher kommen die meisten Besucher nur für einen kurzen Rundgang durch den Stadtkern.

Lage und Bedeutung

Vittoriosa: Zahlreiche historische Bauten erinnern noch heute daran, daß die Stadt erster Sitz der Ordensritter auf Malta war.

Bereits vor Ankunft der Johanniter auf Malta bestand im Gebiet des heutigen Vittoriosa eine Siedlung mit dem Namen Birgu (so wird Vittoriosa noch heute vielfach von der einheimischen Bevölkerung genannt). Die Ursprünge dieser Siedlung reichen weit zurück. Bereits in phönizischer Zeit soll es hier ein Heiligtum gegeben haben. Als die Johanniter 1530 nach Malta kamen, war Birgu ein einfaches kleines Fischerdorf. Doch erschien den kämpferischen Rittern die Lage derart günstig, daß sie ihren Ordenssitz schon bald von Mdina hierher verlegten. Es entstanden Herbergen für die verschiedenen Zungen des Ordens, ein Hospital und vor allem massive Befestigungsbauten. Letztere mußten 1565 bei der Großen Belagerung durch die Türken ihre Wehrfähigkeit unter Beweis stellen. Letztlich gelang es den Johanniterrittern den Angriff der Türken zurückzuschlagen. Birgu erhielt den Ehrennamen Vittoriosa (= die Siegreiche). Ihren Status als Ordenssitz mußte Vittoriosa jedoch schon bald nach dem Sieg über die Türken aufgeben, bereits 1571 zog der Johanniterorden in die neu gegründete Hauptstadt Valletta um. Doch war man sich weiterhin der strategischen

Geschichte

Vittoriosa

150 m

©Baedeker

1 Freedom Monument
2 Auberge d'Allemagne
3 Auberge d'Angleterre
4 Auberge d'Auvergne
   et de Provence
5 Auberge de France
6 Auberge de Castille
   et de Portugal
7 Armoury
8 Palace of the Università
9 St. John's Bastion
10 St. James' Bastion

Geschichte
(Fortsetzung)

Bedeutung Vittoriosas bewußt. Sie wurde ebenso wie Senglea und Cospicua mit mächtigen Bastionen geschützt. Das Vittoriosa nach Süden hin begrenzende Dockyard Creek diente den Johannitern als Hafen für ihre Galeerenflotte. Am Ufer wurden Lagerhallen, Werkstätten sowie Unterkünfte für Hafenarbeiter und Soldaten eingerichtet.

Im Zweiten Weltkrieg war Vittoriosa wegen seiner Hafen- und Werftanlagen ständigen Luftangriffen ausgesetzt, dennoch überstand ein Teil der historischen Bausubstanz den Krieg unbeschadet.

*Ortsbild

In den engen Gassen von Vittoriosa stößt man auf verschiedene sehenswerte Gebäude aus der Zeit der Johanniterherrschaft (sie befinden sich jedoch mit Ausnahme der Kirchen und des Inquisitorenpalastes in Privatbesitz und können nicht besichtigt werden). Zudem wird der Besucher in dem Städtchen mit einer typisch maltesischen Atmosphäre abseits der Touristenströme konfrontiert.

Zur Landseite schützten ein Wassergraben (heute Grünanlage) sowie mächtige Wälle und Wachtürme das einstige Birgu. Auch die Ostseite der Halbinsel sicherten Befestigungsanlagen. Die Ritter der einzelnen Zungen übernahmen die Verteidigung bestimmter Abschnitte (vgl. Stadtplan).

Nachdem man Vittoriosa durch das Main Gate betreten hat, erreicht man in der Main Gate Street (bzw. Triq il-Mina L-Kbira) schon nach wenigen Metern rechts den Inquisitorenpalast.

Sehenswertes in Vittoriosa

Der Inquisitorenpalast (Inquisitor's Palace; geöffnet von Oktober bis 15. Juni: Mo. – Sa. 8.15 – 17.00, So. 8.15 – 16.15; vom 16. Juni bis September: tgl. 7.45 – 14.00 Uhr) beherbergt eine kleine volkskundliche Sammlung und wird zeitweise für Sonderausstellungen genutzt. Eine Besichtigung des Palastes – es ist der einzig erhaltene seiner Art in Europa – lohnt jedoch vor allem, um Einblick in die öffentlichen und privaten Räume des Inquisitors zu nehmen.

*Inquisitor's Palace

Der Palast, mit dessen Bau 1535 begonnen wurde, erfuhr in späteren Jahrhunderten mehrfach bauliche Veränderungen. Sein heutiges Aussehen erhielt er 1767. Von 1574 bis 1798 residierten hier vom Papst ernannte Inquisitoren. Sie bildeten, obgleich es auf Malta nie zu Ketzerverfolgungen und Massenhinrichtungen kam, ein deutliches politisch-religiöses Gegengewicht zur Herrschaft der Johanniter.

Hinter der schlichten Fassade des Palastes verbirgt sich ein undurchschaubares Gewirr von Räumen und Gängen, die um drei Innenhöfe herum angelegt sind. Über die dem Hauptportal gegenübergelegene Treppe gelangt der Besucher im Obergeschoß in den Großen Ratssaal, der mit den Wappen der Inquisitoren (darunter die von zwei späteren Päpsten) verziert ist, und in den Gerichtssaal. Einer seiner beiden Eingänge ist auffallend niedrig. Durch ihn wurden die Angeklagten geführt, die somit zwangsläufig eine gebückte Haltung vor dem Inquisitor einnehmen mußten. Durchschreitet man die niedrige Pforte, gelangt man in ein Treppenhaus, das hinab zu den Kerkern führt. Schmale Öffnungen im Mauerwerk erlauben einen Blick in den sogenannten Galgenhof. Die Privaträume des Inquisitors sind über eine gesonderte Treppe zu erreichen.

Vom Inquisitorenpalast folgt man einer der schmalen Gassen in westlicher Richtung und gelangt zu einem freien Platz am Dockyard Creek. Hier stand bereits vor der Ankunft der Johanniter auf Malta eine St. Lorenz geweihte Kirche. Sie wurde erste Klosterkirche des Ordens. Mit dem Neubau der Church of St. Lawrence wurde 1681 Lorenzo Gafà beauftragt. Fertiggestellt wurde der Bau 1697. Die zum Dockyard Creek ausgerichtete Fassade entstand in ihrer heutigen Form jedoch erst 1913. Damals wurde auch der zweite Turm angefügt. Das Innere der über dem Grundriß eines lateinischen Kreuzes errichteten Kirche birgt ein Altarbild von Mattia Preti ("Martyrium des hl. Laurentius") sowie in der Kruzifix-Kapelle ein Kreuz, das 1657 als Kriegsbeute von Kreta nach Malta kam.

Church of St. Lawrence

Auf dem Platz vor der Kirche erinnert das Freiheitsdenkmal (Freedom Monument) an den Abzug der letzten britischen Streitkräfte, die von hier 1979 auf dem Seeweg Malta verließen.

Freedom Monument

Wenige Schritte nordöstlich der Kirche befindet sich das St.-Joseph-Oratorium, einstmals Kirche der orthodoxen Griechen. Sie wurde restauriert und ist heute als Museum zugänglich. Neben vielen Exponaten, die an die Belagerung im Zweiten Weltkrieg erinnern, wird hier auch das Schwert von Jean de la Valette aufbewahrt.

St. Joseph's Oratorium

Das National Maritime Museum am Vittoriosa Wharf wurde 1991 im ehemaligen Gebäude der Marinebäckerei eröffnet. Es gibt anhand von Dokumenten, Gemälden und vor allem Schiffsmodellen einen Überblick über die Entwicklung der maltesischen Schiffahrt (geöffnet von Oktober bis 15. Juni: Mo. – Sa. 8.15 – 17.00, So. 8.15 – 16.15; vom 16. Juni bis September: tgl. 7.45 – 14.00 Uhr).

National Maritime Museum

Durch die St. Anthony Street gelangt man am Ende der Landzunge zum Fort St. Angelo. Bereits die Araber hatten hier 670 eine Festung errichtet. Die Johanniter bauten das Bollwerk wieder auf und verstärkten es. Von 1912 bis 1979 diente das Fort St. Angelo der britischen Marine als Hauptquartier, 1984 wurde in der einstigen Festung ein Hotel eröffnet. Heute

Fort St. Angelo

Zabbar

Vittoriosa
(Fortsetzung)

steht der Komplex leer, eine Besichtigung ist nur samstags im Rahmen von Führungen möglich (Sa. 10.00 – 14.00 bzw. 13.00 Uhr im Sommer).

Vittoriosa Square

Der Rückweg vom Fort St. Angelo führt durch die St. Philip Street zum Vittoriosa Square (bzw. Misrah Ir-Rebha). Hier erinnert ein 1705 errichtetes Denkmal an den Sieg über die Türken 1565. Ein steinernes Kruzifix bezeichnet den Platz, an dem bis ins 16. Jh. hinein öffentliche Hinrichtungen vorgenommen wurden.
Die Ostseite des Platzes flankierte die Auberge d'Allemagne. Sie wurde bei einem Bombenangriff 1942 zerstört. In veränderter Form, ohne den früher vorhandenen Wachturm, baute man das Gebäude nach Kriegsende wieder auf. Es befindet sich heute ebenso wie die Herbergen der anderen Landsmannschaften in Privatbesitz und kann nicht besichtigt werden.

Hospital of the Order

Bevor man den Stadtrundgang durch die Britannic Street fortsetzt, sollte man dem Ordenskrankenhaus (Hospital of the Order) in der St. Scholastica Street (nördlich des Vittoriosa Square) Beachtung schenken. Schon 1530 ließen die Johanniter das Krankenhaus erbauen, das für die damalige Zeit vorbildlich geführt wurde. Nachdem eine neue "Sacra Infermeria" in Valletta errichtet worden war, wurde das Gebäude Benediktinerinnen übergeben; noch heute befindet es sich im Besitz dieses Ordens.

Weitere Sehenswürdigkeiten

In der Britannic Street, die ihren Ausgang am Nordostende des Vittoriosa Square nimmt, erheben sich links die Auberge d'Auvergne et de Provence (Nr. 17/23) und die Auberge de France (Nr. 24/27). In der rechts abzweigenden North Street steht das sogenannte Normannenhaus (Norman House) aus dem 16. Jh.; seinen Namen verdankt es den von einem Vorgängerbau erhaltenen Stilelementen aus dem 11. Jahrhundert. Noch ein Stück weiter der Britannic Street in östlicher Richtung folgend, gelangt man zur Auberge de Castille (Nr. 57) und zur Auberge de Portugal (Nr. 59). Unweit südlich davon befindet sich die ehemalige Waffenkammer (Armoury) der Ritter. Gegenüber steht in der Bishop's Palace Street der Bischofspalast, der sein heutiges Aussehen 1615 erhielt. Wenige Meter östlich des nunmehr als Schulgebäude fungierenden Bischofssitzes erreicht man in der Convent Street den Palast der Università, den Sitz des einstigen Selbstverwaltungsgremiums Maltas (1538 errichtet).
An ihrem östlichen Ende mündet die Convent Street auf die Main Gate Street, über die man schnell wieder den Ausgangspunkt des Stadtrundgangs erreicht.

Zabbar   J 6/7

Lage und
Bedeutung

Am östlichen Rand der rund um Valletta entstandenen Agglomeration liegt die Stadt Zabbar (14 000 Einw.). Funde belegen, daß das Gebiet schon im Neolithikum und in der Bronzezeit besiedelt war. Nachdem im 17. Jh. durch den Bau mehrerer Wachtürme die Gefahr von Piratenüberfällen gebannt war, entwickelte sich Zabbar schnell. Die Stadtrechte und der Ehrentitel "Città di Hompesch" wurden Zabbar vom letzten Großmeister des Ordens, Ferdinand von Hompesch (1797/1798), verliehen.

Sehenswertes in Zabbar

Hompesch Gate

An den einzigen deutschen Großmeister der Johanniter- bzw. Malteserritter erinnert am Ortseingang (aus Richtung Paola kommend) der klassizistische Hompesch-Bogen (Hompesch Gate).

Ta' Grazzia

Im Ortszentrum des Städtchens erhebt sich die imposante Pfarrkirche Ta' Grazzia (Our Lady of All Graces). Sie entstand zwischen 1641 und 1696 nach Plänen von Tommaso Dingli auf lateinischem Kreuzgrundriß; die barocke Fassade erhielt die Kirche 1737. Die Kuppel wurde erst 1928 aufgesetzt, die flachere Vorgängervariante war 1798 bei einem Kanonenschuß zerstört worden. Für eine Pfarrkirche präsentiert sich das Innere des Sakralbaus äußerst prächtig: Als ihre Gnadenkirche statteten die Malteserritter das Gotteshaus mit kostbaren Kunst- und Sakralgegenständen aus; das Hauptaltarbild der Madonna ist ein Werk von Erardi Stefano (1650 bis 1733).

Zabbar
(Fortsetzung)

Pfarrkirche Ta' Grazzia in Zabbar

Das Sanctuary Museum (geöffnet: So. 9.00 – 12.00 Uhr) neben der Kirche bewahrt Votiv- und Weihegaben aus der Zeit der Ordensritter. Neben Modellen von Galeeren, etlichen Gemälden und während der Großen Türkenbelagerung eroberten Bannern und Standarten ist hier auch die Kutsche des Großmeisters Alof de Wignacourt aus dem frühen 17. Jh. ausgestellt.

Sanctuary
Museum

Zebbieh

E 5

Die Ortschaft Zebbieh, wenige Kilometer nördlich der alten Inselhauptstadt Mdina gelegen, gelangte zu Beginn der sechziger Jahre ins Blickfeld der Öffentlichkeit als hier die Tempel von Skorba freigelegt wurden.

Lage und
Bedeutung

Skorba

Am nördlichen Ortsrand von Zebbieh weist ein Schild von der von Mdina nach Ghajn Tuffieha verlaufenden Straße nach links zur wenige Meter ent-

Zebbieh, Skorba
(Fortsetzung)

fernten Ausgrabungsstätte Skorba. Zwar ist das Gelände eingezäunt,
doch kann man es durch die Gitterstäbe von allen Seiten gut einsehen. Für
den Nichtarchäologen erscheinen die Überreste spärlich, Wissenschaftlern
lieferte die Ausgrabungsstätte jedoch bedeutende Erkenntnisse. Man stieß
auf Reste einer Mauer und Fundamente aus der Frühphase der Megalithkultur (um 5200 – 4100 v. Chr.). Damit glaubt man die bisher ältesten Spuren einer Siedlung auf Malta entdeckt zu haben. Von dieser Schicht ist
heute nichts sichtbar, da in den darübergelegenen Bodenablagerungen
zwei neolithische Tempelanlagen aus späterer Zeit und Fundamente von
Hütten aus der Bronzezeit freigelegt werden konnten.
Bedeutsam ist die Ausgrabungsstätte daneben wegen der hier ans Tageslicht beförderten Keramikfunde. Nach der zunächst grauen, dann roten Keramik, die auf den Zeitraum 4600 – 3800 v. Chr. datiert wird, benannte man
diesen Zeitraum der Megalithkultur als "Skorba-Phase".

Zebbug   G 6/7

Lage und
Bedeutung

In der ca. 9 km südwestlich von Valletta gelegenen Ortschaft Zebbug leben gut 10 000 Menschen. Stadtrechte wurden der Ortschaft vom Großmeister Emanuel de Rohan-Polduc (1775 – 1797) verliehen.
Aus Zebbug stammt einer der wenigen bedeutenden maltesischen Künstler, der Bildhauer Antonio Sciortino.

De Rohan Gate

Am Stadteingang (aus Richtung Qormi) ließ der vorletzte Großmeister des
Ordens einen nach ihm benannten Triumphbogen errichten.

St. Philip

Die Pfarrkirche von Zebbug wurde 1599 über dem Grundriß eines lateinischen Kreuzes errichtet. Die Pläne für den Bau stammen von Vittorio Cassar. Das Hauptportal der Kirche erinnert an das der St. John's Co-Cathedral in Valletta, das von Vittorio Cassars Vater, dem berühmten Baumeister
des Johanniterordens, Gerolamo Cassar, entworfen worden war.

Zejtun   J 7

Lage und
Bedeutung

Der Name des im Osten Maltas, etwa auf halber Strecke zwischen Paola
und Marsaxlokk gelegenen Zejtun (ausgesprochen "seitun") deutet auf Oli-
venanbau in früheren Zeiten hin ("Zejtun" heißt übersetzt "wo es Öl gibt").
Landwirtschaft ist auch heute das beherrschende Element in der Ortschaft
mit ihren 11 500 Einwohnern.
Die Gegend um Zejtun ist zumindest seit der Bronzezeit besiedelt. Bis in
die beginnende Neuzeit waren die Bewohner jedoch immer wieder Piratenangriffen ausgesetzt. Da sich Zejtun auf einer Ebene ausbreitet und kein
hügeliges Hinterland besitzt, konnte es schlecht verteidigt werden. Die Einwohner schützten sich, indem sie ihre Bauernhäuser befestigten, noch
heute zeigen manche der älteren Gehöfte in der Region einen wehrhaften
Charakter.

Ortsbild

Zejtun ist ein schlichtes Landstädtchen. Für Touristen interessant sind die
beiden Kirchen des Ortes. Im Zentrum von Zejtun erhebt sich die imposante Pfarrkirche, am Ortsrand an der Straße nach Tas-Silg steht die kleine
dem hl. Georg geweihte Kirche.

St. Catherine

Mit dem Bau der Pfarrkirche St. Katharina wurde nach Plänen von Lorenzo
Gafà 1692 begonnen. Fast ein Jahrhundert sollte vergehen, bis Langhaus,
Querschiff und Seitenkapellen vollendet waren. Die Kuppel wurde dem
Bau erst zu Beginn des 20. Jh.s angefügt. Die Fassade wird durch ein aus-
kragendes Gesims in zwei Geschosse geteilt und von zwei hohen schlan-
ken Glockentürmen flankiert. Über dem Mittelteil erhebt sich ein Segment-

St. Gregory in Zejtun

Zejtun
(Fortsetzung)

giebel. Die Malereien im Innern der Kirche entstanden vom ausgehenden 17. bis zum Ende des 19. Jh.s. Das Altarbild schuf Stephano Erardi zu Beginn des 18. Jh.s. Eine Madonnadarstellung in einer Seitenkapelle rechts wird Botticelli zugeschrieben.

St. Gregory

Von der Pfarrkirche aus gelangt man durch die Triq San Grigor zu der ca. 300 m entfernten Kirche St. Gregory, einem der ältesten Gotteshäuser Maltas. Auffallend ist dessen wehrhafte Bauweise. Im Jahre 1436 wurde eine schon zuvor an dieser Stelle stehende Kapelle vergrößert, den nebenstehenden Wachtturm integrierte man als rechtes Querschiff in den Bau. Langhaus und Querschiff erhielten ihr Satteldach im ausgehenden 16. Jh.; aus dem 17. Jh. stammt das Renaissance-Portal.

Ursprünglich war vorgesehen, nach Fertigstellung der neuen Pfarrkirche die dem hl. Gregor geweihte Kapelle abzutragen. Davon sah man schließlich jedoch ab, entfernte lediglich den Chor und zog statt dessen hinter dem Altar eine Wand ein, an die später die Sakristei angefügt wurde. Heute dient St. Gregory als Friedhofskapelle und ist normalerweise nur bei Trauerfeierlichkeiten geöffnet.

Zurrieq

Lage und
Bedeutung

Nach Zurrieq (ausgesprochen "surrie"; 8700 Einw.), im Süden Maltas, kommen Besucher meist im Rahmen einer Fahrt zur Blauen Grotte (→ Blue Grotto). Zurrieq gehört zu den ältesten Ortschaften auf Malta, es war eine der ursprünglich zehn Pfarreien, in die die Insel 1436 eingeteilt worden war.

Ortsbild

Die langgestreckte Ortschaft besitzt zwar keine herausragenden Sehenswürdigkeiten, doch lohnt die in der ersten Hälfte des 17. Jh.s errichtete, später mehrfach umgebaute Pfarrkirche (Church of St. Catherine) wegen ihrer Sammlung von Werken Mattia Pretis einen Besuch. Der Künstler lebte einige Jahre in Zurrieq und schuf während dieser Zeit auch das Altarbild "Martyrium der hl. Katharina", das als eines seiner besten Werke gilt.
Bei einem Rundgang durch den Ort wird man ferner auf die sogenannte Armeria stoßen, es ist ein im 17. Jh. erbauter schlichter Palast, der den Johannitern im 18. Jh. als Arsenal diente.
Nach mehreren Restaurierungen gilt die kleine Verkündigungskapelle am nördlichen Ortsausgang als besterhaltener mittelalterlicher Sakralbau Maltas. Der Freskenzyklus im Innern stammt aus dem 15. Jahrhundert.

**Praktische
Informationen
von A bis Z**

Praktische Informationen von A bis Z

Anreise

Mit dem Flugzeug
Die deutsche Lufthansa unterhält Linienflug-Direktverbindungen nach Malta nur von Frankfurt am Main aus (mehrmals wöchentlich). Die Air Malta fliegt von Berlin (Tegel), Düsseldorf, Frankfurt am Main, Hamburg, München und Stuttgart nach Malta. Von diesen und weiteren deutschen Flughäfen bestehen zudem Charterflugverbindungen (die Flugzeit von Frankfurt nach Malta beträgt gut zwei Stunden).
Von Zürich bieten Air Malta und Swissair mehrmals wöchentlich Non-Stop-Flüge nach Malta, von Wien fliegen die Air Malta und Austrian Airlines.

Weiterreise nach Gozo
Die Weiterreise von Malta nach Gozo kann per Fähre erfolgen (→ Fähr- und Schiffsverkehr) oder auch mit Hubschraubern der Malta Air Charter, die in den Sommermonaten einen regelmäßigen Dienst vom Luqa International Airport nach Gozo versieht (→ Flugverkehr).

Mit dem Schiff
Von Sizilien und dem italienischen Festland aus bestehen das ganze Jahr über Fährverbindungen nach Malta (→ Fähr- und Schiffsverkehr).

Apotheken

Medikamente
Auf Malta erhält man die meisten international gängigen Medikamente. Wer jedoch auf spezielle Arzneimittel angewiesen ist, sollte diese sicherheitshalber in ausreichender Anzahl im Reisegepäck mitführen.

Öffnungszeiten
Die Apotheken (Chemist oder Pharmacy) haben Mo. – Fr. 8.30 oder 9.00 bis 13.00 und 15.30 – 19.00, Sa. 8.30 – 12.00 Uhr geöffnet.

Notdienste
Eine Liste mit den am Wochenende diensthabenden Apotheken wird in den Wochenendausgaben der Tageszeitungen abgedruckt.

Ärztliche Hilfe

Allgemeines
Eine ausreichende medizinische Versorgung ist auf Malta und Gozo gewährleistet. Die meisten Ärzte sprechen neben Englisch auch Italienisch. Deutschland, Österreich und die Schweiz haben mit Malta kein Sozialversicherungsabkommen geschlossen. Daher muß der Patient zunächst alle Kosten für ambulante und stationäre ärztliche Behandlung selbst tragen. Der Abschluß einer privaten Krankenversicherung für die Dauer des Auslandsaufenthaltes ist ggf. sinnvoll.

◄ *Prozession in Floriana: Höhepunkt jedes Patronatsfestes ist der Sonntag, wenn die lebensgroße Statue des Heiligen durch die Straßen getragen wird.*

St. Luke's Hospital   Krankenhäuser
Gwardamanga (Msida), Malta
Tel. 24 12 51 und 24 78 60

Gozo General Hospital
Victoria, Gozo
Tel. 56 16 00

Ambulanz auf Malta und Gozo: Tel. 196   Notruf

Ausflüge

Reiseveranstalter und örtliche Reisebüros bieten zahlreiche organisierte   Mit dem Autobus
Bustouren zu den Sehenswürdigkeiten Maltas und Gozos mit englisch-
oder deutschsprachiger Führung. Mit öffentlichen Omnibussen (→ Autobusverkehr) dauern die Fahrten zwar länger, doch haben sie in den vielfach
alten Vehikeln ihren besonderen Reiz und sind zudem äußerst preiswert.

An- und Ablegestelle vieler Ausflugsschiffe: The Marina in Sliema

Malta und Gozo lassen sich mit dem → Mietwagen problemlos erkunden,   Mit dem Auto
versierten Autofahrern wird der Linksverkehr (→ Straßenverkehr) kaum
Schwierigkeiten bereiten. Drei Rundfahrten, die alle bedeutenden kulturellen und landschaftlichen Sehenswürdigkeiten berühren, werden im Abschnitt → Routenvorschläge vorgestellt.

Groß ist auf Malta und Gozo das Angebot an organisierten Schiffsausflugs-   Mit dem Schiff
fahrten. Beliebt sind vor allem Rundfahrten um Malta und/oder Gozo, eine
Fahrt zur Blauen Lagune zwischen Comino und Cominotto mit längerer
Badepause, ein Segeltörn auf dem Katamaran oder eine Unterwasser-Sa-
fari. Bei letzterer kann man die Meeresfauna- und -flora durch unterhalb

Auskunft

Ausflüge
(Fortsetzung)

der Wasserlinie befindliche Fenster bewundern. Verschiedene Veranstalter organisieren zudem Abendrundfahrten mit einem Essen oder auch Tanz. Die meisten Schiffsrundfahrten beginnen in Sliema oder Bugibba.

Hafenrundfahrten

Aus einer ganz anderen Perspektive lernt man Valletta bei den traditionellen Hafenrundfahrten kennen. Sie starten mehrmals täglich in Sliema (Marina Street) und führen durch Marsamxett Harbour und Grand Harbour (meist englischsprachige Erläuterungen).
Größte Anbieter von Schiffsrundfahrten sind "Captain Morgan" (Auskünfte unter Tel. 34 33 73 oder 33 19 61) und "Jylland Cruises" (Tel. 33 26 84).

Fähren

Ausflüge mit dem Schiff lassen sich aber auch selbst organisieren. Den ganzen Tag über verkehren in ein- bis zweistündigen Intervallen Fähren zwischen Malta (Cirkewwa) und Mgarr auf Gozo. Kleinere Boote pendeln zwischen Cirkewwa bzw. Mgarr und Comino hin und her (→ Fähr- und Schiffsverkehr). In nur 1 Std. und 40 Min. erreicht man von Malta aus mit Luftkissenbooten Sizilien. Die Abfahrts- und Ankunftszeit der Schnellboote ist so gelegt, daß genügend Zeit für einen Aufenthalt auf Sizilien bleibt (→ Fähr- und Schiffsverkehr).

Mit dem Flugzeug
oder Hub-
schrauber

Rundflüge werden auf Malta vom Luqa International Airport aus angeboten. Reizvoll ist ein Trip mit dem Hubschrauber hinüber nach Gozo. Bei der Malta Air Charter, einer Tochter der Air Malta, können täglich Besichtigungsflüge gebucht werden (Reservierung: → Flugverkehr).

Auskunft

Internet

http://www.tourism.org.mt
Infos des maltesischen Fremdenverkehrsamtes

In Deutschland

Fremdenverkehrsamt Malta
Schillerstr. 30 – 40, D-60313 Frankfurt am Main
Tel. 0 69/28 58 90, Fax 0 69/28 54 79

In Österreich

Fremdenverkehrsamt Malta
Opernring, A-1010 Wien
Tel. 01/5 85 37 70, Fax 01/5 85 37 71

In der Schweiz

Für touristische Anfragen ist das Fremdenverkehrsamt in Frankfurt am Main zuständig.

Auf Malta

National Tourism Organisation Malta
Republic Street 280, Valletta
Tel. 22 44 44/5, Fax 22 04 01

Tourist Information Office
Malta International Airport
Tel. 24 96 00

Tourist Information Office
City Gate Arcade 1, Valletta
Tel. 23 77 47

Tourist Information Office
Tower Road/Bisazza Street, Sliema
Tel. 31 34 09

Tourist Information Office
Bay Square, Bugibba
Tel. 57 73 82

Tourist Information
am Hafen in Mgarr
Tel. 55 33 43

Gozo Tourist Office
Republic Street, Victoria
Tel. 55 81 06

Autobusverkehr

Wichtigstes Verkehrsmittel auf Malta und Gozo sind Busse. Vielfach sind noch Oldtimer-Modelle im Einsatz, diese sind ebenso wie die neueren Autobusse auf Malta gelb (auf Gozo grau) und haben einen dunkelorangen Streifen.

Allgemeines

Die Fahrttarife sind günstig. Einzelfahrscheine kosten zwischen 11 c und 30 c, bei jedem Umsteigen muß ein neuer Fahrschein gelöst werden. Einzelfahrscheine erhält man beim Fahrer im Bus, Tageskarten bei verschiedenen Verkaufsstellen in Sliema und Bugibba, Sieben-Tages-Tickets auch bei allen Zweigstellen der Bank of Valletta (ein Ein-Tages-Ticket kostet derzeit 1,25 MTL, ein Drei-Tages-Tikket 3 MTL und ein Sieben-Tages-Tikket 4 MTL).

Tickets

Zu den Hauptverkehrszeiten verkehren die Busse regelmäßig in Abständen zwischen 5 und 30 Minuten. Nach 21.00 Uhr bestehen von Valletta aus nur noch Verbindungen zu den Haupttouristenzentren auf Malta. Am Wochenende fährt der letzte Bus in die einzelnen Ortschaften meist schon um 19.00 Uhr.
Auf Gozo verkehren die Linienbusse seltener, manche Strecken bedienen sie nur noch viermal am Tag (außerhalb der Saison auch gar nicht). In einige Ortschaften fährt der letzte Bus bereits um 18.00 Uhr.

Verkehrszeiten

Nahezu alle Buslinien gehen auf Malta von Valletta aus. Der zentrale Busbahnhof befindet sich vor dem City Gate rund um den Tritonenbrunnen. Querverbindungen bestehen kaum, so daß man, will man von einem Inselende zum anderen, vielfach in Valletta umsteigen muß. Ganz ähnlich ist die Situation auf Gozo.
Eine Übersicht mit den wichtigsten Busverbindungen auf Malta erhält man kostenlos im Tourismusbüro von Valletta (▸ Auskunft).

Busrouten

Die Bushaltestellen (bus stop) sind durch rote bzw. blaue Schilder gekennzeichnet. Dem Fahrer eines herannahenden Busses muß man ein Handzeichen geben, wenn man mitgenommen werden will. Durch Betätigung eines Druckknopfes bzw. des Ziehens einer Signalleine ist im fahrenden Bus der Haltewunsch anzuzeigen.

Haltestellen

Automobilclub

Touring Club Malta (TCM)
Philcyn House
Ursuline Sisters Street
G'Mangia MSD 09
Tel. 32 03 49, Fax 23 82 26

Hauptgeschäftsstelle

Abschleppdienst Pannendienste gibt es auf Malta nicht, jedoch kann man im Notfall Tag und Nacht unter den Rufnummern 33 33 32 und 24 81 16 einen Abschleppdienst herbeirufen.

Botschaften

→ Diplomatische und konsularische Vertretungen

Buchhandlungen

Die Auswahl an deutschsprachiger Literatur ist auf Malta und vor allem auf Gozo nicht sehr groß. Publikationen, die sich mit Malta beschäftigen, wird man jedoch in den örtlichen Buchhandlungen und Souvenirläden erhalten, ebenso natürlich englische sowie italienische Romane und Sachbücher. Das größte Angebot deutschsprachiger Bücher hat die Buchhandlung:

L. Sapienza & Sons
Republic Street 26
Valletta
Tel. 23 36 21

Camping

Bisher gibt es auf Malta keine Campingplätze; "wildes Campen" ist verboten.

Diplomatische und konsularische Vertretungen

Bundesrepublik   Botschaft
Deutschland   Il-Piazzetta, Tower Road, Sliema
                   Tel. 33 65 31, Fax 33 39 76

Republik   Honorarkonsulat
Österreich   Tigne Seafront 19/5, Sliema
                   Tel. 34 34 44, Fax 23 06 54

Schweizerische   Konsulat
Eidgenossenschaft Zachary Street 6, Valletta
                   Tel. 24 41 59, Fax 23 77 50

Einkäufe

→ Shopping
→ Kunsthandwerk

Elektrizität

Das Stromnetz führt 240 Volt Wechselstrom. Für die Steckdosen wird ein Drei-Pol-Stecker benötigt. Adapter erhält man im Fachhandel auf den Inseln.

Essen und Trinken

Die meisten Hotels und Restaurants auf Malta bieten eine internationale, meist deutlich englisch inspirierte Küche. Daneben finden sich natürlich auch italienische Anklänge, Pizza und Pastagerichte stehen auf vielen Speisekarten. Während man in der Vergangenheit seine Ansprüche beim Essen im Restaurant oder Hotel auf Malta deutlich herunterschrauben mußte, gibt es nun zunehmend auch Gastronomiebetriebe, die sich um eine feine italienische Küche (mit entsprechendem Preisniveau) bemühen.

Das Frühstück fällt auf Malta wie in anderen Mittelmeerländern eher spartanisch aus, gegen Aufpreis kann man mitunter jedoch auch ein englisches Frühstück bekommen. Wer in einer Bar frühstückt, begnügt sich am besten mit einem Espresso oder Cappuccino und einem Croissant.

Das Mittagessen nimmt man auf Malta in der Regel zwischen 12.00 und 14.00 Uhr ein, das Abendessen zwischen 19.00 und 22.00 Uhr. In Restaurants der gehobenen Kategorie wird der Aperitif häufig an der Bar oder in der Lobby serviert, der Kellner bittet zu Tisch, sobald die Vorspeise servierbereit ist.

Immer eine Delikatesse: Fisch fangfrisch

Restaurants oder Hotels, in denen ausschließlich typisch maltesische Speisen serviert werden, gibt es nicht. Dennoch bieten heute viele Gastronomiebetriebe einzelne maltesische Gerichte. Die einheimische Küche weist deutliche Parallelen mit der italienischen auf und zeigt vor allem bei den Gewürzen nordafrikanische Einflüsse. Verwendet werden vorwiegend Zutaten, die es schon von jeher auf den Inseln gibt.

Traditionell wird an Sonntagen ein Rind- oder Schweinebraten zubereitet. Das Fleisch wird dafür in eine Kasserolle gelegt und mit Kartoffeln, Kräutern, Gemüse, Gewürzen und Öl bedeckt und mit Brühe übergossen; dann wird es im Ofen langsam gegart. Die Malteser nennen diese Zubereitungs-

Essen und Trinken

art "Patata il-Forn". Zu Ostern ersetzt ein Lammbraten das Rind- oder Schweinefleisch.

In vielen Restaurants wird eine große Auswahl an Fischgerichten serviert. Allerdings stammt nur ein kleinerer Teil der auf Malta verkauften Fische aus den Gewässern um den Archipel. Mehr als 60% des Fisches werden importiert. Vor allem Schwertfisch, Thunfisch, Seebarsch und Rotbarbe werden vielerorts angeboten. Zu empfehlen ist daneben der Lampuka (engl. dolphin fish), eine Makrelenart mit festem weißen Fleisch. Man bekommt ihn von Mitte August bis Ende November fangfrisch.

Standardbeilage zu Fisch- und Fleischgerichten sind "chips" (Pommes frites). Auf Wunsch werden mitunter Salzkartoffeln serviert. Die beigegebenen Gemüsesorten richten sich nach der Saison.

Häufig beschränkt sich das Dessertangebot auf Eis, Obst und verschiedene Kuchen. Viele Malteser bevorzugen schwere, sehr süße Torten mit Mandeln.

Maltesische Spezialitäten	
Aljotta	Klare Fischsuppe mit Knoblauch.
Bragioli	Mit Hackfleisch (oder Ei und Schinken) gefüllte und in Rotwein gedünstete Roulade.
Brugiel mimli	Mit Hackfleisch, Oliven und Kapern gefüllte Auberginen, meist mit Minze gewürzt.
Bzar ahdar mimli	Paprikaschoten mit Hackfleisch, Oliven und Kapern gefüllt.
Fenek	Kaninchen, es wird gebraten oder gebacken oder auch im Teigmantel serviert.
Fenek stuffat	Mit Tomaten, Rotwein und Kapern geschmortes Kaninchen.
Gbejna	Auf Gozo hergestellter Käse aus Ziegen- oder Schafsmilch, der mit Pfefferkörnern pikant gewürzt wird.
Hobz biz-zejt	Als Zwischenmahlzeit essen Malteser vielfach mit Öl bestrichenes Brot, das mit Tomaten, Kapern und Gewürzen belegt bzw. gefüllt wird.
Kappunata	Eintopf aus Zucchini, Auberginen, Kapern, Knoblauch, Paprika, Tomaten und Zwiebeln.
Kawlata	Gemüsesuppe mit Schweinefleisch oder Würstchen.
Minestra	Gemüsesuppe.
Mqaret	Gebäck mit einer Füllung aus Dattelmark und Anis.
Mqarrun fil-forn	Auflauf aus Makkaroni, Hackfleisch und Béchamelsauce.
Pastizzi	Blätterteigtaschen mit einer Füllung von pürierten Erbsen oder mit Ricotta-Käse.
Pixxispad	Schwertfisch – häufig servieren ihn die Malteser mit einer Kapernsauce.
Qaghaq tal-ghasel	Dabei handelt es sich um einen süßen Pastenring, der mit Sirup, Grieß und kandierten Früchten gefüllt und bevorzugt im Winter gegessen wird.
Ravjul	Eine Ravioli-Variante, die mit Ricotta-Käse gefüllt wird.
Ross filforn	Mit Hackfleisch, Eiern und viel Safran gebackener Reis.
Soppa tal-armla	Gemüsesuppe mit einem kleinen runden würzigen Käse (Gbejna).
Stuffat	Rindsgulasch.
Timpana	Ähnlicher Auflauf wie Mqarrun fil-forn, allerdings umgibt ihn eine Blätterteighülle.
Torta tal-Lampuki	Lampuka wird zusammen mit verschiedenen Gemüsen von einer Teighülle umgeben.
Zepolli	Krapfen mit einer Kirsch-Quark-Füllung.

Getränke

Wenngleich das Leitungswasser einen leicht salzigen Geschmack hat, so kann man es doch bedenkenlos trinken. Mineralwasser gibt es mit und ohne Kohlensäure.
Ein speziell maltesisches Erfrischungsgetränk ohne Alkohol ist Kinnie. Es schmeckt leicht herb, ist kohlensäurehaltig und wird aus Wasser, unge-schälten Orangen, Wermutkräutern und weiteren Zusätzen hergestellt.

Die maltesischen Weine sind überwiegend trocken, relativ alkoholreich und meist von mittlerer Qualität. Sie eignen sich vor allem als Tischwein und sollten jung getrunken werden. Vielerorts erhält man den roten "Cabernet Sauvignon" sowie "Verdala" und "Special Reserve" (beide weiß oder rosé) der Marsovin-Kellerei oder den "Green Label" von Lachryma Vitis. Bekann-te auf Gozo ansässige Kellereien sind Ggantija und Citadella. Importierte Weine sind wegen der hohen Besteuerung teurer.

Die auf Malta ansässige Farsons-Brauerei produziert mehrere gute Sorten Bier. "Cisk Lager" ist mit dem deutschen Export vergleichbar, "Blue Label" ist eine dunkle, leicht süßliche Biervariante, "Hop Leaf" ist ein helles mildes Ale; "Clipper" ein Light-Bier. Bier vom Faß (draught beer) bekommt man relativ selten. Erhältlich ist vielerorts auch ausländisches Bier, allerdings zu einem höheren Preis als die einheimischen Marken.

Auf Malta sind die international bekannten Spirituosen erhältlich, auf der Insel produziert wird nur "Anisette", ein Anislikör.

Fähr- und Schiffsverkehr

Zwischen Sliema und Valletta (Marsamxett Harbour) verkehren tagsüber in 40 bis 60 minütigen Abständen Passagierboote (Fahrzeit 5 bis 10 Min.). Auskünfte erteilt Marsamxetto Steam Ferry Service (Tel. 33 89 81 und 33 56 89).

Zwischen Cirkewwa an der Nordküste Maltas und Mgarr auf Gozo pendeln das ganze Jahr über Autofähren hin und her. Die Fahrzeit beträgt etwa 30 Minuten. Im Juli und August verkehren die Fähren rund um die Uhr in ca. 45-minütigen Intervallen, ansonsten zwischen 6.00 und 22.00 Uhr im Zwei-Stunden-Takt. Zudem besteht mehrmals wöchentlich ein Fährdienst zwi-schen der Anlegestelle der Gozo Ferry im Süden des Marsamxett Harbour (Sa Maison) und Mgarr. Die Fahrzeit beträgt ca. 75 Minuten. Von Juli bis September gibt es täglich außer sonntags eine Hovermarine-Schnellver-bindung zwischen Gozo, Sliema und Sa Maison. Die Fahrtdauer beträgt ca. 35 Minuten.
Alle Fährverbindungen zwischen Malta und Gozo werden von der Gozo Channel Company betrieben (Hay Wharf, Sa Maison, Pietà, Tel. 24 39 64 und Mgarr, Gozo, Tel. 55 61 14).

Kleine Boote fahren in der Saison von Mgarr (Gozo) in etwa zweistündigem Takt nach Comino (Anlegestelle bei den Hotels) und zurück. Das erste Boot fährt etwa um 6.30 nach Comino, das letzte um ca. 21.30 Uhr.

Von Cirkewwa auf Malta werden nach Bedarf Bootsfahrten zur Blauen La-gune auf Comino angeboten.

Zwischen Malta und Sizilien unterhält die Virtu Rapid Ferries Ltd. in den Sommermonaten täglich, ansonsten viermal pro Woche einen Express-Fährendienst. Die Verbindung besteht zwischen Valletta (Abfahrt Grand Harbour, Marina Pinto) und Pozallo, Syrakus und Catania auf Sizilien. Die Überfahrt mit der "Catamaran" dauert von Valletta nach Pozallo ca. 1 Std.

Fähr- und Schiffsverkehr (Fortsetzung)

40 Min., bis nach Catania ca. 3 Std.; Auskünfte erteilt Virtu Ferries, Princess Elizabeth Street 3, Ta'Xbiex, Tel. 31 70 88, Fax 31 45 33.

Ganzjährig gibt es zweimal wöchentlich eine Fährverbindung auf der Route Catania – Valletta, die Überfahrt dauert elf Stunden (Reederei ma.re.si.).

Darüber hinaus bestehen im Sommer mehrmals wöchentlich Fährverbindungen mit der Gozo Channel Company Ltd. (Adresse siehe oben) zwischen Malta und Pozallo auf Sizilien.

Zwischen Malta und dem Hafen von Mgarr auf Gozo pendeln den ganzen Tag über Fähren hin und her.

Reggio di Calabria – Malta

Die italienische Reederei ma.re.si. bietet das ganze Jahr über einmal wöchentlich einen Fährverkehr von Reggio di Calabria (Fahrzeit ca. 14 Std.) nach Valletta an.

Genua – Malta

Einmal pro Woche verkehren Schiffe der italienischen Reederei Grandi Traghetti zwischen Genua und Malta. Überfahrtsdauer ca. 42 Stunden. Diese und die zuvor genannten Fährverbindungen zwischen Italien und Malta können in jedem Reisebüro in Deutschland oder bei SMS Travel in Valletta (Tel. 23 22 11, Fax 24 00 97) gebucht werden.

Feiertage

Gesetzliche Feiertage

1. Januar	Neujahr (New Year's Day)
10. Februar	Schiffbruch des hl. Paulus (St. Paul's Shipwreck)
19. März	St. Joseph
31. März	Freiheitstag (Freedom Day)
März/April	Karfreitag (Good Friday)
1. Mai	Tag der Arbeit (Worker's Day)
7. Juni	Gedenktag an den 7. Juni 1919 (Sette Giugno)

29. Juni	St. Peter und Paul	Feiertage (Fortsetzung)
15. August	Mariä Himmelfahrt (Assumption)	
8. September	Ende der Großen Belagerung (Feast of Our Lady of Victories)	
21. September	Unabhängigkeitstag (Independence Day)	
8. Dezember	Mariä Empfängnis (Immaculate Conception)	
13. Dezember	Tag der Republik (Republic Day)	
25. Dezember	Weihnachten (Christmas)	

→ Veranstaltungskalender   Feste

Flugverkehr

Luqa Airport, Maltas einziger internationaler Flughafen (Auskünfte unter   Luqa Airport
Tel. 24 96 00), liegt nur 6 km südlich der Hauptstadt Valletta. Er wurde in
den letzten Jahren ständig ver-
größert und modernisiert (Touristeninformation, Vertretungen
internationaler Autovermieter,
Postamt, Banken, Duty Free
Shop). Die Buslinie 8 verkehrt
zwischen Flughafen und Valletta (Endstation City Gate; hier
Umsteigemöglichkeiten).

Gozo Heliport
Gozo besitzt nur einen Lande-
platz (mit allerdings hochmodernem Abfertigungsgebäude)
für Hubschrauber bei Xewkija.
Hier starten und landen in den
Sommermonaten mehrmals
täglich 20-sitzige Hubschrauber, die einen Liniendienst vom
und zum Luqa Airport verse-

hen. Die Flugzeit beträgt ca. 15   *Malta Air Charter unterhält mit 20-sitzigen Helikoptern einen*
Minuten.   *Liniendienst zwischen Malta und Gozo.*

Air Malta   Fluggesellschaften
Luqa Airport, Tel. 22 35 96
Freedom Square, Valletta, Tel. 24 06 86
Independence Square, Victoria (Gozo), Tel. 55 93 41
In den Büros von Air Malta werden auch Reservierungen für die Helikopter-
flüge nach Gozo der Malta Air Charter vorgenommen.

Lufthansa
Luqa Airport, Tel. 24 93 42

Swissair (und Austrian Airlines)
Luqa Airport, Tel. 24 93 36

Malta Air Charter veranstaltet Rundflüge über die Insel (→ Ausflüge); Bu-   Rundflüge
chungen über Reisebüros bzw. bei Air Malta.

Freizeitparks

Mediterraneo   Aquarium,
→ Reiseziele von A bis Z, St. Paul's Bay   Delphinarium

Geld

Freizeitparks (Fortsetzung)	Dinosaurs Ta Qali National Park Beim Ta Qali Crafts Village gibt es einen kleinen "Dinopark". Nach Entrichten einer stattlichen Eintrittsgebühr erlebt man, wie einige Dinos furchterregend ihren Kopf verdrehen! Geöffnet von Oktober bis Mai: tgl. 11.00 bis 15.30; von Juni bis September: Mo. – Sa. 10.00 – 17.00 Uhr.
Filmdorf	Popeye Village → Reiseziele von A bis Z, Mellieha
Filmpark	Rinella Movie Park → Reiseziele von A bis Z, Kalkara
Fun Park	Playmobil Fun Park Bulebel Industrial Estate, Zejtun Die Firma Playmobil unterhält einen Funpark, in dem sich Kinder mit allen Firmenerzeugnissen vergnügen können. Geöffnet von Oktober bis Juni: Mo. – Fr. 9.00 – 18.00, Sa., So. 15.00 – 18.00; von Juli bis September: Mo. – Fr. 9.00 – 18.00, Sa. 18.00 – 21.00 Uhr.
Spaßbad	Splash & Fun Park Bahar Ic-Caghaq (an der Küste zwischen St. Julian's und St. Paul's Bay) Wasserrutschen, großer Pool und Spielplatz direkt am Meer. Geöffnet tgl. ab 9.30 Uhr.

Geld

Währung	Währungseinheit ist das Maltesische Pfund bzw. die Maltesische Lira (MTL), die in 100 Cents (c) unterteilt ist. Es gibt Banknoten zu 2, 5, 10 und 20 MTL; Münzen zu 1 MTL sowie 1, 2, 5, 10, 25 und 50 c.
Wechselkurse (veränderlich)	1 MTL = 4,60 DEM 1 DEM = 0,22 MTL 1 MTL = 33,11 ATS 100 ATS = 3,02 MTL 1 MTL = 4,16 CHF 1 CHF = 0,24 MTL 1 MTL = 2,35 C 1 C = 0,40 MTL
Devisen-bestimmungen	Landeswährung kann bis 50 MTL nach Malta eingeführt werden, die Höchstmenge für die Ausfuhr beträgt 25 MTL. Die Ein- und Ausfuhr von Fremdwährungen unterliegt keiner Beschränkung. Sehr hohe Beträge sollte man bei der Einreise sicherheitshalber deklarieren.
Geldwechsel	Außer zu den Schalterstunden der Banken (→ Öffnungszeiten) ist Geldwechsel bei Wechselstuben, in den Büros verschiedener Reiseagenturen und an den Rezeptionen großer Hotels möglich. Es wird überall zum offiziellen Kurs getauscht, allerdings unterscheiden sich die Wechselgebühren erheblich. Rund um die Uhr kann man an den Bankschaltern im Flughafen Geld wechseln. In Valletta und den Touristenzentrum gibt es zahlreiche Wechselautomaten, an denen man ausländisches Papiergeld in Maltesische Lira wechseln kann.
Bancomaten	Am einfachsten und kursgünstigsten erhält man Maltesische Lira an den Bancomaten. An ihnen kann man mit der EC-Karte und verschiedenen Kreditkarten jeweils in Verbindung mit der Geheimnummer Geld abheben (bei den meisten Banken bis zu 70 MTL).
Eurocheques	Eurocheques können bis zu einem Betrag von 70 MTL ausgestellt werden. Bei dem Verlust der Eurocheque-Karte wende man sich umgehend an den Zentralen Annahmedienst für Verlustmeldungen von Eurocheque-Karten in Frankfurt am Main (Tel. von Malta: 0049/69/74 09 87; Tag und Nacht besetzt); die Karte wird dann sofort gesperrt.

Banken, größere Hotels, Restaurants der gehobenen Kategorien, Autovermieter sowie viele Einzelhandelsgeschäfte akzeptieren die meisten internationalen Kreditkarten. Auch bei Verlust von Kreditkarte(n) benachrichtige man unverzüglich die jeweilige Organisation.

Geld (Fortsetzung)
Kreditkarten

Gottesdienste

Katholische Messen werden mehrmals täglich in vielen Kirchen Maltas und Gozos gelesen, allerdings in der Regel in Maltesisch. An Sonntagen und Feiertagen werden die Messen jedoch auch in anderen Sprachen abgehalten.
In der St. Barbara Church in Valletta (Republic Street) wird die Messe um 11.00 Uhr in deutscher Sprache gelesen, um 12.00 Uhr in Englisch und um 10.00 Uhr in Französisch.
Gottesdienste in Englisch finden sonntags ferner statt: u.a. in Bugibba (St. Max Kolbe Church, 10.00 Uhr), Mellieha (Our Lady's Shrine, 10.00 Uhr), Rabat (St. Dominic's Church, 11.15 Uhr), St. Julian's (Casa Leone, 11.00 Uhr), St. Paul's Bay (Parish Church of Our Lady of Sorrows, 11.00 Uhr), Sliema (St. Patrick's Church, 8.00, 9.00, 10.00, 18.30 und 19.30 Uhr) und Ta'Xbiex (St. John of the Cross Church, 10.00 Uhr).

Katholisch

Deutschsprachige Gottesdienste werden jeden ersten und dritten Sonntag eines Monats um 10.30 Uhr in der St. Andrew's Church of Scotland (South Street, Valletta) abgehalten. Auskünfte erteilt Pastor Ivo Huber, Tel. 45 41 45.

Evangelisch

Hotels

Derzeit gibt es auf Malta knapp 45 000 Hotelbetten jeder Kategorie. Vor allem in den letzten Jahren hat sich das Angebot an Top-Class-Hotels deutlich erhöht. Ebenfalls neu eröffnet wurden einige ansprechend gestaltete Apartmentanlagen.

Allgemeines

Die maltesischen Hotels sind nach ihrer Ausstattung offiziell in fünf Kategorien eingeteilt. Die Skala reicht vom Luxushotel (fünf Sterne) bis zum Hotel für bescheidene Ansprüche (ein Stern). Die folgende Hotelliste richtet sich nach diesem Klassifizierungssystem (das nicht immer internationalem Standard entspricht!).

Kategorien

Eine Besonderheit auf Gozo ist die Übernachtung in sogenannten Farmhäusern. Dabei handelt es sich um liebevoll restaurierte, im typischen Inselstil errichtete ehemalige Bauern- und Landhäuser. Jedes Haus hat seinen eigenen Charakter und ist natürlich individuell ausgestattet, die meisten haben einen eigenen Swimmingpool. Diese Ferienunterkünfte kann man bei zahlreichen Reiseveranstaltern buchen.

Farmhäuser

Hotels auf Malta

*****Corinthia Palace
De Paule Avenue, San Anton
Tel. 44 03 01, Fax 46 57 13
Das Corinthia Palace Hotel befindet sich im Zentrum von Malta, bei den San Anton Gardens, in einer der beliebtesten Wohngegenden der Insel. Gute Busverbindungen zu allen anderen maltesischen Orten. Es verfügt über 158 luxuriöse Zimmer. Zwei Restaurants bieten internationale Küche; beim Abendessen wird etwas formellere Kleidung erwartet. Besonderheit des Hauses ist das Athenaeum, ein Beauty Center, in dem 50 verschie-

Attard

Hotels

Attard
(Fortsetzung)

dene Therapien Körper, Geist und Seele zu Wohlbefinden verhelfen sollen. Zum Erholungsangebot gehören auch ein Schönheitssalon, ein Pool und eine Saunalandschaft.

Bugibba

****Topaz
Triq Ic-Chaghaq
Tel. 57 24 16, Fax 57 11 23
Modernes Apartmenthotel mit 246 Wohneinheiten. 10 Minuten zur Uferpromenade. Mit günstigen Busverbindungen. Fast alle Apartments haben Balkon. Familiäre Atmosphäre. Swimmingpool.

***Mediterranea
Bugibba Road
Tel. 57 22 73
Hotel der einfachen Mittelklasse mit gutem Preis-Leistungs-Verhältnis. 55 geräumige Zimmer, teils mit Balkon. Zimmer mit Meerblick haben aus bautechnischen Gründen allerdings nur einen seitlichen Meerblick. Auf dem Dach Sonnenterrasse mit Pool.

Floriana

*****Le Meridien Phoenicia
The Mall
Tel. 22 52 41, Fax 23 52 54
Gleich vor den Toren Vallettas steht Maltas traditionsreiches Renommierhotel. Seit einer zu Beginn der neunziger Jahre vorgenommenen umfassenden Renovierung wird das Haus mit seinen 136 klimatisierten Zimmern wieder höchsten Ansprüchen gerecht. Der Außenpool im terrassiert angelegten Garten ist im Winter beheizt.

Ghajn Tuffieha

***Golden Sands
Golden Bay
Tel. 57 39 61, Fax 58 08 75
Das Besondere ist die Lage an Maltas schönstem Sandstrand! Allzu großen Komfort darf das internationale Publikum in dem 313-Zimmer-Haus nicht erwarten, die Zimmer sind eher nüchtern ausgestattet. Nachtschwärmer sind weitgehend auf das Unterhaltungsangebot des Hotels (Disco und gelegentlich Live-Musik) angewiesen.

Marsaskala

****Jerma Palace
Dawret It-Torri
Tel. 63 32 22, Fax 63 94 85
Mit 326 Zimmern ist es eines der größten Hotels auf Malta. Es gilt als Haus der guten Mittelklasse mit internationalem Publikum. Die meisten Zimmer haben Meerblick. Großes Freizeit- und Unterhaltungsangebot. Behindertengerecht ausgestattet.

***Etvan
Triq il-Bahhara
Tel. 63 32 65, Fax 68 43 30
Beliebtes, familiär geführtes Hotel. Das gebotene Preis-Leistungs-Verhältnis ist gut. Von einigen der 36 Zimmer hat man Meerblick. An manchen Abenden Unterhaltungsprogramm.

**Cerviola
Triq Il-Qaliet
Tel. 63 32 87, Fax 63 20 56
Hotel der unteren Preisklasse in einem Neubauviertel. Einfaches, aber freundliches Haus mit 32 Zimmern.

Mellieha

****Grand Hotel Mercure Selmun Palace
Tel. 52 10 40, Fax 52 10 60
Zu dem modernen Hotelkomplex gehört der aus dem 18. Jh. stammende Selmun Palace. Wer hier wohnt, logiert absolut ruhig, fernab der nächsten

Ortschaft, genießt einen herrlichen Panoramablick auf das Mittelmeer und malerische Buchten. Um beweglich zu sein, empfiehlt sich ein Mietwagen. Zum nächsten Strand verkehrt aber auch regelmäßig ein Hotelbus. Die 148 Zimmer sind komfortabel ausgestattet, einige Suiten im mittelalterlichen Stil. Viele Sport- und Freizeitmöglichkeiten.

Mellieha
(Fortsetzung)

***Mellieha Holiday Centre
Mellieha Bay
Tel. 57 39 00, Fax 57 54 52
Unter dänischer Leitung stehende Ferienanlage, nur wenige Gehminuten vom Sandstrand entfernt. Mit weitläufigem Garten. Für Kinder sehr gut geeignet; Spiel- und Vergnügungsprogramme für Kinder. Die 150 Bungalows, für 2 – 6 Personen, sind im skandinavischen Stil eingerichtet. Viele Sportmöglichkeiten.

***Continental
St. Louis Street
Tel. 33 96 20, Fax 31 90 34
Haus der einfachen Mittelklasse mit 43 Zimmern und Blick auf den Yachthafen. Sonnenterrasse, unbeheizter Swimmingpool, Restaurant. Von hier aus läßt sich die Insel per Linienbus gut erkunden.

Msida

****New Dolmen
St. Paul's Bay
Tel. 58 15 10, Fax 58 10 81
Großes Mittelklassehotel (387 Zimmer), am Meer gelegen. Mit weitläufiger Gartenanlage und privatem Felsbadestrand. Fast alle Zimmer mit Balkon oder Terrasse. Vier Restaurants. Großes Sportangebot. Mit deutscher Tauchschule. Behindertengerecht ausgestattet.

Qawra

****Suncrest
Qawra Coast Road
Tel. 57 71 01, Fax 57 54 78
Großer Hotelkomplex mit 413 Zimmern, nur durch die Küstenstraße vom Meer getrennt. Mit eigenem Felsbadestrand; Sandstrände sind 15 Autominuten entfernt. Die meisten Zimmer mit Meerblick. Fünf Restaurants. Viele Sport- und Freizeitmöglichkeiten (u.a. Tauchschule).

Inter-Continental
Inguanez Street
Tel. 45 17 00, Fax 45 17 08
Hotelklotz mit 200 Zimmern am Stadtrand von Rabat in ruhiger Lage und abseits der Touristenzentren. Obere Preisklasse.

Rabat

*****Crowne Plaza Malta
Tigne Street
Tel. 34 11 73, Fax 31 12 92
Hotel der Luxusklasse, in einem ruhigen Stadtviertel gelegen. Die 182 Zimmer sind sehr geräumig und elegant ausgestattet und haben teilweise Meerblick. Sportmöglichkeiten. Zwei Restaurants.

Sliema

****Fortina
Tigne Sea Front
Tel. 34 33 80, Fax 33 93 88
Nicht allzu attraktiver Hotelbau (194 Zimmer) an der Promenadenstraße am Meer mit herrlicher Aussicht auf Valletta. Täglich Animation.

***Metropole
Sir Adrian Dingli Street
Tel. 33 01 88, Fax 33 62 82
Touristenhotel mit 160 Zimmern in einer ruhigen Seitenstraße von Sliema. Zweckmäßig eingerichtete Zimmer; Dachterrasse.

Hotels

Sliema
(Fortsetzung)

**Caprice
G. Muscat Azzopardi Street
Tel. 34 04 59, Fax 33 05 24
Kleines Hotel (25 Zimmer) in einer relativ ruhigen Wohngegend. Gutes Preis-Leistungs-Verhältnis. Zweckmäßig eingerichtete, unterschiedlich große Zimmer; einige mit kleinem Balkon. Dachterrasse mit Sonnenliegen sowie Bar und Restaurant.

St. Julian's

****Cavalieri
Spinola Road
Tel. 33 62 55,
Fax 33 05 42
Schön ist die Lage: nur wenige Gehminuten vom Zentrum entfernt und doch abseits des Trubels. Ein Meerwasserpool und eine große Sonnenterrasse stehen den Gästen ebenso wie Sauna und Gymnastikraum, Restaurant und Bar zur Verfügung.

Hotel Cavalieri in St. Julian's

***Alexandra Palace
Schreiber Street
Tel. 34 11 51, Fax 34 11 57
Im Zentrum von St. Julian's und 500 m vom Meer entfernt. Die 125 Zimmer sind angenehm ausgestattet.

**Tropicana
Ball Street, Paceville
Tel. 33 75 57, Fax 34 28 90
Ruhig ist es hier nicht, aber dafür ist man mitten drin im Geschehen; ideal für Nachtschwärmer. Mittlere Preiskategorie (60 Zimmer).

St. Paul's Bay

****Mistra Village
Xemxija Hill
Tel. 58 04 81, Fax 58 29 41
Apartmentanlage mit 255 Wohneinheiten, ca. 1 km oberhalb von Xemxija (einem Ortsteil von St. Paul's Bay) mit herrlichem Blick auf die gesamte Bucht. Zum Felsenstrand etwa 600 m. Einfache und zweckmäßig ausgestattete Apartments im älteren Teil der Anlage, großzügig angelegte und elegant möblierte Apartments und Suiten im neueren Teil. Zu dem Komplex gehören mehrere Restaurants und Bars – alle schließen allerdings erstaunlich früh! – zwei Swimmingpools mit Kinderbecken und Sonnenliegen. Ständig wechselndes Sport- und Unterhaltungsprogramm.

Mistra Village in Xemxija

***Castille
Castille Square
Tel. 24 36 77, Fax 24 36 79
Das 1994 renovierte Mittelklassehotel befindet sich neben der Auberge de Castille, dem Amtssitz des Ministerpräsidenten. Die 38 ein wenig altmodisch ausgestatteten Zimmer strahlen Atmosphäre aus. Restaurant mit maltesischen, italienischen und französischen Spezialitäten. Das Frühstück wird auf der Dachterrasse serviert.

Valletta

**British
St. Ursula Street 267
Tel. 22 47 30, Fax 23 97 11
Einfaches Stadthotel in ruhiger Lage nahe dem Grand Harbour. Manche der 46 (unterschiedlich großen) Zimmer mit Blick auf den Hafen.

Hotels auf Gozo

****Grand Hotel
St. Anthony Street
Tel. 56 38 40, Fax 55 97 44
An der Stelle des bereits 1897 errichteten Grand Hotel entstand hoch über der Bucht von Mgarr ein terrassenförmig angelegter Hotelneubau, in den einzelne Architekturelemente des alten Hotels integriert wurden. Die 46 Zimmer sind mit einer großzügigen Sitzgruppe, Klimaanlage und Satelliten-TV ausgestattet.

Ghajnsielem

***Atlantis
Qolla Street
Tel. 55 46 85, Fax 55 56 61
Kleines, familiäres Mittelklassehotel (46 Zimmer). Relativ ruhige Lage in einem Neubauviertel. Zimmer unterschiedlicher Kategorien; die meisten mit Balkon oder Terrasse.

Marsalforn

*****Ta' Cenc
Tel. 56 15 22,
Fax 55 81 99
Ein Luxushotel mit besonderer Atmosphäre. Die Anlage besteht aus mehreren Bungalows und flachen Gebäuden, die sich, von üppiger Vegetation umgeben, hervorragend in die Landschaft einfügen. Alle 82 Zimmer sind sehr geschmackvoll und komfortabel ausgestattet. Wunderschön speist man in

Sannat

Nobelunterkunft auf Gozo: Ta' Cenc

dem von Bäumen beschatteten Restaurantareal (der Service entspricht allerdings nicht immer dem Standard eines Fünfsternehotels!). Hotelbus zum ca. 2,5 km entfernten Privatstrand, einer felsigen Badebucht, und nach Victoria. Sportmöglichkeiten.

****Cornucopia
Gnien Imrik Street 10
Tel. 55 64 86, Fax 55 29 10
Im Landhausstil erbautes Hotel der gehobenen Mittelklasse mit 44 geräumigen Zimmern. Rustikal eingerichtetes Restaurant.

Xaghra

Hotels auf Gozo (Fortsetzung) Xlendi	**Serena Upper St. Simon Street Tel. 55 37 19, Fax 55 74 52 Oberhalb des alten Ortskerns gelegen, mit herrlichem Blick über die Bucht und das Meer. Zwölf geräumige Apartments mit ein, zwei oder drei Schlafzimmern.

Hotel auf Comino

Comino
Tel. 52 98 21/9, Fax 52 98 26
Ansprechende Hotelanlage direkt am Meer, ein kleiner Sandstrand ist rund 100 m entfernt. Nach Gozo und Malta besteht regelmäßig ein hoteleigener Bootstransfer. Umfangreiches Sportangebot: Tenniskurse, Tauchcenter, Wasserski, Surfen, Segeln etc. Als Übernachtungsalternative stehen Doppelzimmer oder großzügige Apartments im Bungalowstil zur Verfügung (letztere befinden sich in einer Nachbarbucht).

Jugendherbergen

Allgemeines	Auf Malta gibt es zwei Organisationen, die in verschiedenen Orten Jugendherbergen bzw. Jugendgästehäuser unterhalten. Der Preis für eine Übernachtung liegt je nach Saison und Jugendherberge zwischen 1 und 3 MTL.
NSTS	NSTS – Student & Youth Travel St. Paul's Street 220, Valletta Tel. 24 49 83, Fax 23 03 30 Die Organisation unterhält Häuser in Sliema, St. Julian's und Fgura.
MYHA	Malta Youth Hostels Association (MYHA) Triq Tal-Borg 17, Paola Tel./Fax 69 39 57 Für die Übernachtung in den Jugendherbergen des MYHA ist eine Mitgliedskarte erforderlich, die man bei obiger Adresse für ca. 15 DM erhält (Paßbild erforderlich). Die maltesische Jugendherbergsorganisation hat Gästehäuser in Paceville/St. Julian's, Sliema, Senglea und auf Gozo.

Kino

Kinos gibt es auf Malta in Valletta und Sliema. Auf Gozo werden in den beiden Theaterhäusern "Astra" und "Aurora" in Victoria mitunter Kinofilme gezeigt. Die meisten Filme werden in ihrer englischen Originalfassung gespielt, manche auch in Italienisch.

Kleidung

In den Sommermonaten empfiehlt es sich, leichte Baumwollkleidung mit nach Malta zu nehmen. Im Frühjahr und Herbst kann es vor allem in den Abendstunden empfindlich kühl werden, ein dickerer Pullover ist hier angebracht. Für den Winter benötigt man auch auf Malta wärmere Kleidungsstücke und vor allem ausreichenden Regenschutz! Generell kleidet man sich auf der Mittelmeerinsel etwas formeller als das beispielsweise in deutschen Ferienorten der Fall ist. Badekleidung sollte tatsächlich dem Strandbzw. Swimmingpoolareal vorbehalten bleiben. In Restaurants der besseren Kategorie ist es üblich, daß Herren abends ein Sakko tragen.

Relativ streng ist das Kleiderreglement in Kirchen. Bei Damen sollten Schultern und Dekolleté bedeckt sein (am Eingang liegen mitunter Tücher zum Ausleihen), Herren betreten die Gotteshäuser besser nicht in Shorts.

Kleidung (Fortsetzung)

Kongresse, Tagungen

Das staatseigene Mediterranean Conference Centre in Valletta (in der Sacra Infermeria) besitzt sechs äußerst modern ausgestattete Tagungsräume mit Platz für 70 bis 1500 Konferenzteilnehmer. Auskünfte erteilt das Conference and Incentive Travel Bureau (Republic Street 280, Valletta, Tel. 23 44 48 oder 22 50 48/9, Fax 22 04 01).

Mediterranean Conference Centre

Auch viele Hotels haben in den letzten Jahren ihre Tagungskapazitäten erhöht. Das Oracle Conference Centre im Hotel New Dolmen (Qawra) bietet Platz für 1100 Kongreßteilnehmer. Weitere Hotels mit Tagungsmöglichkeiten sind u.a. das Suncrest (Qawra) und Phoenicia (Floriana) sowie Corinthia Palace (Attard).

Tagungen in Hotels

Kunsthandwerk

In den größeren Städten und Touristenorten gibt es zahlreiche Geschäfte, die Kunstgewerbe und Andenken anbieten. Die größte Auswahl findet der Kaufwillige jedoch in den Kunsthandwerkszentren Ta' Qali auf Malta sowie in dem kleineren Pendant Ta' Dbiegi auf Gozo. In ausgedienten Hangars eines einstigen Militärflugplatzes bzw. in einfachen Kasernengebäuden kann man nicht nur Souvenirs kaufen, sondern auch bei deren Produktion zusehen. Groß ist das Angebot an Keramik, Gold- und Filigranarbeiten, mundgeblasenen farbigen Glaswaren, diversen Artikeln aus maltesischem Stein, Web- und Strickwaren sowie schmiedeeisernen Gegenständen. Ein Kunsthandwerk mit Tradition sind Klöppelarbeiten, die Glasbläserei hat dagegen erst Mitte der sechziger Jahre Einzug auf Malta gehalten. Nur mit etwas Glück wird man etwas wirklich Ausgefallenes, wie die traditionellen Türklopfer in Delphinform, finden,

Souvenirs

Malta Government Crafts Centre
St. John's Square (gegenüber der Kathedrale), Valletta
Öffnungszeiten von Oktober bis Mitte Juni: Mo. – Fr. 9.00 – 12.30 und 15.00 – 17.00; von Mitte Juni bis September: Mo. – Fr. 9.00 – 13.30 Uhr
Die Ausstellung liefert einen Überblick über maltesisches Kunsthandwerk, Kaufinteressierte werden an die jeweiligen Hersteller verwiesen.

Kunsthandwerks-ausstellung

Phoenician Glassblowers
Manoel Island, Gzira, Tel. 31 36 06
Öffnungszeiten: Mo. – Fr. 8.00 – 16.30, Sa. 9.00 – 12.30 Uhr
Man sieht bei der Herstellung von mundgeblasenem Glas zu und kann die gefertigten Produkte auch erwerben. Von der Promenadenstraße in Sliema wird ein kostenloser Bootszubringerdienst offeriert (nach telefonischer Anmeldung).

Glasbläserei

Ta' Qali Crafts Village (Malta)
Unterhalb von Mdina; von der Straße Mdina – Attard zweigt die Zufahrtsstraße zum Kunsthandwerkszentrum ab.
Die Öffnungszeiten der Kunsthandwerker sind unterschiedlich; die meisten haben Mo. – Fr. 9.30 – 16.00 und Sa. 10.00 – 13.00 Uhr geöffnet.

Kunsthandwerks-zentren

Ta' Dbiegi Crafts Village (Gozo)
An der Straße Victoria – San Lawrenz, kurz hinter der Abzeigung nach Gharb.

Literaturempfehlungen

Bildbände	Hans Christian Adam: Malta – Nabel des Meeres, Dortmund 1990 (2. Auflage; Harenberg Edition) Aquarelle und Zeichnungen sowie literarische Texte führen ein in die bewegte Vergangenheit und Gegenwart der Inselrepublik.

Sigrid Neubert: Die Tempel von Malta, Bergisch Gladbach 1988
(Gustav Lübbe Verlag)
Schwarz-weiß-Bildband zu den Megalithbauten von Malta mit einfühlsamen Texten von Sibylle von Reden.

Sachbücher
Ernle Bradford: Bastion im Mittelmeer, München 1986 (Universitas)
Die Belagerung Maltas während des Zweiten Weltkrieges.

Ernle Bradford: Kreuz und Schwert, Frankfurt am Main 1995 (Universitas)
Die Geschichte des Johanniterordens von den Anfängen bis zum Abzug des Ordens aus Malta.

Joachim von Freeden: Malta und die Baukunst seiner Megalith-Tempel, Darmstadt 1993 (Wissenschaftliche Buchgesellschaft)
Der Archäologe Joachim von Freeden gibt einen umfassenden Überblick über die Bauweise und Entstehungsgeschichte der Megalithanlagen auf Malta und liefert gleichzeitig Einblicke in die Vorstellungswelt der Tempelbauer.

Heinz Warnecke: Die tatsächliche Romfahrt des Apostels Paulus; Stuttgarter Bibelstudien, Bd. 127, 1987
Wissenschaftliche Argumente gegen die These von der Landung des Apostels Paulus auf Malta.

Adam Wienand (Hrsg.): Der Johanniterorden/Der Malteserorden, Köln 1988
(3. Auflage; Wienand Verlag)
Rund 700 Seiten zur Ordensgeschichte.

Unterhaltungs-
literatur
Dashiell Hammett: Der Malteser Falke, Zürich 1974 (Diogenes Verlag)
Detektivroman der "Schwarzen Serie"; → *Baedeker Special*, S. 133

Horowitz, Anthony: Die Malteser des Falken, Bergisch Gladbach 1989
(Bastei-Verlag)
Detektivroman und Persiflage auf die "Schwarze Serie".

Joy Markert: Malta – Reisen eines Ahnungslosen in die Steinzeit,
Rieden 1989 (Mundo-Verlag)
Kurze Berichte vom Alltag auf Malta und Gozo.

Nicholas Monserrat: Der Kaplan von Malta, Wien 1975
Der Roman über Malta während des Zweiten Weltkriegs ist nur noch auf Malta erhältlich.

Märkte

Valletta
Von Montag bis Samstag wird in den Vormittagsstunden in der Merchants Street ein Markt abgehalten, hier kann man alle möglichen Kleidungsartikel, Wäsche und Haushaltswaren erstehen. Gleiches wird, allerdings in größerem Umfang, allwöchentlich am Sonntagmorgen auf dem vielbesuchten Markt unterhalb der St. James Bastion angeboten.
Eine große Auswahl an frischem Obst und Gemüse, Fisch, Fleisch und Geflügel findet man in der Markthalle in der Merchants Street.

Markt in Marsaxlokk: Spitzendecken und Souvenirs aller Art ...

Speziell auf Touristen ausgerichtet ist der täglich am Hafen in Marsaxlokk stattfindende Markt. Hier suchen vor allem Bekleidung, Lederwaren, Wäsche, Strick- und Spitzenarbeiten Käufer. In vielen Städten gibt es darüber hinaus kleinere Märkte, auf denen man Obst und Gemüse erstehen kann, vielerorts bieten die Händler ihre Waren direkt vom Lkw aus an.

Weitere Märkte auf Malta

Täglich wird in den Vormittagsstunden auf dem zentralen Platz (It-Tokk) der Inselhauptstadt Victoria Markt abgehalten. An den Ständen werden Kleidung und Haushaltswaren, aber auch Lebensmittel verkauft.

Markt auf Gozo

Mietwagen

Einen Wagen zu mieten, ist auf Malta und Gozo relativ preisgünstig (ab ca. 50 DM pro Tag, inkl. unbegrenzter Kilometerzahl und Vollkaskoversicherung; am günstigsten sind Wochenpauschalen). Die meisten Autovermieter verlangen einen Pauschalbetrag für Benzin, man bezahlt 6 oder 7 MTL, erhält einen halbvoll getankten Wagen und kann ihn dann fast leer zurückgeben. Wer einen Wagen leihen möchte, muß mindestens 25 Jahre alt sein (bzw. mindestens 21 Jahre, wenn eine Vollkaskoversicherung abgeschlossen wird) und darf das Höchstalter von 70 Jahren nicht überschritten haben. Zudem muß man seinen Führerschein mindestens zwei Jahre besitzen. Im Mietvertrag müssen die Namen aller Fahrer angegeben werden, für jeden zusätzlichen Fahrer wird eine extra Gebühr berechnet.
Man sollte darauf achten, daß der Mietwagen mit einem Reserverad ausgestattet ist, Reifenpannen sind auf Malta an der Tagesordnung!

Hinweise

Die internationalen Autovermieter bieten meist einen Zubringerdienst nach Gozo an, zudem können die auf Malta gemieteten Fahrzeuge in der Regel mit nach Gozo genommen werden.

Transfer nach Gozo

Museen

Mietwagen Reservierung in Deutschland	Avis: Tel. 01 80/5 55 77 europcar: Tel. 01 80/5 22 11 22 Hertz: Tel. 01 80/5 33 35 35
Reservierung in Österreich	Avis: Tel. 06 60/87 57 europcar: Tel. 01/7 99 61 76 Hertz: Tel. 01/7 95 32
Reservierung in der Schweiz	Avis: Tel. 01/2 98 33 33 europcar: Tel. 01/8 13 65 66 Hertz: Tel. 01/7 30 10 77 und 7 30 38 30

Museen

Öffnungszeiten	Die Öffnungszeiten der Museen sind bei den Reisezielen von A bis Z unter dem jeweiligen Stichwort aufgeführt. Für die staatlichen Museen gelten einheitliche Öffnungszeiten. Vom 1. Oktober bis 15. Juni: Mo. – Sa. 8.15 bis 17.00, So. 8.15 – 16.15; vom 16. Juni bis 30. September: tgl. 7.45 – 14.00 Uhr. Häufig werden bereits 30 Minuten vor der Schließung keine Besucher mehr in das jeweilige Gebäude hineingelassen. An öffentlichen Feiertagen haben die Museen – und alle Ausgrabungsstätten – geschlossen!
Archäologische Museen	National Museum of Archaeology → Reiseziele von A bis Z, Valletta
	Roman Villa → Reiseziele von A bis Z, Rabat
	Gozo Museum of Archaeology → Reiseziele von A bis Z, Gozo: Victoria
Naturwissenschaftliche Museen	Natural History Museum → Reiseziele von A bis Z, Mdina
	Natural Science Museum → Reiseziele von A bis Z, Gozo: Victoria
Volkskundliche Sammlungen	Casa Rocca Piccola → Reiseziele von A bis Z, Valletta
	Inquisitor's Palace → Reiseziele von A bis Z, Vittoriosa
	Medieval Times → Reiseziele von A bis Z, Mdina
	Norman House → Reiseziele von A bis Z, Mdina
	Folklore Museum → Reiseziele von A bis Z, Gozo: Victoria
	Gharb Folklore Museum → Reiseziele von A bis Z, Gozo: Gharb
	Gozo Heritage → Reiseziele von A bis Z, Gozo
	Ta' Kola Windmill Museum → Reiseziele von A bis Z, Gozo: Xaghra

The Knights Hospitallers (in der Sacra Infermeria) ⇢ Reiseziele von A bis Z, Valletta	Ordensgeschichte
The Knights of Malta Reiseziele von A bis Z, Mdina	
Wignacourt College Museum ⇢ Reiseziele von A bis Z, Rabat	
National Museum of Fine Arts ⇢ Reiseziele von A bis Z, Valletta	Kunstmuseum
Manoel Theatre Museum ⇢ Reiseziele von A bis Z, Valletta	Theatermuseum
Toy Museum ⇢ Reiseziele von A bis Z, Valletta	Spielzeugmuseen
Pomskizillious Museum of Toys ⇢ Reiseziele von A bis Z, Gozo: Xaghra	
Cathedral Museum ⇢ Reiseziele von A bis Z, Mdina	Sakrale Sammlungen
Sanctuary Museum ⇢ Reiseziele von A bis Z, Zabbar	
St. John's Co-Cathedral Museum ⇢ Reiseziele von A bis Z, Valletta	
Cathedral Museum ⇢ Reiseziele von A bis Z, Gozo: Victoria	
Grand Master's Palace Armoury ⇢ Reiseziele von A bis Z, Valletta	Waffenkammern/ Kriegsmuseen
Lascaris War Rooms ⇢ Reiseziele von A bis Z, Valletta	
Mdina Dungeons ⇢ Reiseziele von A bis Z, Mdina	
National War Museum ⇢ Reiseziele von A bis Z, Valletta	
Armoury ⇢ Reiseziele von A bis Z, Gozo: Victoria	
National Maritime Museum ⇢ Reiseziele von A bis Z, Vittoriosa	Marinemuseum
Malta Experience ⇢ Reiseziele von A bis Z, Valletta	Multivisionsshows
Malta George Cross / Valletta Experience ⇢ Reiseziele von A bis Z, Valletta	
Mdina Experience ⇢ Reiseziele von A bis Z, Mdina	
Tales of the Silent City ⇢ Reiseziele von A bis Z, Mdina	

Nachtleben

Diskotheken, Bars

Das Nachtleben konzentriert sich vorwiegend auf St. Julian's und Sliema; mit einigem Abstand folgen St. Paul's Bay und Bugibba. Auf Gozo geht es auch abends geruhsam zu.

Casinos

In den Spielcasinos von St. Julian's (Dragonara Palace) und Bugibba (New Dolmen Hotel) kann man allabendlich sein Glück versuchen. Gespielt wird nach internationalen Regeln französisches und amerikanisches Roulette, Baccarat und Black Jack.

In St. Julian's gibt's zahlreiche Discos und Bars. Am Samstagabend kommen bei weitem nicht nur Touristen!

Notrufe

Ambulanz
Polizei
Feuerwehr

Malta und Gozo: Tel. 196
Malta und Gozo: Tel. 191
Malta und Gozo: Tel. 199

Notrufdienste in
Deutschland

ACE-Notrufzentrale Stuttgart
Kranken- und Fahrzeugrückholdienst
Telefon aus Malta: 00 49/18 02/34 35 36

ADAC-Notrufzentrale München
Telefon aus Malta:
00 49/89/22 22 22 (rund um die Uhr besetzt; Beratung nach Unfällen etc.)
00 49/89/76 76 76 (Ambulanzrückholdienst und Telefonarzt)

DRK-Flugdienst Bonn
Telefon aus Malta: 00 49/2 28/23 00 23

Deutsche Rettungsflugwacht Stuttgart
Telefon aus Malta: 00 49/7 11/70 10 70

Notrufe
(Fortsetzung)

Öffnungszeiten

Apotheken haben Mo. – Fr. 9.00 – 13.00 und 15.30 – 19.00, Sa. 8.30 bis 12.00 Uhr geöffnet. Sonntags gibt es einen Notdienst (→ Apotheken).

Apotheken

Die normalen Bankzeiten sind vom 1. Oktober bis 15. Juni: Mo. – Fr. 8.30 bis 12.30, Sa. 8.30 – 12.00; vom 16. Juni bis 30. September: Mo. – Fr. 8.00 – 12.30, Sa. 8.00 – 11.30 Uhr. Einige Banken und Wechselstuben haben auch außerhalb dieser Zeiten geöffnet.

Banken

Die meisten Läden sind Mo. – Fr. 9.00 – 19.00 Uhr geöffnet, Sa. 9.00 bis 20.00 Uhr (auf Gozo schließen die Geschäfte samstags um 12.00 Uhr). Unter Mittag schließen sie vielfach zwei bis drei Stunden.

Geschäfte

Kirchen sind meist in den Vor- und Nachmittagsstunden zugänglich.

Kirchen

→ dort

Museen

Schalterstunden sind Mo. – Sa. 8.00 – 12.45 Uhr. Hauptpost in Valletta: im Sommer Mo. – Sa. 7.30 – 18.00, im Winter Mo. – Sa. 8.00 – 18.30 Uhr.

Postämter

Viele Restaurants haben zwischen 11.00 und 14.00 sowie zwischen 19.00 und 24.00 Uhr geöffnet. Pizzerien und Snackbars öffnen abends häufig bereits um 17.00 Uhr; manche Restaurants beschränken ihre Öffnungszeiten auf die Abendstunden.

Restaurants

Tanken kann man Mo. – Sa. zwischen 7.00 und 19.00 Uhr (im Winter schließen manche Tankstellen bereits um 17.30); an Sonn- und Feiertagen haben fast alle Tankstellen geschlossen.

Tankstellen

Pferdekutschen

Mit Pferdekutschen, auf Malta nennt man sie Karrozzini, kann man die Sehenswürdigkeiten von Valletta (Standplatz am Palace Square), Mdina (vor dem Main Gate) und Sliema (an der Promenade) kennenlernen. Die Fahrer erklären die wichtigsten Sehenswürdigkeiten. Über den Preis (meist nicht unter 4 MTL) sollte man sich vor Fahrtantritt besser verständigen.

Polizei

Auf Malta und Gozo: Tel. 191

Notruf

Police General Headquarters
Harper Lane, Floriana (Malta)
Tel. 22 40 01

Hauptquartier

Polizei (Fortsetzung)	Police Headquarter Republic Street 113, Victoria (Gozo) Tel. 55 60 11 oder 55 64 30

Post, Telefon

Porto	Das Porto für Briefe (bis 20 g) und Postkarten in europäische Länder beträgt 16 c.
Briefkästen	Die Briefkästen auf Malta und Gozo sind rot.
Postämter	Die Postämter auf Malta und Gozo sind Mo. – Sa. 8.00 – 12.45 geöffnet. Die Hauptpost in Valletta (am Südwestende der Merchants Street) ist im Sommer: Mo. – Sa. 7.30 – 18.00, im Winter: Mo. – Sa. 8.00 – 18.30 geöffnet.
Telefon	Für das Fernsprechwesen auf Malta ist Maltacom zuständig. Telefongespräche nach Deutschland und in die meisten anderen europäischen Länder können von öffentlichen Fernsprechern aus geführt werden – sie funktionieren mit Münzen bzw. Telefonkarten (erhältlich zu 2, 3 und 5 MTL bei Maltacom, allen Zweigstellen der Mid Med Bank, bei der Post und in verschiedenen Läden). Zudem kann man von den Geschäftsstellen der Maltacom aus ins Ausland telefonieren (bezahlt wird erst nach Beendigung des Gesprächs) oder von hier aus auch Faxe versenden. Die rund um die Uhr geöffnete Hauptstelle der Maltacom befindet sich in St. Julian's (St. George's Road). Weitere Geschäftsstellen der Maltacom: in Valletta (South Street, geöffnet: Mo. – Sa. 8.00 – 18.30 Uhr), in Sliema (Bisazza Street und Plaza Shopping Complex), in St. Paul's Bay (St. Paul's Street), in Qawra (Triq il-Fliegu) und am Flughafen. Diese Zweigstellen sind alle tgl. 8.00 bis 22.30 Uhr geöffnet. Auf Gozo findet man die Geschäftsstelle von Maltacom in Victoria (Republic Street, geöffnet: tgl. 8.00 – 23.00 Uhr). Ferngespräche vom Hotelzimmer aus sind oft erheblich teurer. Ein ermäßigter Tarif gilt an Sonn- und Feiertagen sowie zwischen 18.00 und 6.00 Uhr.
Telefonnetz-kennzahlen	Vorwahl nach Malta und Gozo: 0 03 56 Vorwahl von Malta nach Deutschland: 00 49 in die Schweiz: 00 41 nach Österreich: 00 43
Telefonauskunft	National: 190

Reisedokumente

Personalpapiere	Reisende aus Deutschland, aus Österreich und der Schweiz benötigen für die Einreise einen gültigen Personalausweis oder einen Reisepaß, sofern der Aufenthalt nicht länger als drei Monate dauert. Wer länger bleiben möchte, muß bei der maltesischen Botschaft ein Visum beantragen. Kinder unter 16 Jahren müssen einen Kinderausweis besitzen oder im Paß der Eltern eingetragen sein.
Fahrzeugpapiere	Nationaler Führerschein und Kraftfahrzeugschein werden anerkannt und sind mitzuführen. Wer mit dem eigenen Wagen nach Malta reist, sollte die Internationale Grüne Versicherungskarte dabeihaben.
Haustiere	Hunde und Katzen dürfen nur nach Malta eingeführt werden, wenn sie nach ihrer Ankunft sechs Monate in Quarantäne kommen.

Reisezeit

Besonders schön präsentiert sich Malta im Frühjahr, wenn es selbst auf der ansonsten kargen Insel grünt und blüht. Im April und Mai kann man schon mit angenehmen Tagestemperaturen rechnen. Es ist jedoch ratsam, sich zu dieser Jahreszeit auch auf Schlechtwetterperioden einzustellen. Entschädigt wird man dafür ggf. durch die Tatsache, daß die Inseln noch nicht überlaufen sind, kulturelle Sehenswürdigkeiten, Landschaften und Strände lassen sich in Ruhe genießen. Das Baden im Mittelmeer ist ab Mai angenehm (durchschnittliche Wassertemperatur 18,4 °C). · Frühjahr

Obgleich in den Sommermonaten vielfach Temperaturen um 30 °C und darüber verzeichnet werden, läßt sich die Hitze relativ gut ertragen. Fast immer weht eine erfrischende Brise, und zudem sorgt das Meer für einen ausgleichenden Einfluß. Zu dieser Jahreszeit machen allerdings auch die meisten Malteser Urlaub – die Strände sind mehr als gut besucht! · Sommer

Die ersten Wolkenfelder zeigen sich erst wieder im September über Malta, doch ist meist bis weit in den Oktober hinein mit überwiegend schönem Wetter zu rechnen. Im Meer baden kann man noch im November, die Wassertemperaturen liegen dann bei 19 °C. Farbtupfer zeigen sich in der Landschaft jedoch kaum noch, die Trockenheit hat das Land ausgedörrt. · Herbst

Klimatabelle	Temperaturen in °C		Sonnen-schein-stunden pro Tag	Tage mit Nieder-schlag	Nieder-schlags-menge in mm
Monate	Durch-schnitts-maximum	Durch-schnitts-minimum			
Januar	14,4	10,2	5,5	12	90
Februar	14,7	10,3	6,3	8	60
März	16,1	11,2	7,3	5	39
April	18,3	13,1	8,8	2	15
Mai	21,6	15,9	9,9	2	12
Juni	25,9	19,4	11,5	0	2
Juli	28,9	22,1	12,4	0	0
August	29,3	22,9	11,4	1	8
September	27,1	21,6	9,4	3	29
Oktober	23,8	18,9	7,5	6	63
November	19,7	15,6	5,8	9	91
Dezember	16,1	12,0	5,0	13	110
Jahr	20,3	16,1	8,4	61	519

Wer Malta vor allem wegen seiner Kultur- und Kunstschätze besucht, für den ist auch der Winter eine geeignete Reisezeit. Die Temperaturen sinken selbst im kältesten Monat Januar selten unter 10 °C, vielfach werden sogar angenehme Werte von 15 °C am Tag erreicht. Den Schirm sollte man in den Wintermonaten jedoch grundsätzlich bei sich haben, es kommt an vielen Tagen zu heftigen Regenschauern. · Winter

Restaurants

Die nachfolgend aufgeführten Snackbars und Pizzerien haben in der Regel von 12.00 bis 14.00 und abends ab 17.00 oder 18.00 Uhr geöffnet. Restaurants der gehobenen Kategorie sind mitunter nur abends von 19.00 bis 24.00 Uhr geöffnet. Die meisten Restaurants haben an einem Wochentag · Hinweise

Restaurants

Hinweise
(Fortsetzung) geschlossen. Hotelrestaurants und Cafés wurden bei der folgenden Aufstellung nur in Ausnahmefällen berücksichtigt.

Bedienungsgeld
Das Bedienungsgeld ist in manchen Restaurants nicht im Preis eingeschlossen, auf den Rechnungen findet man den Hinweis "service not included". In diesen Fällen ist ein "Trinkgeld" von 15 bis 20% des Rechnungsbetrages angemessen.

Restaurants auf Malta

Bugibba
Portobello Restaurant
St. Luke's Road, Tel. 57 16 61
Das Portobello (ca. 200 m östlich der St. Paul's Chapel in einer Parallelstraße zur Küstenstraße) bietet hervorragende Fischgerichte, aber auch leckere Pizzen und Pasta. Es gibt eine kleine Terrasse, von der aus sich ein schöner Blick über die St. Paul's Bay bietet. Sehr freundlicher Service.

Ghar Lapsi
Lapsi View
Tel. 82 16 08
Einfaches, sehr nüchtern wirkendes Lokal an der Küste. Daran stören sich die Einheimischen jedoch nicht: Am Wochenende bekommt man kaum einen Tisch!

Marsaskala
Escoffier
Triq il-Butar, Tel. 68 44 29
Französische Küche mit relativ großen Portionen. Zu empfehlen sind vor allem die Fischgerichte.

Fishermen's Rest
St. Thomas Bay, Tel. 82 20 49
Rustikales und einfaches, aber gutes Fischrestaurant. Bei Einheimischen sehr beliebt. Der Service könnte manchmal freundlicher sein.

Marsaxlokk
Hunter's Tower
am Hafen, Tel. 87 17 92
Restaurant der gehobenen Kategorie, dem eine einfache Pizzeria angeschlossen ist, Fischspezialitäten.

Mdina
Bacchus
Inguanez Street, Tel. 45 49 81
Stilvolles Restaurant mit internationaler Küche.

Ciappetti
St. Agatha's Esplanade 5, Tel. 45 99 87
Lauschiges Café an der Festungsmauer mit guten Snacks; Terrasse mit herrlichem Ausblick.

Fontanella
Bastion Street 1, Tel. 45 42 64
Café, Snackbar auf den Festungsmauern von Mdina, von hier bietet sich ein prächtiger Blick über das Umland, selbstgebackene Kuchen.

The Medina
Holy Cross Street, Tel. 45 40 04
In einem alten Palast eingerichtetes Restaurant der gehobenen Kategorie, internationale Küche.

Mellieha
Il Mithna
Triq il-Kbira, Tel. 57 04 04
"Il Mithna" heißt "Die Windmühle" und tatsächlich ist das Restaurant in den Nebengebäuden einer Mühle eingerichtet. Gehobenes Preisniveau.

The Arches
Main Street 113, Tel. 57 34 36
Luxusklasse, eleganter Rahmen, internationale Küche mit leicht italienischem Einschlag.

Mellieha
(Fortsetzung)

The Village Square Restaurant
Sunny Coast Resort Club, Qawra Coast Road, Tel. 57 29 45
Internationale Küche (vor allem Fischgerichte und Steaks) zu erstaunlich günstigem Preis-Leistungs-Verhältnis. Sehr freundlicher Service.

Qawra

Ta'Cassia
Triq il-Fugass, Tel. 57 14 35
Restaurant am südlichen Ortsrand, nicht allzu weit vom Fußballplatz entfernt. Hier stehen auch typisch maltesische Gerichte auf der Karte. Sehr schön speist man im Sommer im Garten unter Bäumen.

Ta'Fra Ben
Qawra Tower, Tel. 57 34 05
Restaurant der gehobenen Kategorie in einem alten Wachtturm.

Stazzjon
Mtarfa Road, Tel. 45 17 17
Recht originelles Restaurant im alten Bahnhof von Mdina und Rabat. Mittlere Preiskategorie.

Rabat

Il-Fortizza
Tower Road, Tel. 33 69 08
In dem alten britischen Fort kann man preiswert in der Pizzeria und nobel (und recht teuer) im italienischen Restaurant speisen.

Sliema

Zahlreiche Restaurants findet man rund um die Spinola Bay von St. Julian's. Von vielen bietet sich ein schöner Blick auf die Hafenbucht.

Restaurants

Sliema
(Fortsetzung)

Mangal Turkish Restaurant
Tigne Seafront, Tel. 34 21 74
Türkische Spezialitäten.

Ta' Kolina
Tower Road 151, Tel. 33 51 06
Benannt nach einem maltesischen Mädchen namens Nicole, "Kolina" auf
maltesisch: maltesische und internationale Küche, stilvoll und gemütlich
eingerichtet, freundliche Bedienung, mittlere Preiskategorie.

The Rendez-vous
Dingli Street 55, Tel. 33 74 68
Französische und maltesische Küche.

St. Julian's

Barracuda
Main Street, Tel. 33 18 17
Gehobene Kategorie, schöne Terrasse unmitelbar an der Spinola Bay; ita-
lienisch orientierte Küche, vorwiegend Fischgerichte.

Caffe Raffael
an der Spinola Bay, Tel. 33 20 00
Terrasse mit schöner Aussicht, Pizzen und Pasta mittlerer Qualität. Auch
ideal für einen kleinen Snack zwischendurch.

China House
Spinola Road 8, Tel. 31 17 09
Chinesische Küche; große Auswahl.

L-Ghonella
St. George's Road, Tel. 34 10 27
Stilvolles Restaurant im Spinola Palace. Im Sommer kann man auch im
Garten speisen. Nur abends geöffnet. Neben italienischen und französi-
schen Speisen stehen typisch maltesische Spezialitäten auf der Karte.

St. Paul's Bay

Da Rosi
Church Street 44, Tel. 57 14 11
Restaurant der mittleren Kategorie, angenehme Atmosphäre, freundlicher
Service, bekannt für Fischspezialitäten.

Gillieru
Il-Knisja Street, Tel. 57 34 80
Luxuskategorie, Fischspezialitäten, Terrasse unmittelbar am Meer.

Il Veccja
St. Paul's Bay Street, Tel. 58 23 76
Am westlichen Ortsanfang/ausgang von St. Paul's Bay. Kleines, etwas abseits gelegenes Restaurant mit Atmosphäre. Vorzüglich sind die Fischgerichte und die Salate! Mittlere Preiskategorie.

Valletta

Bologna
Republic Street 55, Tel. 24 61 49
Im Obergeschoß ein italienisches Restaurant der mittleren Kategorie, im
Erdgeschoß eine einfache Pizzeria.

Cordina
Republic Street 244, Tel. 23 43 85
Traditionsreiches Café bzw. Straßencafé.

Giannini
St. Michael's Bastion, Windmill Street 23, Tel. 23 71 21
Luxuskategorie, schöner Blick auf den Marsamxett Harbour und Sliema.
Maltesisch-internationale Küche.

Pappagall
Melita Street 174, Tel. 23 61 95
Italienische Küche, gute Fischgerichte; obere Preiskategorie.

Valletta
(Fortsetzung)

Scalini
South Street 32, Tel. 24 62 21
Italienisches Kellerlokal.

Porto del Sol
Xemxija Road, Tel. 57 39 70
Gehobene Kategorie, schöner Blick auf die St. Paul's Bay, Mittagstisch nur nach Vorbestellung.

Xemxija

Shaukiwan
Xemxija Roadl, Tel. 57 36 78
Gepflegtes chinesisches Restaurant an der Hauptstraße. Sehr lecker sind die auf einem heißen Stein servierten Gerichte. Freundlicher Service.

Angenehmes Ambiente: Restaurant Ta'Frenc auf Gozo

Restaurants auf Gozo

Auberge Chez Amand
Hauptstraße nach Ta' Pinu, Tel. 55 11 97
Luxuskategorie; französische Küche und verschiedene maltesische Gerichte, gut sortierter Weinkeller, Terrasse. Im Winter geschlossen.

Gharb

Jeffrey's
Gharb Street, Tel. 56 10 06
Gute maltesische Küche (Steaks und Fischgerichte). Untergebracht ist das Restaurant in einem alten Bauernhaus, im Sommer kann man auch auf der Terrasse speisen. Nur abends geöffnet.

Restaurants (Fortsetzung) Marsalforn	**Castello** Obajjar Bay, Tel. 55 11 97 Französisch-belgische Küche zu angemessenen Preisen. Mittags und abends geöffnet.
	Ta'Frenc (Abb. S. 217) an der Straße Victoria – Marsalforn, Tel. 55 38 88 Stilvolles Restaurant in einem alten Gutshof. Französische Küche. Mittags und abends geöffnet.
Victoria	**Citadello** Castle Hill Road, Tel. 55 66 28 Café/Restaurant mit hübschem Innenhof direkt unterhalb der Zitadelle. Ideal für eine Kaffeepause oder auch ein Essen nach anstrengender Besichtigung von Victorias Altstadt.
Xaghra	**Gesther Restaurant** neben der Kirche Uriges Lokal, das zwei Schwestern gehört, die mittags eine große Auswahl maltesischer Gerichte servieren.
Xlendi	**Churchill** Xlendi Bay, Tel. 55 56 14 Einfaches Lokal mit einigen Tischen am Meer. Solide Gerichte, leckere Pizzen; preiswert.

Rundfunk, Fernsehen

Rundfunk	Die beiden Hörfunkprogramme der staatlichen Gesellschaft Xandir Malta senden in maltesischer Sprache, einige Nachrichtensendungen auch in englisch. Die Deutsche Welle, die an der Ostküste Maltas bei Marsaxlokk eine Relaisstation unterhält, sendet auf Mittelwelle (1557 kHz) täglich in den frühen Abendstunden in deutsch.
Fernsehen	Die für das Fernsehen zuständige Abteilung von Xandir Malta bringt Eigenproduktionen in maltesisch, zeigt aber auch viele Spielfilme und Serien in englisch. Zudem kann das staatliche italienische Fernsehen RAI empfangen werden und diverse Satelliten- und Kabelprogramme, auch einige deutschsprachige.

Schiffsverkehr

→ Fähr- und Schiffsverkehr
→ Ausflüge

Shopping

Allgemeines	Ein Einkaufsparadies ist Malta nicht. Das größte Angebot findet man in der Republic Street und der Merchants Street in Valletta sowie im südlichen Bereich der Tower Road in Sliema. Frische Lebensmittel werden bevorzugt auf Straßenmärkten (→ Märkte) eingekauft. Wo man Souvenirs und Mitbringsel erwerben kann, ist unter dem Stichwort → Kunsthandwerk beschrieben.
Geschäftsöffnungszeiten	Die meisten Geschäfte haben Mo. – Fr. 9.00 – 12.00 oder 13.00 und 16.00 bis 19.00 Uhr geöffnet, am Samstag 8.00 – 12.00 Uhr.

Sport

Wer sich auf Malta engagiert sportlich betätigen möchte, sollte sich mit dem Marsa Sports Club in Verbindung setzen. Urlauber können eine tage- oder wochenweise Mitgliedschaft erwerben. Marsa Sports Club
Der private Club ist tgl. von 9.00 bis 21.00 Uhr geöffnet, er bietet einen 18-Loch-Golfplatz, 18 Tennisplätze, 5 Squash Courts, ein Kricketfeld, eine Minigolfanlage und einen großen Swimmingpool.

Marsa Sports Club
Aldo Moro Street, Marsa
Tel. 23 38 51 und 23 06 64

Spezielle Fahrradwege gibt es auf Malta nicht. So ist das Fortbewegen per Zweirad auf den teilweise stark befahrenen Straßen nicht ungefährlich. Wenn man jedoch auf Nebenstrecken ausweicht, bietet sich Malta mit seinen geringen Entfernungen und nicht allzu großen Höhenunterschieden für die Erkundung per Fahrrad oder Mountain Bike an. Verleihstationen gibt es in allen größeren Touristenzentren. Fahrradtouren, Mountain Biking

Der einzige Golfplatz Maltas befindet sich auf dem Gelände des Marsa Sports Club, er kann das ganze Jahr über bespielt werden. Golf

Reitschulen gibt es u.a. bei der Trabrennbahn in Marsa, in der Mellieha Bay, Golden Bay und Naxxar. Reiten

Auch beim Royal-Malta-Yacht-Club (Gzira, Manoel-Island, Tel. 33 31 09) ist es möglich, für die Dauer des Urlaubs eine Mitgliedschaft zu erwerben, man kann sich dann ein Segelboot mieten oder auch eine Gelegenheit zum Mitsegeln vermitteln lassen. Der Club erteilt zudem Auskünfte über Yacht-Liegeplätze und Bootsreparaturen. Segeln

Surfbretter werden im Sommer an vielen Stränden vermietet. Surfen

Für den Tauchsport bietet der maltesische Archipel gute Voraussetzungen: eine abwechslungsreiche Flora und Fauna, eine interessante topographische Struktur der Unterwasserlandschaften mit Höhlen, Spalten und Grotten, Sichtweiten unter Wasser bis zu 50 m. Da die Wassertemperatur vor den Küsten Maltas selbst im Winter fast nie unter 13 °C sinkt, kann man dem Tauchsport das ganze Jahr über frönen. Wer selbständig Tauchgänge unternehmen möchte, benötigt eine Taucherlaubnis (C-Card), man erhält sie vom Department of Health (Merchants Street, Valletta, Tel. 22 40 71) bzw. über Tauchschulen. Tauchschüler, die unter der Aufsicht eines lizenzierten Tauchlehrers stehen, müssen lediglich ein ärztliches Attest vorweisen. Ein Verzeichnis aller Tauchschulen auf Malta, Gozo und Comino Tauchen

Alle drei maltesischen Inseln bieten gute Tauchbedingungen.

sowie ausführlichere Informationen gibt das vom maltesischen Fremdenverkehrsamt (↝ Auskunft) herausgegebene Faltblatt "Malta – Ein Paradies für Taucher".

Sport (Fortsetzung) Tennis	Viele große Hotels verfügen über Tennisplätze. Von den 18 Plätzen des Marsa Sports Club sind zwei mit Flutlicht ausgestattet.
Wandern	Ein Wanderparadies ist das karge Malta nicht gerade, doch lassen sich insbesondere im Norden und Westen der Insel einige attraktive Touren unternehmen. Der Ortsunkundige ist dabei allerdings meistens auf asphaltierte (kaum befahrene Sträßchen) angewiesen. Die reizvollsten Wandermöglichkeiten ergeben sich im Norden am Marfa Ridge, an der Südküste entlang der Ghajn Tuffieha Bay und der Dingli Cliffs sowie im Westen Maltas in der noch sehr abgeschiedenen Region, die von Mgarr, Mosta und Rabat/ Mdina eingegrenzt wird. Für einen kürzeren Spaziergang empfehlen sich die Buskett Gardens. Das noch sehr ländliche Gozo eignet sich insgesamt hervorragend für Wandertouren. Die auch auf Malta erhältliche Broschüre "Wandern auf Malta" (erschienen 1998 im Allgäu Verlag J. Kolb Leutkirch, ISBN 3-926782-25-0) stellt 13 Wandervorschläge auf Malta und Gozo abseits der Hauptverkehrsstraßen vor.
Wasserski	An etlichen Stränden bestehen Möglichkeiten zum Wasserskilaufen.
Zuschauer- sportarten	Die beliebtesten Zuschauersportarten sind Fußball (Saison von September bis Mai, Nationalstadion bei Ta' Qali) und Trabrennen. Bei Marsa gibt es eine Trabrennbahn, auf der von Mitte Oktober bis Anfang Juni jeweils sonntags ab 13.00 Uhr Rennen stattfinden (Auskünfte unter Tel. 23 38 51). Vielerorts kann man beim Wasserpolo zuschauen; in einigen Orten gibt es an der Küste abgeteilte Becken, in denen sich die Mitglieder der ortsansässigen Vereine auf Meisterschaftsbegegnungen vorbereiten.

Sprache

Allgemeines	Auf Malta sind Maltesisch und Englisch Amtssprachen. Da auch Englisch schon von der frühen Schulzeit an gelehrt wird, kann man sich mit nahezu jedem Malteser in Englisch verständigen. Verbreitet sind daneben Italienischkenntnisse; zunehmend spricht das Personal in den größeren Hotels auch Deutsch.
Maltesisch	Maltesisch ist eine semitische Sprache (Sprachgeschichte → Kunst und Kultur, Sprache und Literatur), die einzige fast ausschließlich mit lateinischen Buchstaben geschriebene. Das Alphabet besteht aus fünf Vokalen und 24 Konsonanten.
Schreibweise	Aus Gründen der Übersichtlichkeit wurden in diesem Reiseführer die maltesischen Buchstaben ċ, ġ, und ż sowie das maltesische ħ als einfaches c, g, z und h wiedergegeben.
Aussprache	Um Orte und Straßen korrekt zu bezeichnen, ist es sinnvoll, einige Ausspracheregeln zu kennen. Die Vokale a, e, i, o und u werden, wenn nur ein Konsonant folgt, kurz gesprochen, sonst lang. Als Doppelvokal gibt es nur ie, das man getrennt spricht (also Sli-ema); aj wird als "ai" (Mnajdra = mnaidra) ausgesprochen. Von den Konsonanten werden b, d, f, g, j, k, l, m, n, p, r, t und z wie im Deutschen ausgesprochen.

Für die anderen Konsonanten gelten folgende Regeln:

ċ	tsch
ġ	dsch (Ġgantija = dschgantija)
għ	bleibt stumm
	in Verbindung mit a wie langes a (Għar = aar)
	in Verbindung mit i wie ei
	in Verbindung mit u wie ou (wie in englisch "old")
h	stumm

ħ	wie h (Baħar = bahar)	Aussprache (Fortsetzung)
q	nicht gesprochen bzw. wie k	
s	stimmlos (wie in "Kasse")	
v	wie w	
w	wie u	
x	wie sch (Tarxien = tarschien)	
ż	wie weiches s (Żurrieq = surriek)	

Kleiner Sprachführer Englisch

Ja./Nein.	Yes./No.	Auf einen Blick
Vielleicht.	Perhaps./Maybe.	
Bitte.	Please.	
Danke./Vielen Dank!	Thank you./Thank you very much.	
Gern geschehen.	You're welcome.	
Entschuldigung!	I'm sorry!	
Wie bitte?	Pardon?	
Ich verstehe Sie/dich nicht.	I don't understand.	
Ich spreche nur wenig ...	I only speak a bit of ...	
Können Sie mir bitte helfen?	Can you help me, please?	
Ich möchte ...	I'd like ...	
Das gefällt mir (nicht).	I (don't) like it.	
Haben Sie ...?	Do you have ...?	
Wieviel kostet es?	How much is it?	
Wieviel Uhr ist es?	What time is it?	

Guten Morgen!	Good morning!	Kennenlernen
Guten Tag!	Good afternoon!	
Guten Abend!	Good evening!	
Hallo! Grüß dich!	Hello!/Hi!	
Mein Name ist ...	My name is ...	
Wie ist Ihr/Dein Name?	What's your name?	
Wie geht es Ihnen/Dir?	How are you?	
Danke. Und Ihnen/Dir?	Fine thanks. And you?	
Auf Wiedersehen!	Goodbye!/Bye-bye!	
Tschüs!	See you!/Bye!	
Bis bald!	See you soon!	
Bis morgen!	See you tomorrow!	

links/rechts	left/right	Auskunft unterwegs
geradeaus	straight on	
nah/weit	near/far	
Bitte, wo ist ...?	Excuse me, where's ..., please?	
Bahnhof	main station	
Bushaltestelle	bus stop	
Flughafen	airport	
Wie weit ist das?	How far is it?	
Ich möchte ... mieten.	I'd like to hire ...	
ein Auto / ein Fahrrad	a car / a bike	

Ich habe eine Panne.	My car's broken down.	Panne
Würden Sie mir bitte einen Abschleppwagen schicken?	Would you send a breakdown truck, please?	
Gibt es hier in der Nähe eine Werkstatt?	Is there a garage nearby?	

Wo ist die nächste Tankstelle?	Where's the nearest petrol station?	Tankstelle
Ich möchte ... Liter ...	I'd like ... litres of ...	
... Normalbenzin / Super.	... three-star / four-star,	
... bleifrei / verbleit.	... unleaded / leaded, please.	
Volltanken, bitte.	Full, please.	

Sprache

Unfall	Hilfe!	Help!
	Achtung!	Attention!
	Vorsicht!	Look out!
	Rufen Sie bitte ...	Please call ...
	... einen Krankenwagen.	... an ambulance.
	... die Polizei.	... the police.
	... die Feuerwehr	... the fire-brigade.
	Es war meine (Ihre) Schuld.	It was my (your) fault.
	Geben Sie mir bitte Ihren Namen und Ihre Anschrift.	Please give me your name and your adress!
Essen/ Unterhaltung	Wo gibt es hier ...	Is there ... here?
	... ein gutes Restaurant?	... a good restaurant
	Gibt es hier eine gemütliche Kneipe?	Is there a nice pub here?
	Reservieren Sie uns bitte für heute abend einen Tisch für drei Personen.	Would you reserve for us a table for three for this evening, please?
	Auf Ihr Wohl!	Cheers!
	Bezahlen, bitte.	Could I have the bill, please?
	Haben Sie einen Veranstaltungs-kalender?	Have you got a diary of events?
Einkaufen	Wo finde ich ... ?	Where can I find ...?
	Apotheke	chemist's
	Bäckerei	baker's
	Fotoartikel	photographic materials
	Kaufhaus	department store
	Lebensmittelgeschäft	food store
	Markt	market
Übernachtung	Können Sie mir bitte ... empfehlen?	Could you recommend ..., please?
	... ein Hotel	... a hotel
	... eine Pension	... a guest-house
	Ich habe ein Zimmer reserviert.	I've reserved a room.
	Haben Sie noch ...?	Do you have ...?
	... ein Einzelzimmer	... a single room
	... ein Doppelzimmer	... a double room
	... mit Dusche/Bad	... with a shower/bath
	... für eine Nacht	... for one night
	... für eine Woche	... for a week
	Was kostet das Zimmer mit	How much is the room with
	... Frühstück?	... breakfast?
	... Halbpension?	... half board?
	... Vollpension?	... full board?
Arzt	Können Sie mir einen guten Arzt empfehlen?	Can you recommend a good doctor?
	Ich brauche einen Zahnarzt.	I need a dentist.
	Ich habe hier Schmerzen.	I've got pain here.
	Rezept	prescription
	Spritze	injection/shot
Bank	Wo ist hier bitte ...	Where's the nearest ...
	... eine Bank?	... bank?
	... eine Wechselstube?	... exchange-office?
	Ich möchte ... DM wechseln (Schilling, Schweizer Franken).	I'd like to change ... German Marks (Austrian Shillings, Swiss Francs).
Post	Was kostet ...	How much is ...
	... ein Brief ...	... a letter ...
	... eine Postkarte ...	... a postcard ...
	... nach Deutschland?	... to Germany?

0	cero, nought	13	thirteen	50	fifty			Zahlen
1	one	14	fourteen	60	sixty			
2	two	15	fifteen	70	seventy			
3	three	16	sixteen	80	eighty			
4	four	17	seventeen	90	ninety			
5	five	18	eigtheen	100	a hundred			
6	six	19	nineteen	200	two hundred			
7	seven	20	twenty	1000	a (one) thousand			
8	eight	21	twenty-one	2000	two thousand			
9	nine	22	twenty-two	10 000	ten thousand			
10	ten	23	twenty-three					
11	eleven	30	thirty	1/2	a half			
12	twelve	40	fourty	1/4	a (one) quarter			

Speisekarte – Menu

coffee (with cream/milk)	Kaffee (mit Sahne/Milch)	Breakfast
decaffeinated coffee	koffeinfreier Kaffee	(Frühstück)
hot chocolate	heiße Schokolade	
tea (with milk/lemon)	Tee (mit Milch/Zitrone)	
scrambled eggs	Rühreier	
poached eggs	pochierte Eier	
bacon and eggs	Eier mit Speck	
fried eggs	Spiegeleier	
hard-boiled/soft-boiled eggs	harte/weiche Eier	
(cheese/mushroom) omelette	(Käse-/Champignon-) Omelett	
bread/rolls/toast	Brot/Brötchen/Toast	
butter	Butter	
honey	Honig	
jam/Marmelade	Marmelade/Orangenmarmelade	
muffin	Küchlein	
yoghurt	Joghurt	
fruit	Obst	
ham	Schinken	Hors d'Œuvres,
onion rings	fritierte Zwiebelringe	Soups
shrimp/prawn cocktail	Garnelen-/Krabbencocktail	(Vorspeisen,
smoked salmon	Räucherlachs	Suppen)
seafood salad	Meeresfrüchtesalat	
clear soup/consommé	Fleischbrühe	
cream of chicken soup	Hühnercremesuppe	
oxtail soup	Ochsenschwanzsuppe	
cream of tomato soup	Tomatencremesuppe	
vegetable soup	Gemüsesuppe	
anchovies	Sardellen	Fish, Seafood
cod	Kabeljau	(Fisch, Meeres-
crab	Krebs	früchte)
eel	Aal	
haddock	Schellfisch	
herring	Hering	
lobster	Hummer	
mussels	Muscheln	
oysters	Austern	
perch	Barsch	
plaice	Scholle	
salmon	Lachs	
sole	Seezunge	
squid	Tintenfisch	
trout	Forelle	
tuna	Thunfisch	

Sprache

Meat and Poultry (Fleisch und Geflügel)	barbequed spare ribs	gegrillte Schweinerippchen
	beef	Rindfleisch
	chicken	Hähnchen
	chop/cutlet	Kotelett
	fillet (steak)	Filet(steak)
	duck(ling)	(junge) Ente
	gravy	Fleischsoße
	ham	gekochter Schinken
	hamburger	Hamburger
	kidneys	Nieren
	lamb (with mint sauce)	Lamm (mit einer sauren Minzsauce)
	liver (and onions)	Leber (mit Zwiebeln)
	minced beef	Hackfleisch vom Rind
	mutton	Hammelfleisch
	pork	Schweinefleisch
	rabbit	Kaninchen
	rissoles	Frikadellen
	rump steak	Rumpsteak
	sausages	Würstchen
	sirloin steak	Lendenstück vom Rind, Steak
	T-bone steak	Rindersteak mit T-förmigem Knochen
	turkey	Truthahn
	veal	Kalbfleisch
	venison	Reh oder Hirsch
Vegetables and Salad (Gemüse und Salat)	baked beans	gebackene Bohnen in Tomatensoße
	baked potatoes	gebackene Pellkartoffeln
	beetroot	Rote Bete
	cabbage	Kohl
	carrots	Karotten
	cauliflower	Blumenkohl
	chef's salad	Salat mit Schinken, Tomaten, Käse
	chips/French fries	Pommes frites
	corn-on-the-cob	Maiskolben
	cucumber	Gurke
	garlic	Knoblauch
	hash browns/fritters	Bratkartoffeln
	herbs	Kräuter
	leek	Lauch
	lentils	Linsen
	lettuce	Kopfsalat
	mashed potatoes	Kartoffelbrei
	mushrooms	Pilze
	onions	Zwiebeln
	peas	Erbsen
	peppers	Paprika
	pumpkin	Kürbis
	spinach	Spinat
	sweetcorn	Mais
	tomatoes	Tomaten
	turnips	Rüben
Dessert and Cheese (Nachspeisen und Käse)	apple pie	gedeckter Apfelkuchen
	brownie	Schokoladenplätzchen
	Cheddar	kräftiger Käse
	Cottage cheese	Hüttenkäse
	cream	Sahne
	custard	Vanillesoße
	fruit cake	Kuchen mit viel Rosinen
	fruit salad	Obstsalat
	goat's cheese	Ziegenkäse
	ice-cream	Eis

pancakes	Pfannkuchen	Sprache
pastries	Gebäck	(Fortsetzung)
rice pudding	Reisbrei	
stewed fruit	Kompott	
apples	Äpfel	Fruit (Obst)
apricots	Aprikosen	
blackberries	Brombeeren	
cherries	Kirschen	
dates	Datteln	
figs	Feigen	
gooseberries	Stachelbeeren	
grapes	Weintrauben	
lemon	Zitrone	
melon	Melone	
oranges	Orangen	
peaches	Pfirsiche	
pears	Birnen	
pineapple	Ananas	
plums	Pflaumen	
raspberries	Himbeeren	
rhubarb	Rhabarber	
strawberries	Erdbeeren	

Beverages – Getränkekarte

beer	Bier	Alcoholic Drinks
on tap	vom Faß	(Alkoholische
brandy	Schnaps	Getränke)
champagne	Champagner	
cider	Apfelwein	
red/white wine	Rot-/Weißwein	
dry/sweet	trocken/lieblich	
sparkling wine	Sekt	
table wine	Tafelwein	
alcohol-free beer	alkoholfreies Bier	Soft Drinks
fruit juice	Fruchtsaft	(Alkoholfreie
lemonade	gesüßter Zitronensaft	Getränke)
milk	Milch	
mineral water	Mineralwasser	
root beer	süße, dunkle Limonade	
soda water	Selterswasser	
tomato juice	Tomatensaft	

Sprachreisen

Ein größerer Teil der Malta-Urlauber fliegt auf die Mittelmeerinsel, um dort Englischkenntnisse zu erwerben bzw. die vorhandenen zu verbessern. Das maltesische Fremdenverkehrsbüro wirbt für derartige Reisen mit dem Slo-gan "Englisch lernen. In der Sonne!"
Die staatlichen Schulen haben ein gutes Ausbildungsniveau und beschäfti-gen meist hervorragend ausgebildete Lehrer. Angeboten werden vor allem sogenannte Executive Courses, in denen auf spezielle Fachsprachen ein-gegangen werden kann, und Ferienkurse für Jugendliche, die vorwiegend zwischen Juni und September stattfinden und meist von einem Freizeitpro-gramm begleitet werden.
Sprachreisen können bei diversen Reiseveranstaltern oder auch direkt bei den maltesischen Schulen gebucht werden. Es besteht grundsätzlich die

Sprachreisen
(Fortsetzung)
Möglichkeit, in Hotels, Pensionen, Apartments oder auch bei Gastfamilien zu wohnen. Ein Verzeichnis staatlicher Schulen ist beim Maltesischen Fremdenverkehrsamt erhältlich (→ Auskunft).

Strände

Für einen reinen Strand- und Badeurlaub ist der maltesische Archipel nur bedingt geeignet. Sowohl Malta als auch Gozo und Comino verfügen lediglich über relativ kleine Sandstrände. Einige von ihnen sind zwar ausgesprochen schön, in der Hauptsaison sind sie jedoch hoffnungslos überlaufen. Baden im Mittelmeer kann man bei angenehmen Wassertemperaturen zwischen Mai und Oktober.

FKK

Sich unbekleidet zu sonnen oder zu baden, ist auf Malta verboten. Auch "oben ohne" ist verpönt, wird aber mitunter toleriert.

Strände auf Malta

Birzebbuga

Zwar besitzt die zum südlichen Ortsbereich von Birzebbuga gehörende Pretty Bay einen Sandstrand, doch kann man nur davon abraten, ihn aufzusuchen. Beherrscht wird die Szenerie von den Anlagen des Tiefseehafens bei Kalafrana.

Delimara

An der Ostseite der bei Marsaxlokk ins Meer hineinragenden Halbinsel Delimara gibt es einige reizvolle Badeplätze mit Felsterrassen. Bevorzugt wird von vielen der Peter's Pool.

Ghajn Tuffieha

Die schönsten Sandstrände auf Malta findet man bei Ghajn Tuffieha im Nordwesten der Insel. Touristisch erschlossen ist vor allem die Golden Bay (Restaurants, Vermietung von Liegestühlen, Sonnenschirmen und Wassersportgerät), etwas ursprünglicher geht es an der noch völlig unverbauten Ghajn Tuffieha Bay zu. Die südlich anschließende Gnejna Bay besitzt nur einen kleineren rötlichen Sand- und einen Kieselstrand.

Ghar Lapsi

Bei Ghar Lapsi an der Südküste Maltas, nahe der neolithischen Tempelanlagen Hagar Qim und Mnajdra handelt es sich um einen felsigen Badeplatz (Kiesstrand und Betonplatten).

Marfa Ridge

Der Nordwestzipfel Maltas kann mit einigen attraktiven Badeplätzen aufwarten. Am schönsten ist die Paradise Bay mit einem kleinen hellen Sandstrand, gefolgt von der Ramla Bay und der Armier Bay. An allen Stränden gibt es Snackbars, Sonnenschirme und Liegen; Wassersportgeräte werden vermietet.

Mellieha Bay

Einen der längsten Sandstrände Maltas findet man an der Mellieha Bay im Nordwesten der Insel. Bedauerlicherweise verläuft die Hauptstraße unmittelbar entlang des Strandareals.

Sliema/
St. Julian's

Wer in das Haupttouristenzentrum von Malta, nach Sliema oder St. Julian's, reist, sollte sich darüber im klaren sein, daß es hier keine Sandstrände gibt. Man sonnt sich auf den zum Ortsbereich gehörenden Felsen.

St. Paul's Bay

Auch entlang der St. Paul's Bay gibt es keinen attraktiven Sandstrand. Lediglich vor der Pjazza Tal-Bajja in Bugibba existiert ein winziger Sandstreifen. Ansonsten sonnt man sich auf Felsterrassen in San Pawl il-Bahar oder bevorzugt die Swimmingpool-Landschaften der Hotels.

St. Thomas Bay

Der kurze Sand- und der längere Kiesstrand an der St. Thomas Bay im Osten Maltas wirken nicht allzu gepflegt.

Strände auf Gozo

In der Hondoq Bay – ganz im Südosten von Gozo, nahe Qala – wurde ein kleiner Sandstrand aufgeschüttet. Sanitäre Einrichtungen und ein Kiosk sind vorhanden. Schön ist der Blick hinüber nach Comino und Malta.

Hondoq Bay

Die Kiesstrände rund um die durch hohe Klippen vom offenen Meer abgeteilte Inland Sea an der Westküste Gozos teilen sich Fischer und Touristen. Geht man von hier einige hundert Meter in südlicher Richtung, so wird man auf den Felsen rund um die Dwejra Bay ein etwas abgeschiedeneres Plätzchen vor der romantischen Kulisse des Fungus Rock finden.

Inland Sea/ Dwejra Bay

Das Haupttouristenzentrum von Gozo besitzt nur einen winzigen Sandstrand im Ortszentrum. Die meisten Feriengäste bevorzugen daher die Felsterrassen an der Westseite der Marsalforn Bay und bei Qbajjar.

Marsalforn

Gozos Vorzeigestrand: die Ramla Bay

Die lange fjordähnliche Bucht Mgarr ix-Xini südöstlich von Xewkija wird zwar nur von Felsen gesäumt, ist aber dennoch bei Einheimischen und Touristen ein beliebtes Baderevier.

Mgarr ix-Xini

Gozos Prachtstrand liegt an der Nordküste, wenige Kilometer östlich von Marsalforn. An dem ca. 500 m langen und 50 m breiten Sandstreifen werden in der Saison Sonnenschirme und -liegen vermietet, zwei oder drei improvisierte Bars bieten Erfrischungen.

Ramla Bay

Die ebenfalls an der Nordküste gelegene San Blas Bay verfügt über einen kleinen Sandstrand, der sich in der Vor- und Nachsaison nicht ganz so gepflegt präsentiert wie die Ramla Bay (keine touristischen Einrichtungen).

San Blas Bay

Sandstrände gibt es in dem nach Marsalforn größten Touristengebiet auf Gozo nicht. Man sonnt sich auf Felsterrassen rund um die Xlendi Bay.

Xlendi

Strände auf Comino

Blue Lagoon

Hauptattraktion auf Comino ist die Blaue Lagune zwischen Comino und dem Felsenriff Cominotto. Das Wasser schimmert hier in den unterschiedlichsten Blau- und Grüntönen. Boote und Ausflugsschiffe gehen bevorzugt in der Blauen Lagune vor Anker. Es existiert nur ein winziger Sandstrand, die meisten Badegäste müssen also auf umliegende Felsen und Felsterrassen ausweichen. Schatten gibt es nicht!

Santa Marija Bay

Im Norden von Comino liegt die Santa Marija Bay mit sehr kleinem Sandstrand.

Straßenverkehr

Linksverkehr

Auf Malta herrscht Linksverkehr, überholt wird demnach rechts, auf gleichberechtigten Straßen hat der von links kommende Fahrer Vorfahrt.
Vom Linksverkehr abgesehen, entsprechen die auf Malta herrschenden Verkehrsregeln und vorkommenden Verkehrszeichen weitgehend den auch im übrigen Europa gebräuchlichen. Allzu streng richten sich die Malteser jedoch nicht nach den geltenden Vorschriften. Man muß ständig damit rechnen, daß einem die Vorfahrt genommen wird oder daß man links überholt wird. Vorsicht ist angebracht!

Höchstgeschwindigkeit

Die Höchstgeschwindigkeit innerhalb geschlossener Ortschaften beträgt 40 km/h, außerhalb der Ortschaften 65 km/h.

Alkohol

Alkohol am Steuer ist grundsätzlich verboten.

Kreisverkehr

Auf Malta gibt es kaum Ampeln, statt dessen vielerorts einen Kreisverkehr. Die im Kreis fahrenden Fahrzeuge haben Vorfahrt, sofern Verkehrsschilder keine andere Regelung vorschreiben.

Straßenbeschaffenheit

Auch auf relativ gut ausgebauten Straßen muß man ständig mit Schlaglöchern oder anderen Behinderungen rechnen. In abgelegenen Gegenden verbinden schmale, holprige Landstraßen die einzelnen Ortschaften.

Kraftstoff

Auf Malta sind verbleites Benzin (Super mit 98 Oktan), bleifreies Benzin (95 Oktan) und Diesel erhältlich. Der Kraftstoff ist etwas preiswerter als in Deutschland. In allen größeren Ortschaften gibt es Tankstellen. An Sonn- und Feiertagen haben jedoch fast alle geschlossen!

Verkehrsfluß

Das Verkehrsaufkommen ist im dichtbesiedelten Malta groß, so muß man zu den Hauptverkehrszeiten im Ballungsgebiet um Valletta mit Stauungen rechnen. Am Wochenende zieht es viele Malteser an die Strände im Nordwesten der Insel bzw. nach Gozo. Meist rollt eine nicht endenwollende Autoschlange am Samstag- und Sonntagmorgen gen Cirkewwa, in den Abendstunden spielt sich das gleiche in umgekehrter Richtung ab. In und um St. Julian's herrscht vor allem am Samstagabend Hochbetrieb, wenn alles in die hier ansässigen Bars und Diskotheken strömt.

Parkplätze

Parkraum ist in den Städten knapp. Vor den Stadtmauern von Valletta, in verschiedenen größeren Ortschaften und bei bedeutenden Sehenswürdigkeiten gibt es bewachte Parkplätze. Die Aufseher erwarten ein Trinkgeld (ca. 10 – 25 c). An Straßenabschnitten mit einem gelben Streifen am Straßenrand darf nicht geparkt werden.

Unfall

Selbst bei kleineren Unfällen oder Beschädigungen des eigenen Fahrzeugs ohne eine Beteiligung dritter sollte man grundsätzlich die → Polizei und ggf. die Mietwagenfirma verständigen, ansonsten besteht kein Versicherungsanspruch.

Taxi

Die Taxis auf Malta sind mit einem Taxameter ausgestattet, die Fahrtarife werden staatlich kontrolliert. Wenn der Taxameter nicht eingeschaltet wird, empfiehlt es sich, den Fahrpreis unbedingt vor Fahrtantritt auszuhandeln. Das Preisniveau entspricht etwa dem in Deutschland üblichen. Standplätze befinden sich vor dem Luqa Airport, an den Häfen, vor großen Hotels sowie vor dem City Gate in Valletta. Da es keine einheitliche Funktaxi-Rufnummer gibt, wende man sich im Bedarfsfall an die Hotelrezeption.

Im Grand Harbour sowie im Marsamxett Harbour verkehren Wassertaxis (Dghajsas), der Preis ist Verhandlungssache. Von der Anlegestelle beim Custom House in Valletta fahren die Boote nach Senglea und Vittoriosa.

Wassertaxis

Telefon

⮞ Post, Telefon

Theater, Konzerte

Eine eigene Theaterbühne hat Malta nicht. Im Manoel Theatre (Old Theatre Street) in Valletta sowie in den beiden Theaterhäusern Astra und Aurora in Victoria auf Gozo gastieren internationale Künstler und Ensembles.
Die Theatersaison dauert von Oktober bis Mai, Karten für Vorstellungen im Manoel Theatre kann man im Büro beim Theater erwerben (Vorverkauf geöffnet: Mo. – Fr. 10.00 – 12.00 und 16.00 – 19.00, Sa. 10.00 – 12.00 Uhr).

Trinkgeld

Die Gepflogenheiten im Hinblick auf das Trinkgeld entsprechen auf Malta ungefähr den in Deutschland üblichen. In einigen Restaurants ist das Bedienungsgeld nicht im Preis inbegriffen, in diesem Fall gibt man mindestens 15%. Die Zimmermädchen in den Hotels rechnen etwa mit 1,5 MTL pro Person und Woche. Gepäckträger am Flughafen bekommen ca. 50 c pro Gepäckstück.

Veranstaltungskalender

Alle vierzehn Tage wird "What's on" mit Veranstaltungshinweisen und zahlreichen weiteren Informationen (Veranstaltungsteil auch in Deutsch) herausgegeben. Auch die monatlich erscheinende Broschüre "Welcome – A Holiday Guide" gibt einen Überblick über aktuelle Veranstaltungen.

Veranstaltungsprogramme

Das ganze Jahr über (vor allem jedoch in den Sommermonaten) finden auf Malta Patronatsfeste (Il-Festa; → *Baedeker Special*, S. 230/231) statt. Städte und Dörfer feiern den Tag ihres Schutzpatrons, meist dauern die Feierlichkeiten mit Dankgottesdiensten, Musikveranstaltungen und Feuerwerken fünf Tage. Höhepunkt des Festes ist der Sonntag, wenn die lebensgroße Statue des Heiligen durch die Straßen getragen wird. Im folgenden ist nur eine Auswahl der Patronatsfeste aufgeführt.

Patronatsfeste

Malta Marathon: Zum seit 1986 veranstalteten Marathonlauf werden alljährlich Athleten aus aller Welt erwartet.

Februar

Il-Festa

Alljährlich ist im Sommerhalbjahr in irgendeinem Ort auf Malta und Gozo an einem Wochenende die Hölle los, nämlich dann, wenn die Gemeinde das Fest ihres Schutzpatrons bzw. Heiligen feiert. Egal, ob es sich bei der Gemeinde um eine Stadt, ein Dorf oder nur einen kleinen Flecken handelt – die mehrtägige "festa" gilt als jeweils wichtigstes Ereignis, und die Malteser verstehen zu feiern.

Die Vorbereitungen für die "festa" laufen schon Wochen, ja Monate vorher an. Spendengelder werden gesammelt, Dekorationen gebastelt, Kostüme genäht, Musikstücke von den Band Clubs, den örtlichen Blaskapellen, einstudiert. Schließlich ist man das ja auch dem je-

Im Feiern sind die Malteser geübt.

weiligen Schutzpatron schuldig, und außerdem möchte man bei der Ausgestaltung des Festes vor den anderen Dörfern kein schlechtes Bild abgeben. Zwischen den einzelnen Gemeinden kommt es dabei zu einem regelrechten Wettstreit. Organisiert werden die Vorbereitungen von der sogenannten Partit, der örtlichen Vereinigung des Schutzpatrons, der Honoratioren, Mitglieder der kirchlichen Jugend-

gruppe, des Sportvereins, der Blaskapelle etc. angehören.

Mit dem tatsächlichen Jahrestag des Schutzheiligen, also dem kirchlichen Kalender, nimmt man es jedoch nicht so genau: Alle Patronatsfeste finden in der Schönwetterperiode zwischen April und September statt; damit man zumindest zwei Tage feiern kann, wurden sie allesamt auf ein Wochenende verlegt (früher feierten viele Gemeinden mitten in der Woche, was dem Arbeitseifer doch sehr abträglich war).

Schon Tage vor der festa schmücken die Dorfbewohner die Straßen, Plätze, die Türen, Fenster und Balkone der Häuser mit Flaggen, Bändern, Tüchern, Blumen, Heiligenbildern, weißen und bunten Glühbirnen sowie Lampions. Viele Häuser werden für das Fest sogar frisch getüncht, erstrahlen in glänzendem Weiß. Bunt bemalte Holzsockel mit Heiligenstatuen aus Holz und Pappmaché werden in den Hauptstraßen, entlang des Prozessionsweges, aufgestellt. Die Pfarrkirche wird von außen angestrahlt, mit Lichterketten bestückt; den Kirchenraum kleidet man mit meist roten Damasttüchern aus, alle Kirchenschätze, wie Reliquien, Meßgewänder und kostbare Stiftungen, werden – ordentlich geputzt, das Silber frisch poliert – zur Schau gestellt. An den Blumenarrangements beteiligen sich einzelne Familien mit je einem Blumenstrauß – und einem daran befestigten Namensschildchen.

Der wohl wichtigste Bestandteil einer jeden festa ist das Feuerwerk. Um andere

Gemeinden auch in diesem Bereich zu beeindrucken, stellen die Bewohner die Knall- und Feuerwerkskörper z.T. in eigener Regie her, wenn es sein muß, sogar aus Gewehrmunition. Auch wenn man es schon Tage vor der eigentlichen Feier in den Straßen ordentlich knallen läßt, wird bei den Festivitäten selber von der Prozession bis zum Feuerwerk auf strikte Perfektion, auf einen genau geplanten Ablauf geachtet.

Ab Mittwoch wird schon gefeiert, finden einige Veranstaltungen statt. Am Samstagmorgen geht es dann richtig los. Den Auftakt bilden Knallkörper, die das Dorf

Festgetümmel in Zabbar: Das Fest zu Ehren des Schutzpatrons läßt sich keiner entgehen.

um 7 Uhr wecken. Einige Zeit später zieht der Band Club, die aus mindestens 30 Mann bestehende Blaskapelle des Dorfes, durch die Straßen, während von den Balkonen Konfetti auf die Uniformen und Blasinstrumente herunterregnet. Um ja eine beeindruckende Show zu bieten, werden bei einer zu kleinen Band auch "Gastspieler", d.h. Trompeter und Posaunisten" aus anderen Gemeinden, ausgeliehen.

Der eigentliche Festtag ist jedoch der Sonntag. Morgens wird zu Ehren des Schutzpatrons eine heilige Messe gelesen, zu der in der Regel das ganze Dorf erscheint, ist doch die Feier nicht ein religiöses, sondern auch ein gesellschaftliches Ereignis. Selbst Malteser, die sonst das Gotteshaus meiden, lassen sich zumindest an diesem Tag in der Kirche blicken. Danach laden viele Dorfbewohner Freunde und Verwandte zu einem Festmahl bei sich zu Hause ein, andere bevölkern die überfüllten Bars und Gaststätten oder nehmen an den zahlreichen Imbißständen, die allerlei Leckeres anbieten, eine Kleinigkeit zu sich. Es wird viel getrunken und pallavert.

Den Höhepunkt bildet die Prozession am frühen Abend, bei der kräftige, handverlesene Männer in schwarz-weißer Ministrantenrobe die lebensgroße, reichgeschmückte Heiligenfigur durch die Straßen des Ortes tragen, gefolgt von den kirchlichen Würdenträgern und einigen Gemeindemitgliedern. Die Prozession ist laut und farbenfroh. Dröhnende Blasmusik, laute Applausrufe aus der Zuschauermenge, krachende Böller und pfeifende Raketen sowie das Geschrei der fliegenden Händler, die Nougat, Hot Dogs und Eis feilbieten, mischen sich mit dem ununterbrochenen Glockengeläut. Am lautesten wird es, wenn der Umzug zur Kirche zurückkehrt, wo die Heiligenstatue mit einem ohrenbetäubenden Lärm empfangen wird. Das Feuerwerk, bei dem Lichträder erstrahlen und Hunderte von Leuchtraketen den nächtlichen Himmel über dem Dorf prachtvoll erhellen, bildet den offiziellen Abschluß der festa. Gefeiert wird dann aber noch bis tief in die Nacht hinein.

Im Sommerhalbjahr kann man keiner der zahlreichen festi, wie der korrekte Plural dieser Festivitäten lautet (engl.: festas), entgehen. Auf Malta gibt es 161 Kirchen, und jeder Namenstag eines Schutzpatrons wird gebührend gewürdigt.

Veranstaltungskalender

Februar/März	Karneval: Die einzelnen Gemeinden auf Malta und Gozo organisieren eigene Umzüge und Festlichkeiten, Zentrum des Treibens ist jedoch Valletta (→ Kunst und Kultur, Musik, Feste und Bräuche).
März/April	Karwoche: Die Karwoche ist von Prozessionen bestimmt; für Touristen interessant sind insbesondere die Zeremonien am Ostersamstag in Vittoriosa und Cospicua.
Mai	Flower, Fruit, Vegetable and Potplant Show: Sie wird an einem Wochenende in den San Anton Gardens von der Horticultural Society organisiert. Fur and Feather Show: In den San Anton Gardens kann man sich Pelztiere und Vögel anschauen.
Juni	Film & Video Competition: Veranstalter des Film- und Video-Wettbewerbs Anfang Juni ist der Amateur Cine Circle. International Air Rally: Der traditionelle Flugwettbewerb ist für Sportflug-Begeisterte ein Ereignis, ca. 75 Flugzeuge können alljährlich an der Flugrallye teilnehmen. St. Philip: in Zebbug am 2. Sonntag im Juni. Mnarja: Das Fest der Lichter am 28./29. Juni ist eine der populärsten und für Touristen interessantesten maltesischen Feierlichkeiten (→ Kunst und Kultur, Musik, Feste und Bräuche). St. George: in Qormi am letzten Sonntag im Juni. St. Nicholas: in Siggiewi am letzten Sonntag im Juni.
Juli	International Fair of Malta: Vom 1. bis 15. Juli findet alljährlich auf dem Messegelände bei Naxxar eine Handelsmesse (Industrie, Landwirtschaft, Import, Dienstleistungen) statt. St. Joseph the Worker: in Birkirkara am ersten Sonntag im Juli. St. Paul: in Rabat am ersten Sonntag im Juli. Our Lady of the Sacred Heart: in Burmarrad und Sliema am ersten Sonntag im Juli. St. Andrew: in Luqa am ersten Sonntag im Juli. Our Lady of Pompei: in Marsaxlokk am zweiten Sonntag im Juli. Our Lady of Mount Carmel: in Gzira am zweiten Sonntag im Juli. St. Joseph: in Kalkara am zweiten Sonntag im Juli. St. Domenic: in Sliema am dritten Sonntag im Juli. St. Sebastian: in Qormi am dritten Sonntag im Juli. St. George: in Victoria (Gozo) am dritten Sonntag im Juli. Our Lady of Mount Carmel: in Balluta am letzten Sonntag im Juli. Our Lady of Sorrows: in St. Paul's Bay am letzten Sonntag im Juli. St. Anna: in Marsaskala am letzten Sonntag im Juli. St. Venera: in Santa Venera am letzten Sonntag im Juli. St. Lawrence: in St. Lawrence (Gozo) am letzten Sonntag im Juli. St. Domenic: in Valletta am Sonntag vor dem vierten August.
Juli/August	Maltafest: Von Mitte Juli bis Mitte August finden zahlreiche kulturelle Veranstaltungen unter Mitwirkung nationaler und internationaler Künstler statt.
August	St. Peter: in Birzebbuga am ersten Sonntag im August. St. Joseph: in Qala (Gozo) am ersten Sonntag im August. St. Gaetan: in Hamrun am Sonntag nach dem 7. August. Our Lady of Lourdes: in Paola am Sonntag nach dem 15. August. Stella Maris: in Sliema am Sonntag nach dem 18. August. St. Domenic: in Vittoriosa am letzten Sonntag im August. Maria Regina: in Marsa am letzten Sonntag im August. St. Paul: in Safi am letzten Sonntag im August.
September	Our Lady of Victories: Am ersten Wochenende im September gedenkt die Bevölkerung der Großen Belagerung von 1565 und der Kriegshandlungen von 1940 bis 1942 und feiert die Befreiung mit einer Ruder-Regatta im Grand Harbour und weiteren Wassersportveranstaltungen.

St. Catherine: in Zurrieq am ersten Sonntag im September.
St. Gregory: in Sliema am ersten Sonntag im September.
Our Lady of Graces: in Zabbar am Sonntag nach dem 8. September.
St. Leonard: in Kirkop am dritten Sonntag im September.

Veranstaltungs-
kalender
(Fortsetzung)

Tour of Malta: ist ein internationales Fahrradereignis, Anfang des Monats.
International Book Fair: Buchmesse (wechselnde Veranstaltungsorte).

Oktober

St. Catherine: in Zejtun am zweiten Wochenende im November.

November

Verkehrsmittel

- ‣ Autobusverkehr
- ‣ Fähr- und Schiffsverkehr
- ‣ Flugverkehr
- ‣ Mietwagen
- ‣ Taxi

Zeit

Auf Malta gilt die Mitteleuropäische Zeit (MEZ). Da vom letzten Wochenende im März bis zum letzten Wochenende im Oktober die Sommerzeit eingeführt ist, besteht auch im Sommerhalbjahr kein Zeitunterschied zu Deutschland.

Zeitungen, Zeitschriften

Einzige englischsprachige Tageszeitung ist "The Times". Allwöchentlich erscheinen in englischer Sprache "The Weekend Chronicle", "The Democrat" und "The Sunday Times".
Deutschsprachige Zeitungen und Zeitschriften erhält man meist noch am Erscheinungstag auf Malta, auf Gozo häufig einen Tag später.

Zollbestimmungen

Nach Malta können zollfrei die für den persönlichen Gebrauch bestimmten Gegenstände eingeführt werden; dazu gehören auch 200 Zigaretten oder 50 Zigarren oder 250 g Tabak, 0,75 l Spirituosen, 0,75 l Wein sowie Parfüm oder Eau de Toilette in geringen Mengen. Geschenke sind zollpflichtig. Telefonieren mit deutschen Mobiltelefonen ist im D1- und D2-Netz möglich. Die Handys müssen bei der Einreise deklariert werden.

Einreise nach
Malta

Reiseandenken sind bis zu einem Gesamtwert von 350 DM zollfrei; ferner für Personen über 15 Jahre 500 g Kaffee oder 200 g Pulverkaffee und 100 g Tee oder 40 g Teeauszüge, 50 g Parfüm oder 0,25 l Eau de Toilette sowie für Personen über 17 Jahre 1 l Spirituosen über 22% oder 2 l Spirituosen unter 22% oder 2 l Schaumwein und 2 l Wein sowie 200 Zigaretten oder 50 Zigarren oder 250 g Tabak.

Wiedereinreise
nach Deutschland
und Österreich

Für die Schweiz gelten folgende Freimengengrenzen: 250 g Kaffee, 100 g Tee, 200 Zigaretten oder 50 Zigarren oder 250 g Tabak, 2 l Wein oder andere Getränke bis 22% Alkoholgehalt sowie 1 l Spirituosen mit mehr als 22% Alkoholgehalt. Souvenirs dürfen bis zu einem Wert von 100 CHF zollfrei eingeführt werden.

Wiedereinreise
in die Schweiz

Register

Register

Verzeichnis der Karten und graphischen Darstellungen

Bildnachweis

Impressum

Ausstattung:
98 Abbildungen
25 Karten und graphische Darstellungen, 1 große Reisekarte

Text: Birgit Borowski, Reinhard Strüber
Achim Bourmer (Baedeker Specials)

Bearbeitung: Baedeker-Redaktion

Kartographie: Franz Huber, München
Ingenieurbüro für Kartographie Harms (große Reisekarte)

Gesamtleitung: Rainer Eisenschmid, Baedeker Ostfildern

5. Auflage 1999/2000
Gänzlich überarbeitete und neugestaltete Auflage

Urheberschaft: Karl Baedeker GmbH, Ostfildern
Nutzungsrecht: Mairs Geographischer Verlag GmbH & Co., Ostfildern

Sprachführer: In Zusammenarbeit mit Ernst Klett Verlag GmbH,
Redaktion PONS Wörterbücher

Druck: Mairs Graphische Betriebe GmbH & Co. KG, Ostfildern
Printed in Germany
ISBN 3-87504-544-0
Gedruckt auf 100% chlorfreiem Papier

Verlagsprogramm

Städte in aller Welt

Amsterdam
Athen
Bangkok
Barcelona
Berlin
Brüssel
Budapest
Dresden
Florenz

Frankfurt/M.
Hamburg
Hongkong
Istanbul
Köln
Kopenhagen
Lissabon
London
Madrid

Moskau
München
New York
Paris
Prag
Reutlingen ·
   Tübingen
Rom
San Francisco

St. Petersburg
Singapur
Stuttgart
Venedig
Weimar
Wien

Reiseländer · Großräume

Ägypten
Australien
Baltikum
Belgien
Brasilien
China
Dänemark
Deutschland
Dominikanische
   Republik
Finnland
Frankreich
Griechenland

Großbritannien
Indien
Irland
Israel
Italien
Japan
Jordanien
Kanada
Karibik
Kenia
Kuba
Luxemburg
Marokko

Mexiko
Namibia
Nepal
Neuseeland
Niederlande
Norwegen
Österreich
Polen
Portugal
Schweden
Schweiz
Skandinavien
Spanien

Sri Lanka
Südafrika
Syrien
Thailand
Tschechien
Tunesien
Türkei
Ungarn
USA
Vietnam

Regionen · Inseln · Flüsse

Algarve
Andalusien
Bali
Bodensee
Bretagne
Burgund
Costa Brava
Elba
Elsaß/Vogesen
Florida
Franken
Französische
   Atlantikküste
Fuerteventura
Gardasee
Gran Canaria
Griechische Inseln

Harz
Hawaii
Ibiza · Formentera
Ischia · Capri ·
   Procida
Istrien ·
   Dalmatinische
   Küste
Italienische Riviera
Kalifornien
Kanada · Westen
Korfu · Ionische
   Inseln
Korsika
Kreta
Kykladen
La Palma

Lanzarote
Loire
Lombardei ·
   Mailand ·
   Oberital. Seen
Madeira
Mallorca · Menorca
Malta
Mecklenburg-
   Vorpommern
Oberbayern
Provence ·
   Côte d'Azur
Rhodos
Rügen
Sachsen
Salzburger Land

Sardinien
Schleswig-Holstein
Schottland
Schwäbische Alb
Schwarzwald
Seychellen
Sizilien
Südtirol
Sylt
Teneriffa
Tessin
Toskana
Türkische Küsten
Umbrien
USA · Südstaaten
USA · Südwesten
Zypern

Städte in Deutschland und der Schweiz

Augsburg
Bamberg
Basel
Berlin
Bonn

Bremen
Freiburg
Hannover
Heidelberg
Konstanz

Leipzig
Lübeck
Mainz
Nürnberg
Regensburg

Trier
Wiesbaden